김박사 주역

인문학의 정점

김박사 주역

김진희 지음

태을

> 자연의 법칙을 탐구하고,
> 이를 토대로 인류사회의
> 정신적 가치를 높일 수 있는 사상철학

역학易學은 신비의 장막에 가린 학문이 아니다. 역학은 천지자연의 법칙을 토대로 우리가 사람다운 삶을 영위하게 하는 천문과학·사상철학·실용학을 포괄하는 종합과학이다.

주역周易의 모체인 팔괘八卦는 우주변화의 원리를 함축적으로 상징하고 있다. 이를 바탕으로 지은 『역경』은 사회의 윤리도덕 기준을 제시하면서 추길피흉趨吉避凶을 위한 예측기능을 더했다. 『역경』은 '괘상卦象'이라는 상징부호로 표현됐으나 시대의 변천과 함께 사람의 지혜가 발전하면서 간지오행이라는 '역수曆數'가 추가되어 자연법칙의 구체적 파악이 가능하게 됐다.

즉 '역易'은 사연의 법칙 그 자제인 '자연역自然易'에서 사람이 자연의 법칙을 읽어낼 수 있는 괘상부호로 표현한 '서역書易'이 나오고, 이어서 간지오행干支五行의 '역수曆數 부호'로 만사를 예측할 수

여는 글

있는 '수역數易'이 출현했다. 물론 괘상은 역수를 계산해서 얻기 때문에 괘상과 역수는 동전의 양면과 같은 것이긴 하지만 드러난 상황으로 순서를 정하자면 그렇다는 것이다.

따라서 역학은 먼저 자연의 법칙을 탐구하고, 이를 토대로 인류사회의 정신적 가치를 높일 수 있는 사상철학을 연구하며, 현실생활에서 추길피흉할 수 있는 역의 응용 방법을 모색하는 내용들을 포괄한다.

필자는 역의 예측원리와 논리구조를 소개함으로써 역학을 이해하려는 사람들에게 미력하나마 도움이 됐으면 하는 마음으로 이 책을 쓰게 됐다. 본서가 많이 부족하고, 오류도 있을 것이다.

독자여러분의 혜량과 질정을 바라는 바이다.

김진희

차 례

Ⅰ. 자연역自然易 · 서역書易 · 수역數易

1. 자연역自然易

25 ...   역易은 자연의 운행법칙

26 ...   자연의 특성
  1. 좁은 의미의 자연과 넓은 의미의 자연
  2. 자연의 구성
  3. 자연의 생성과정
  4. 자연작용의 특성

33 ...   자연의 규율성
  1. 유유상종성類類相從性
  2. 주기순환성周期循環性

34 ...   소결

2. 서역書易

35 ...   서역의 의미

36 ...   서역이 나오게 된 이유
  1. 만물일체의 자연관
  2. 자연의 영향을 받는 농업사회의 특성

37 ...   서역은 자연법칙을 베낀 것

41 ...   우주법칙을 괘효로 나타낸 이유

42 ...   소결

3. 수역數易

43 ...   수역數易의 의미

43 ...   역수易數와 역수曆數

45 ...   수역이 나오게 된 배경
            1. 괘상 중심 역의 난해성
            2. 과학적 계산이 가능한 역수曆數

47 ...   역수의 특성
            1. 간지의 수
            2. 시공時空의 특성
            3. 음양의 특성
            4. 오행의 특성

50 ...   소결

차 례

Ⅱ. 역학의 새로운 분류 - 기초역학·역철학·응용역학

1. 기존 역학분류의 문제점

55 ...   **의리역학과 상수역학의 2분법**

56 ...   **상수역학의 실상**
        1. 괘상과 역수
        2. 괘상과 기후

63 ...   **의리역학의 실상**
        1. 의리역학의 의미
        2. 유학중심의 역학
        3. 종법봉건제에 맞춘 우주관

68 ...   **2분법의 원인과 새로운 분류**
        1. 역학을 2분하는 원인
        2. 역학의 새로운 분류 - 기초역학·역철학·응용역학

2. 기초역학

70 ...   **기초역학의 개념**

71 ...   **괘상 부분**
        1. 괘를 만드는 원리
        2. 괘가 나타내는 역의 이치

77 ...   **역수 부분**
        1. 사상의 수
        2. 간지수

79 ...   **천문·율려 분야**
            1. 천문
            2. 율려

3. 역철학易哲學

83 ...   **역철학의 의미**

83 ...   **기존 역철학**

84 ...   **다양성이 요구되는 역철학**

4. 응용역학

86 ...   **응용역학의 개념**

86 ...   **응용역학의 대상분야**

차 례

Ⅲ. 易學의 사유방식

1. 역학에서 사유방식의 가치

91 ...   사유의 의미

91 ...   우주만물의 이해방법

92 ...   역학에서 우주만물의 이해방식

92 ...   역학에서 사유방식의 가치

2. 직관적사유

93 ...   직관사유의 의미

94 ...   『역경』의 직관사유

96 ...   『역전』의 직관사유

98 ...   직관사유의 평가
                1. 직관사유의 기능
                2. 직관사유의 한계성
                3. 직관사유의 효율적 운용

3. 형상사유

100 ...   형상사유의 의미

101 ... 『역경』의 형상사유

103 ... 『역전』의 형상사유
    1. 팔괘 상징의미의 확장
    2. 팔괘 상호간의 상징의미 제시
    3. 팔괘 상징의미로 64괘 의미 설명
    4. 효상에 상징의미 부여

113 ... 역학의 형상사유
    1. 괘효상과 의리의 관계
    2. 역도易圖의 형상사유

114 ... 형상사유의 평가
    1. 형상사유의 가치
    2. 형상사유의 한계

4. 상수象數사유

115 ... 상수사유의 의미

116 ... 『역경』의 상수사유

116 ... 『역전』의 상수사유

117 ... 역학의 상수사유

118 ... 상수사유의 특징

차 례

IV. 역학의 논리

1. 역학 논리의 의미

123 ... 논리의 의미

123 ... 형식논리

125 ... 변증논리

125 ... 역학의 논리

2. 역학의 변증논리

126 ... 변증논리의 일반적 개요

126 ... 역학 변증논리의 개요

128 ... 변증논리와 역의 이치
　　　　　1. 교역과 역의 이치
　　　　　2. 변역과 역의 이치
　　　　　3. 만물일체관과 역의 이치

3. 역학의 형식논리

138 ... 역학은 추리의 학문

139 ... 분류

141 ...　　**유추**

142 ...　　**사유의 형식화**

V. 역의 예측방법

1. 예측수단에 의한 분류

147 ...　　괘상에 의한 예측
　　　　　1. 설시구괘
　　　　　2. 길흉판단
　　　　　3. 천인감응의 조건

162 ...　　괘상과 역수를 결합한 예측
　　　　　1. 괘상과 역수를 결합한 예측의 의미
　　　　　2. 괘효와 간지의 결합
　　　　　3. 세효와 응효, 육친
　　　　　4. 드러나고 숨은 화복 - 飛伏
　　　　　5. 동·변효와 진퇴
　　　　　6. 길흉판단

173 ...　　역수에 의한 예측
　　　　　1. 역수에 의한 예측의 의미
　　　　　2. 역수에 의한 예측의 종류
　　　　　3. 객관적 합리성의 향상

차 례

2. 괘를 얻는 법에 의한 분류

178 ...   **도구를 쓰는 법과 상수로 얻는 법**
            1. 도구를 쓰는 법
            2. 사물의 상과 수로 괘를 얻는 법 - 매화역수

181 ...   **괘를 얻는 법에 따른 점법의 종류**
            1. 문왕과
            2. 화주림
            3. 매화역수

VI. 역으로 예측이 가능한 근거

1. 자연법칙과 인간법칙의 동일성

187 ...   **만물일체성**

189 ...   **자연과 인간의 감통**

190 ...   **각각 태극을 품고 있는 만물**

2. 자연법칙의 내용

192 ...　**음양의 원리**
　　　　　1. 음양의 대립통일성
　　　　　2. 음양의 질량호변성
　　　　　3. 음양의 주기순환성

198 ...　**오행의 원리**
　　　　　1. 오행의 의미
　　　　　2. 음양과 오행의 관계
　　　　　3. 오행의 상생과 상극
　　　　　4. 오행의 휴왕
　　　　　5. 오행의 주기순환성

209 ...　**자연법칙을 읽는 도구**

209 ...　**괘상**
　　　　　1. 팔괘취상과 오행귀류
　　　　　2. 유추

212 ...　**역수**
　　　　　1. 역수의 특성
　　　　　2. 역수의 용도
　　　　　3. 역수로 자연법칙을 읽을 수 있는 이유

차 례

Ⅶ. 하도·낙서의 원리

1. 하도·낙서의 진위 문제

223 ...   하도·낙서에 관한 기록

224 ...   하도·낙서의 진위 논쟁

224 ...   서한西漢의 태을 구궁점반과 낙서의 일치

2. 하도의 연원

226 ...   고대 10월력과의 관계

227 ...   오성五星과의 관계

228 ...   달과의 관계
         1. 월체납갑
         2. 하도와 월상月相

3. 하도와 역의 원리

239 ...   하도와 선천팔괘

240 ...   하도와 오행 상생

4. 낙서의 연원

241 ...　낙서와 천문

243 ...　달의 운행과 낙서

5. 낙서와 역의 원리

246 ...　낙서와 후천팔괘

249 ...　낙서의 오행 상극

6. 하도와 낙서는 체용體用 관계

250 ...　하도의 수와 낙서의 수가 다른 이유

253 ...　하도와 낙서의 수의 배열이 다른 이유

그림 차례

그림 1   원시태극도
그림 2   표준태극도
그림 3   주돈이태극도
그림 4   주희가 수정한 태극도
그림 5   맹희의 12월소식괘도
그림 6   팔괘취상도
그림 7   오행귀속도
그림 8   팔궁괘표
그림 9   팔괘납갑도
그림 10 12월괘와 음양소장도
그림 11 오행상생도
그림 12 오행상극도
그림 13 바탕오행의 휴왕표
그림 14 간지오행의 휴왕표
그림 15 팔괘와 오행 대비표
그림 16 간지와 24절기 표시도
그림 17 간지와 24좌향도
그림 18 12차·12진·28수 대응표
그림 19 북두성·28수와 절기 대응도
그림 20 구궁팔풍도
그림 21 태을구궁점반도
그림 22 낙서

그림 23	월체납갑도
그림 24	월상출현도
그림 25	월상위치도
그림 26	월상오운회복 원점도
그림 27	하도
그림 28	월상위치별날수 대입도
그림 29	월상과 선천팔괘도
그림 30	하도와 오행상생도
그림 31	낙서천문도
그림 32	월상출현도
그림 33	지구중심의 월상사상도
그림 34	지구중심의 월상운행주기생성도
그림 35	지구중심의 월상운행완성도
그림 36	낙서와 월상운행도
그림 37	낙서수의 순환순서
그림 38	후천팔괘와 낙서의 수
그림 39	낙서와 오행상극도

자연역自然易 · 서역書易 · 수역數易

자연역自然易·서역書易·수역數易

1. 자연역自然易

역易은 자연의 운행법칙

역학에 관심이 있는 사람이라면 '주역周易' 혹은 '역학易學'이란 말을 익히 알거나 들어보았을 것이다. 그렇다면 '역易'이란 무엇을 말하는가?

'易'이란 글자를 풀이하면 해를 뜻하는 '日' 자와 달을 의미하는 '月' 자가 결합하여 이루어진 글자다. 그런데 해와 달은 낮과 밤을 표현한다. 해와 달이 번갈아 들면서 지구의 낮과 밤이 생긴다. 그리고 낮과 밤이 서로 교차하면서 하루를 만들고, 하루하루가 쌓여 한 달이 되고, 다시 한 계절을 이루고, 춘·하·추·동 4계절은 1년이 된다.

즉 해와 달이 오고가면 변화가 일어난다. 이렇게 자연은 쉬지 않고 항상 변화를 하면서 만물이 낳고 자라고 소멸하는 과정을 만들어낸다. 그런데 자연의 만물 변화과정에는 일정한 법칙이 있다.

예를 들면 하루는 24시간이고, 달이 차고지는 한 달은 대략 30일이 되며, 한 계절은 3개월, 1년은 4계절이 된다. 그리고 1년 중 봄에는 만물이 생기가 넘쳐 새싹을 내밀고, 여름에는 무성하게 자라 꽃을 피우며, 가을에는 열매를 맺고, 겨울에는 다시 다음 봄의 생동을 위해 생기生氣를 저장한다. 이것은 자연의 천고불변의 규칙이다.

그래서 '역'이란 글자는 자연변화의 법칙이란 의미를 갖는다. 다시 말해 '주역周易'이나

'역학易學'에서 말하는 '역'은 자연의 운행법칙을 말한다.

자연의 특성

1. 좁은 의미의 자연과 넓은 의미의 자연

1) 좁은 의미의 자연
인류가 살아가는 자연계는 현대적 관점으로는 좁은 의미의 자연과 넓은 의미의 자연으로 구분할 수 있다.
먼저 좁은 의미의 자연은 인류와 인류문명을 제외한 자연계를 말한다. 예를 들어 우주 · 하늘 · 별 · 땅 · 강 · 호수 · 바다 · 산 · 계곡 등등이 포함된다. 여기에는 사람과 사람이 이룬 문명은 포함되지 않는다.
보통 우리는 사람이 이성적인 존재라고 한다. 그런데 사람은 한계성이 있어서 '유한한 이성적 존재'라고 부른다. 이에 비해 인격성을 가진 하늘이나 상제上帝는 그 능력이 무한하기 때문에 '무한한 이성적 존재'라고 한다.
반면에 자연계는 이성이 없는 '무이성적無理性的 존재'라고 칭하고 있다. 이렇게 자연계에서 인류나 인류문명을 제외하고 보는 자연관은 주관과 객관을 분리하는 서구의 사유방식에서 연유하는 것이다.
서방의 사유방식으로는 인식의 주체가 이성을 가진 사람이기 때문에 이성이 없는 자연계에서 당연히 사람은 제외될 수밖에 없는 것이다.

2) 넓은 의미의 자연
넓은 의미의 자연은 인류와 인류사회는 물론 사람의 사유思惟 영역까지도 포함하는 모든 자연계를 말한다.

넓은 의미의 자연관은 인류를 포함한 만물이 자연 진화의 산물이라고 보는 것이다. 이런 자연관은 동양의 노자老子나 『주역周易』의 자연관이다.

노자는 "자연에는 네 가지 큰 것이 있는데, 사람이 그 중의 하나다. 그래서 사람은 땅을 본받고, 땅은 하늘 본받으며, 하늘은 도를 본받고, 도는 자연을 본받는다."[1]고 말한다.

『주역』에서는 "역이라는 책은 넓고 커서 모든 것을 다 갖추고 있다. 하늘의 도가 있고, 땅의 도가 있으며, 사람의 도가 있다."[2]고 밝히고 있다.

광의의 자연관은 주관과 객관을 융합한 사유방식이다. 사람은 자연계의 일부분이기 때문에 당연히 자연계 법칙의 지배를 받는다. 이런 동양의 자연관을 전통적으로 만물일체관萬物一體觀 또는 천인합일관天人合一觀이라고 한다.

2. 자연의 구성

1) 도道·천天·지地·인人

동양의 자연관은 천지만물이 하나의 자연계를 구성하지만 구체적으로는 4대 부분 또는 4개 층으로 구성된다고 생각한다.

노자는 자연이 도道·천天·지地·인人(만물)의 계층으로 이루어진 것으로 본다. 이것은 "자연에는 네 가지 큰 것이 있는데, 사람이 그 중의 하나다. 그래서 사람은 땅을 본받고, 땅은 하늘을 본받으며, 하늘은 도를 본받고, 도는 자연을 본받는다."고 하는 말에서 알 수 있다.

『주역』은 자연이 하늘·땅·사람으로 이루어진 것으로 본다. 이것이 이른바 천지인天

---

1) 「도덕경」 제25장, "域中有四大 而人居其一焉 人法地 地法天 天法道 道法自然"
2) 「계사전」 하10장, "易之爲書也 廣大悉備 有天道焉 有地道焉 有人道焉"

地人 삼재론三才論이다. 그런데『주역』의 천지인 삼재론에도 실은 삼재의 존재 근원과 그것의 운행규율로서의 '역易과 태극太極-노자의 道와 같은 의미'가 있기 때문에 역시 노자의 관점과 같다고 할 수 있다.

2) 객관 존재의 자연

『주역』과 노자의 자연관에서는 자연은 인격성을 가진 신이 창조한 것이 아니라 '스스로 자연히 그러하게 생겨나서 발전하고 소멸하는 것'이다.

노자는 "도리道理라는 뜻으로 일컬어지는 도는 참된 도가 아니며, 이름으로 불러지는 것은 진정한 이름이 아니다. 무無는 천지가 시작되는 것을 가리키는 것이고, 유有는 만물이 나오는 근원을 말한다. … 무와 유는 모두 도에서 나온 것이나 이름만 다른 것이다."[3]고 말한다.

노자가 말하는 도는 우주만물을 구성하는 실체이고, 우주만물이 나오는 근원이며, 만물이 운행하는 법칙이다.

노자는 신神이 도의 통솔 아래 있음을 분명히 하고 있다.『도덕경』에는 "신은 도를 얻어서 영험하고, … 신이 신령함을 얻지 못하면 영험이 멈출 것이다."[4]라고 한다.

『주역』에서도 "한 번은 음이 작용하고 한 번은 양이 작용하는 것을 도라고 부른다."[5]고 한다. 이것은 도가 우주만물의 운행법칙이라는 말이다.

그리고 음양이 작용하는 우주의 운행법칙이 오묘하여 명확히 알 수 없는 상황을 신이라고 말한다.[6] 이 말은 우주의 운행법칙인 도를 사람이 아직 이해하지 못하는 것이 신이며, 신은 사람에 의해 그것의 이치가 밝혀지게 마련이라는 것이다.

---

[3]『도덕경』제1장, "道可道 非常道 名可名 非常名 無 名天地之始 有 名萬物之母 … 此兩者 同出而異名"
[4]『도덕경』제39장, "神得一以靈 神無以靈 將恐歇"
[5]「계사전」상5장, "一陰一陽之謂道"
[6]「계사전」상5장, "陰陽不測之謂神"

이상을 종합해보면 자연은 주관적인 것이 아니라 객관적인 형이상形而上의 실체가 분명하다.

3) 허虛(도道)와 실實(기器)의 자연

자연은 크게 4대 부분 또는 4개 계층으로 이루어졌지만 감각으로 보고, 듣고, 느낄 수 있는 실체의 부분과 그렇지 못한 허무한 부분으로 구분된다.

앞에서 노자가 말한 "도리道理라는 뜻으로 일컬어지는 도는 참된 도가 아니며, 이름으로 불러지는 것은 진정한 이름이 아니다. 무無는 천지가 시작되는 것을 가리키는 것이고, 유有는 만물이 나오는 근원을 말한다. … 무와 유는 모두 도에서 나온 것이나 이름만 다른 것이다."라는 내용을 보자.

이 말은 도가 만물의 근원이라는 것이다. 그런데『도덕경』은 "혼돈스런 모습을 한 어떤 것이 천지가 생겨나기 전에 이미 존재했다. 그것은 고요하고 적막하여 소리도 들을 수 없고, 형체도 볼 수 없다. … 나는 그 이름을 알 길이 없어서 억지로 도라고 이름을 붙였다."[7]고 한다.

도는 볼 수도 없고, 들을 수도 없어서 억지로 붙인 이름이라는 것이다. 하지만 도가 텅 빈 것 같은 실체라는 말이다. 즉 형이상의 도인 것이다.

반면에 형이상의 도에서 나온 천지만물은 유형의 물체로서 사람이 감각으로 지각할 수 있다. 이것은 형이하形而下의 기器가 되는 것이다.『주역』에서도 형체로 볼 수 없는 추상적인 것을 도라고 하며, 실체가 있어서 볼 수 있는 것을 기물器物이라고 한다고 말한다.[8] 자연을 구성하는 4대 부분 가운데 도는 허虛한 상태의 추상적 실체가 되고, 천지인은 실實한 형상적 실체가 된다.

---

7) 『도덕경』 제25장, "有物混成 先天地生 寂兮寥兮 … 吾不知其名 强字之曰道"
8) 「계사전」 상12장, "形而上者謂之道 形而下者謂之器"

3. 자연의 생성과정

1) 자연은 저절로 생긴 것

노자와 『주역』은 우주만물의 발생과정을 자연발생적인 것으로 보고 있다.

『주역』의 「서괘전」은 "천지가 있은 다음에 만물이 있고, 만물이 나온 다음에 남녀가 있고, 남녀가 있은 다음에 부부가 있고, 부부가 있은 다음에 부자가 있고, 부자가 있은 다음에 임금과 신하가 있고, 임금과 신하가 있은 다음에 상하가 있고, 상하가 있은 다음에 예의를 둘 곳이 있다."[9]고 한다.

만물을 하나로 보는 『주역』의 관점으로는 사람도 하늘과 땅이 사귀어서 나온 만물의 하나이기 때문에 「서괘전」의 말은 곧 자연의 발전과정을 말하는 것이다. 그러므로 이 말을 요약하여 정리하면 천지가 있은 다음에 만물이 생겨나고, 만물이 있은 다음에 인류가 있고, 인류가 있은 다음에 비로소 가정과 사회가 존재하고, 존비귀천의 등급이 나타나고, 등급이 생긴 다음에 각종 관리제도가 나왔다는 것이다.

노자는 이런 자연의 발전과정을 "도가 하나를 낳고, 하나가 둘을 낳으며, 둘이 셋을 낳고, 셋이 만물을 낳는다."[10]고 설명한다.

이상에서 노자와 『주역』의 우주발전과정은 자연발생적인 것임을 알 수 있다.

2) 자연은 간단한 것에서 발전한 것

노자와 『주역』에서 설명하는 자연의 발전과정을 현대 과학에서 보는 우주발생과정과 대비해보면 서로 연계성이 있음을 알 수 있다.

---

[9] 「서괘전」, "有天地然後有萬物 有萬物然後有男女 有男女然後有夫婦 有夫婦然後有父子 有父子然後有君臣 有君臣然後有上下 有上下然後禮義有所錯"

[10] 「도덕경」 제42장, "道生一 一生二 二生三 三生萬物"

특히 동양의 고전적 관점이나 과학적 관점 모두 자연의 발전과정은 간단한 것에서 복잡한 것으로 진행된 것을 보여주고 있다. 과학적 우주발전과정은 처음 원시에 성운단이 형성되고, 가볍고 무거운 물질이 함께 섞여서 있는 성운단은 갈수록 커진다고 본다. 이것은 노자가 말하는 '도가 하나를 낳는 단계'와 비유할 수 있다.

다음은 밀집된 성운단의 무겁고 탁한 것이 응결하여 지구의 암석권을 형성하고, 맑고 가벼운 것은 위로 올라가서 대기권을 형성하는 분리과정을 거친다. 이 단계는 노자의 '하나가 둘이 되는 과정'에 비견할 수 있다.

다음은 하늘과 땅이 사귀어 비를 내리고, 대지에 물이 고여 강과 호수와 바다가 생긴다. 이른바 수권水圈의 형성이다. 이 단계는 노자의 '둘이 셋을 낳는 단계'에 해당한다고 볼 수 있다.

끝으로 대지는 태양의 빛을 받고, 비와 이슬을 맞아 만물을 낳아 기른다. 이 단계는 노자의 '셋이 만물을 낳는 단계'와 연계할 수 있다.

특히 여기서 주목할 부분은 과학적 우주발생론에서 물을 생명의 근원으로 보고 있다는 점이다. 지구에 생명이 존재하는 것은 물이 있기 때문이다. 그런데 노자 역시 물을 가장 숭상하고 있다는 것이다.

노자는 "유약한 것이 강한 것을 이긴다."[11] 고 여기며, "강한 것은 죽음의 무리이고, 약한 것은 삶의 무리"[12] 라고 한다. 그런데 만물 중에서 유약한 것으로 치자면 물만한 것이 없다.

그래서 노자는 유약을 물에 비유한다. 물은 유약하지만 아무리 강하고 굳센 것이라도 물을 이기지 못한다고 물에 대한 찬사를 보내고 있다.[13]

---

11) 『도덕경』, 제36장, "柔弱勝剛强"
12) 『도덕경』, 제76장, "堅剛者死之徒 柔弱者生之徒"
13) 『도덕경』, 제78장, "天下莫柔弱於水 而攻堅剛者 莫之能勝"

더구나 "유약한 물은 낮은 곳에 처하면서 다투지 않고 늘 만물을 이롭게 한다."[14] 고 말한다. 이것은 물이 만물을 기르는 작용을 한다는 것을 밝히는 것이다.

4. 자연작용의 특성

1) 무위성無爲性

자연은 천지만물의 특정한 것을 편애하거나 억지로 시킴이 없이 각자 자유롭게 전개되는 상태에 맡긴다. 그래서 노자는 "천지는 어떤 것을 편애하지 않고 만물을 초개처럼 버려두어 자연스러운 성장이 되도록 한다."[15] 고 설명한다.

이렇게 자연이 천지만물에 대해 억지로 간섭하지 않고 저절로 그렇게 되도록 하는 것을 '무위無爲'라고 할 수 있다. 즉 무위는 아무것도 하지 않는 것이 아니라 저절로 이루어지도록 하는 의미다.

저절로 그렇게 이루어지는 것을 '자연'이라고 말한다. 물론 자연이라는 말은 천지만물 그 자체를 포함하여 천지만물이 존재하는 우주 전체를 나타내는 명사의 의미도 있다. 여기서 말하는 자연은 자연계의 작용이 저절로 그렇게 이루어진다는 동사의 의미이다.

2) 무욕성無欲性

자연은 천지만물에 대해 두루 은혜를 베풀지만 보답을 바라지 않는다.

자연의 무욕성에 대해 노자는 "말없이 베푸는 자연의 가르침을 행한다. 만물을 흥기시키면서도 다투어 만들지 않고, 만물을 낳아 기르면서도 가지려 하지 않고, 무엇을 하되 자신의 능력을 믿지 않고, 공이 이루어져도 스스로 자랑하고 뽐내지 않는다. 바로 자랑

---

14) 「도덕경」 제8장, "利萬物而不爭"
15) 「도덕경」 제5장, "天地不仁 以萬物爲芻狗"

하고 뽐내지 않기 때문에 그 공이 사라지지 않는 것이다."[16] 라고 묘사하고 있다.

자연의 규율성

1. 유유상종성

천지에는 셀 수 없이 많은 물류物類가 있다. 그래서 천지만물이라고 한다. 그런데 천지에 물건이 아무리 많아도 모두 성질이 비슷한 것끼리 모여서 무리를 짓게 마련이다. 그래서『주역』은 "삼라만상은 성질이 유사한 것끼리 모이고, 만물은 무리를 지어 나뉜다."[17] 고 설명하고 있다.

성질이 유사한 물건은 그것을 이루는 기질이 비슷하여 서로 통하는 바가 있다. 이른바 같은 기운은 통한다는 것이다.『주역』은 이것을 "같은 소리는 서로 응하며, 같은 기운은 서로 이끌린다. … 그래서 하늘과 가까운 것은 하늘과 친하고, 땅과 가까운 것은 땅과 친하다. 곧 각각 같은 무리를 따르는 것이다."[18] 고 표현하고 있다.

뒤에서 주역의 논리방식 중 형식논리를 이야기할 때 자세히 말하겠지만 만물이 끼리끼리 모여서 통하기 때문에 그것의 미래를 예측할 수 있는 근거가 되는 것이다.

즉 전체로 말하면 천지만물은 본래 하나이고, 이 하나에서 둘이 되고, 둘이 셋이 되고, 셋은 만물로 나뉘지만 만 가지로 나뉘어도 비슷한 종류로 모아지는 것이다. 좀 더 구체적으로 말하면 같은 기운끼리는 서로 통하기 때문에 만물을 종류별로 구분하고, 종류별 특성을 파악하게 되면 그 부류에 속하는 물건의 속성도 헤아릴 수 있다는 논리가 성립하는 것이다.

---

16) 「도덕경」 제2장, "行不言之敎 萬物作焉而不爲始 生而不有 爲而不恃 功成而不居 夫唯不居 是以不居"
17) 「계사전」 상1장, "方以類聚 物以群分"
18) 「역경」 건乾괘 「문언전」, "同聲相應 同氣相求 … 本乎天者親上 本乎地者親下 則各從其類也"

2. 주기순환성

우주는 단순한 공간이 아니라 공간과 시간이 함께 짜여 있다. 따라서 우주의 일원인 만물 또한 공간적 상황과 시간적 상황이 함께 어우러져 있다. 그런데 만물은 공간적으로는 양면의 대립상태로 이루어져 있다. 예를 들면 하루는 밝은 낮과 어두운 밤으로 이루어지고, 높은 곳이 있으면 낮은 곳이 있고, 큰 것이 있으면 작은 것이 있고, 안이 있으면 밖이 있고, 아름다운 것이 있으면 추한 것이 있다.

이렇게 상호 대립면으로 구성된 만물은 항상 그 상태로 존재하는 것이 아니라 시간의 흐름에 따라 가득한 것은 줄어들고, 적은 것은 늘어나서 서로 상황이 바뀌는 과정이 진행된다.

예를 들면 아침에 해가 뜨면 한 낮에 밝음이 절정을 이룬 뒤 점점 해가 기울어서 저녁에는 어두움으로 변한다. 이어서 밤은 자정에 절정을 이루고, 새벽에는 다시 태양이 솟아서 밝음으로 바뀌게 된다. 그러므로 만물의 공간적 상황은 시간의 흐름에 따라 대립면의 상태가 서로 자리를 바꾸게 된다.

특히 만물은 각각 대립면의 공간적 자리바꿈의 주기가 있으며, 이 주기를 반복하여 순환한다. 예컨대 하루는 24시간을 주기로 반복하며, 1년은 365일을 주기로 반복한다.

소결

자연은 복잡한 체계를 갖는 것처럼 보이지만 실은 아주 간단한 것에서 발전해 나왔다. 자연은 의지를 가진 무한성의 존재인 신이 창조한 것이 아니라 저저로 생겨난 것으로서 사람을 포함하여 천지만물로 구성되어있다.

자연은 만물이 각각 저절로 생겨나서 발전하고 소멸하도록 내버려두고 전혀 간섭하지 않는 자연무위의 특성을 갖고 있다.

자연은 무엇보다 무간섭의 무위성과 함께 천지만물이 각자의 본성대로 이루어가도록 은혜를 베풀면서도 그 공을 뽐내지 않는 무욕의 성질이 있다. 이런 자연의 만물은 각각 비슷한 부류끼리 무리를 이루어 존재한다. 그러면서 각각의 부류는 생겨나서 발전하여 소멸하는 특정한 주기를 갖고 이를 반복하여 순환하는 특성이 있다.

자연의 이런 '존재의 특성'과 '주기 순환하는 특성'은 바로 우주의 운행법칙인 것이다. 이것을 노자는 보려고 해도 볼 수 없고, 들으려고 해도 들을 수 없으며, 만지려고 해도 만질 수 없지만 분명히 존재하는 규율이라고 규정하고, 이것을 도라고 부르는 것이다. 『주역』또한 이 추상적 실체를 도라고 말한다.

결론을 말하면 자연은 그 자체로서 운행규율에 따라 영원히 변화 발전하며 존재하고 있는 것이다. 그리고 이 자연의 운행규율을 역이라는 말로 표현하면 '자연역'인 것이다. 중국 송나라 때의 소옹邵雍은[19] 자연역을 복희가 팔괘를 긋기 전의 자연계의 변화규율이 있었다는 의미에서 '획전역劃前易'이라고 불렀다.[20]

2. 서역書易

서역의 의미

우주의 천지만물은 각각 본분에 따라 생겨나서 발전하고 소멸하는 변화의 과정을 쉬지 않고 반복한다.

---

19) 소옹邵雍 - 중국 북송北宋의 유학자이자 철학자로 1011에서 1071년까지 생존, 자는 요부堯夫, 호는 안락선생安樂先生, 시호는 강절康節이다. 송의 인종仁宗으로부터 장작감주부將作監主簿의 직을 추대 받았으나 사양하고 일생을 낙양에서 은거했다고 함.

20) 『擊壤集』부록, "邵堯夫曰 須信畫前元有易"

우주의 이런 변화과정에는 절대 변하지 않는 규율이 있다. 이 우주변화법칙을 '역易'이라고 부르는 것이다. 그리고 자연의 우주법칙을 관찰하고 경험하고 헤아려서 파악한 다음 괘효라는 부호로 상징하여 나타낸 것이 팔괘와 64괘다.

팔괘와 64괘는 양의 부호인 -효와 음의 부호인 --효를 사용하여 나타낸 것이다. 효로 괘를 그렸다는 의미에서 획괘劃卦라고 하며, 획괘를 모아서 책으로 엮었으므로 이것을 서역書易이라고 하는 것이다. 따라서 팔괘를 중첩한 64괘로 우주변화의 이치를 표현한 『역경』은 서역이 된다.

서역이 나오게 된 이유

1. 만물일체의 자연관
동양의 자연관은 천지만물이 모두 하나라는 천인합일적 자연관 내지는 만물일체적 자연관이다.

만물일체의 자연관으로는 사람도 당연히 자연계의 일부분이다. 따라서 사람은 자연의 지배를 받아야 하며, 자연의 법칙에 순응해야 한다. 그런데 사람이 자연의 법칙에 순종하기 위해서는 먼저 자연의 법칙을 이해해야 한다.

즉 사람이 자연의 일원으로서 자연과 더불어 화해 상생하기 위해서 자연을 알아야 했던 것이다.

2. 자연의 영향을 받는 농업사회의 특성
고대 유적의 발굴에 의하면 중국이나 우리나라에서는 적어도 5천-6천여 년 전부터 조를 비롯하여 벼 등의 곡식을 재배한 것으로 드러나고 있다.

농사를 짓는데 있어서 가장 중요한 것은 날씨다. 농작물이 자라는데 필요한 수분이 공급돼야 하고, 적정한 햇볕과 기온이 유지돼야 한다. 그래서 동식물을 비롯한 자연환경이 기후에 따라 변화하는 상황을 연구하는 물후학物候學이 일찍부터 생겨날 수밖에 없었다.

또 농사는 알맞은 때를 놓쳐서는 안 된다. 그러기 위해서는 시간의 흐름을 정확히 파악해야 한다. 언제 씨를 뿌리고, 김을 매며, 거둬들여야 하는 지를 맞추기 위해 율력학律曆學도 반드시 필요했다.

그런데 기후의 변화나 기후에 따른 만물의 동태는 물론 시간의 흐름은 모두 해와 달을 비롯한 천문의 상황에 달려 있다. 따라서 해와 달은 물론 북극성을 비롯한 28수 등 천문의 관찰을 통해 천문학이 형성됐다.

『상서:요전』에는 요 임금이 "희씨와 화씨에게 명하여 넓은 하늘을 따르게 하고, 해와 달과 별들의 운행을 관찰하여 사람들에게 때를 알리도록 했다."[21] 고 하는 대목이 보인다. 이것은 이미 요 임금 시대에 천문을 관찰하여 정확한 시간을 파악하고 있었다는 것을 말해주는 것이다. 천문을 살펴서 시간의 흐름을 파악하고, 기상의 변화를 예측하며, 시간과 기후의 변화에 따라 만물의 동태를 알 수 있다는 것은 바로 우주변화의 이치를 아는 것이라고 할 수 있다.

서역은 자연법칙을 베낀 것

옛 사람들은 이런 이유로 자연의 운행법칙을 파악하여 『역경』이라는 책에 담았다. 『역경』이 우주변화의 법칙을 담고 있다면 어떻게 그것을 얻었을까? 그 해답은 역경을 처음 해설한 『역전』에서 찾을 수 있다.

---

21) 『상서:요전』, "乃命羲和 欽若昊天 曆象日月星辰 敬授人時"

『역전』은 "옛적에 복희씨가 천하를 다스릴 때 우러러 하늘의 상象을 관찰하고, 굽혀 땅의 법法을 살피고, 새와 짐승의 무늬와 땅의 마땅함을 보고, 가깝게는 사람의 몸에서 취하고, 멀리는 물건에서 취하여 팔괘를 만들었다."22)고 설명하고 있다.

이것은 천문·지리·인사는 물론 만물을 포함하는 삼라만상을 관찰하여 모두에 적용되는 일반적 이치를 발견해 팔괘로 상징했다는 말이다. 그런데 자연의 법칙은 셀 수 없이 많은 만물이라도 끼리끼리 무리를 지어 나뉘는 유유상종성과 각각의 무리는 주기성을 가지고 순환을 반복하는 주기 순환성으로 요약할 수 있다는 것을 앞에서 설명했다. 서역은 이런 자연의 법칙을 고스란히 모사하여 담고 있다는 것이다. 명나라 때 학자 양만리楊萬里는 "대체로 역은 두 가지가 있다. 괘효로 표현하기 전의 역이 있고, 괘효로 나타낸 역이 있다. 괘효로 나타내기 전의 역은 이치를 말하고, 괘효로 표현한 것은 '역이라는 책'이다. 역서易書는 하늘은 존귀하고 땅은 비천하며, 높고 낮음이 진열하고, 고요함과 움직임이 영원히 반복하며, 같은 종류끼리 모이고, 무리를 지어 나뉘며, 하늘에서 상을 이루고, 땅에서 형체를 만든다고 말한다. 이것은 괘효로 나타내기 전의 자연의 법칙이며, 자연변화의 이치다. 성인은 우러러 하늘을 관찰하고, 굽혀서 땅을 살펴서 자연변화의 이치를 상징하는 괘효를 만들었다."23)고 말하고 있다.

양만리는 소옹의 견해를 이어받아 본래 자연의 법칙이 있으며, 자연의 법칙을 모사한 것이 서역인『역경』이라고 말하는 것이다. 그런데 그의 말 가운데 정작 중요한 것은 만물은 끼리끼리 모이고 무리를 지어 나뉜다는 대목이다. 이 내용은 뒤에서『주역』의 사유논리를 언급할 때 자세히 설명하겠지만 요점만 말하자면 만물을 유형별로 구분하여 팔괘에 귀납할 수 있다는 것은 천하 만물이 아무리 복잡해도 그 갈피를 잡아서 정리할 수

---

22) 『계사전』, 상2장, "古者包犧氏之王天下也 仰則觀象於天 俯則觀法於地 觀鳥獸之文與地之宜 近取諸身 遠取諸物 於是始作八卦"
23) 楊萬里 저,『誠齋易傳：繫辭』, 蓋易有二 有未畫之易 有旣畫之易 未畫者易之理 旣畫者易之書 曰天尊地卑 曰卑高以陳 曰動靜有常 曰方以類聚 物以群分 曰在天成象 在地成形 此未畫之易也"

있다는 것을 말한다. 즉 자연의 법칙 가운데 만물의 유유상종성을 강조하는 대목이다. 역시 명나라 학자 래지덕來知德 또한 소옹의 관점을 계승하여 서역이 자연법칙을 베낀 것임을 말하면서 만물은 대립 면을 이루고 상보상성相補相成하면서 주기 순환하는 특성을 갖고 있음을 역설하고 있다.

그는 "천지만물은 서로 대립 쌍을 이루면서 서로 돕고 이루어주는 데, 이것이 역의 모습이다. 대개 역을 괘효로 표현하기 전에 하나의 『역경』이 있었는데, 하늘과 땅 사이에 이미 존재하고 있었다. 그래서 하늘은 존귀하고 땅은 비천하다고 하는 것은 역괘의 건과 곤이 있기 전에 이미 건과 곤은 정해져 있었음을 말한다. 또 높고 낮음이 있음은 역괘의 귀천이 있기 전에 귀천의 자리가 이미 있었다는 것을 말한다. … 하늘에서 조짐의 상이 이루어지고, 땅에는 형체가 이루어짐은 역괘에서 변화가 있기 전에 이미 변화를 드러낸 것이다. 그래서 성인의 역은 이미 있는 조짐의 상과 수를 베낀 것에 불과하다. 일부러 마음을 써서 안배하여 만든 것이 아니다."24) 라고 말하고 있다.

래지덕 또한 『역경』이 자연의 법칙을 모사한 것임을 밝히고 있다. 그의 말 가운데 중요한 것은 만물은 대립 면을 이루면서 상보상성相補相成한다는 것이다.

이 내용 역시 뒤에 『주역』의 사유논리를 말할 때 설명이 있겠지만 간단히 말하자면 자연 만물은 각기 대립 면을 이루면서 서로 돕고 이루어주며 발전하는 과정을 그치지 않고 이어간다는 것이다. 이것을 현대 학술용어로는 변증적 과정이라고 한다. 이처럼 서역인 『역경』은 자연의 법칙을 빠짐없이 고스란히 모사한 것이다.

이것은 천문・지리・인사는 물론 만물을 포함한 삼라만상을 관찰하여 모든 것에 적용되는 일반적 이치를 찾아내어 팔괘로 압축, 상징했다는 것이다. 그런데 이렇게 우주

---

24) 來知德 저, 『周易集解:繫辭』, "天地萬物 一對一待 易之象也 蓋未畫易之前 一部易經 已列于兩間 故天尊地卑 未有易卦之乾坤 而乾坤已定矣 卑高以陳 未有易卦之貴賤 而貴賤已位矣 … 在天成象 在地成形 未有易卦之變化 而變化已見矣 聖人之易 不過摹寫其象數而已 非有心安排也"

만물을 관찰하여 발견한 우주법칙은 요즘 말하는 과학성이 아주 탁월하다는 것이다. 과학적 연구방법에는 귀납법이라는 것이 있다. 귀납법은 귀납적 추리의 방법과 절차를 논리적으로 체계화한 것이다. 귀납이라는 것은 개별적 특수한 사실이나 현상을 관찰하여 얻은 인식을 같은 부류의 전체에 대한 일반적 인식으로 결론을 이끌어가는 절차를 말한다.

곧 사람의 다양한 경험·실험·실천 등에 의한 결과를 일반화하는 사고방식이다. 역전은 "성인이 천하의 잡다함을 보고서 그 형용을 본떠서 만물의 마땅함을 형상화했으니 이것이 팔괘의 상이다."25)라고 한 뒤 다시 "사물의 선과 악은 같은 종류끼리 모이고 만물은 무리를 지어 나뉜다."26) 고 설명한다.

이것은 『역경』을 지은 성인이 잡다한 우주만물을 팔괘의 유형별로 귀납하였다는 것을 말하는 것이다.

『역경』은 팔괘를 겹쳐서 만든 64괘로 이루어졌다. 하지만 팔괘를 바탕으로 한 것이기 때문에 우주의 운행법칙을 그대로 담고 있다. 무엇보다 『역경』은 앞서 말한 바와 같이 삼라만상을 치밀하게 관찰하여 얻은 우주법칙이기 때문에 천지와 똑같고, 넓고 커서 하늘과 땅 사이의 모든 것을 다 갖추고 있다.27) 그래서 역은 하늘이 운행하는 이치와 사람이 살아가는 도리를 모두 갖추고 있는 것이다.28)

하늘의 이치로 말하면 우주는 태극에서 천지음양으로 나뉘고, 이것이 사시사철이 되고, 다시 우주만물을 이루는 우주생성의 법칙을 이룬다.29)

사람 또한 우주의 일원이기 때문에 천지의 운행 법칙에 맞춰 어기지 않아야 하니,

---

25) 「계사전」 상8장, "聖人有以見天下之賾而擬諸其形容 象其物宜 是故謂之象"
26) 「계사전」 상1장, "方以類聚 物以群分"
27) 「계사전」 상4장, "易與天地準", 6장, "夫易廣矣大矣 以言乎遠則不禦 以言乎邇則靜而正 以言乎天地之間則備矣"
28) 「계사전」 하10장, "有天道焉 有人道焉"
29) 「계사전」 상11장, "易有太極 是生兩儀 兩儀生四象 四象生八卦".

그것을 아는 바가 만물에 두루 미치고, 도리가 천하를 바르게 하는 일이 지나치지 않게 된다. 이렇게 하면 곁으로 가도 흐르지 않고, 하늘을 알고 천명을 알아서 근심하지 않으며, 주어진 자리에 편안하고, 어짊을 돈독히 하여 사랑할 수 있다.[30]

미래를 예측하는 일도 가능하다. 예컨대 역은 지나간 것을 밝히고, 다가올 것을 살피며, 은밀한 것을 드러내고, 그윽한 것을 밝힐 수 있다.[31] 또 역의 수數를 치밀하게 계산하면 앞으로 다가올 일을 알 수 있고, 변화에 통할 수 있는데, 이것을 점이라고 하는 것이다.[32]

정리하면 『역경』은 자연의 법칙을 귀납적 방법으로 괘효라는 부호를 사용하여 모사한 것이다. 따라서 『역경』에 대한 연구는 자연법칙의 탐구와 같은 것이라고 할 수 있다.

우주법칙을 괘효로 나타낸 이유

『역경』의 가장 큰 특성은 괘라는 상象으로 기록했다는 점이다. 양의 부호인 ─효와 음의 부호인 ─ ─ 효를 기초로 하여 이들 부호를 겹쳐서 3획괘인 팔괘와 팔괘를 포갠 64괘가 『역경』을 이루는 기본이다.

『역경』은 곧 64괘 384효로 우주만물이 생성 변화하는 이치를 모두 함축하여 설명한다. 즉 괘효가 자연현상과 인사변화를 상징하고, 우주만물을 서술하는 상징부호인 것이다. 64괘가 표현하는 직접성·활발한 변화·심오한 함축성 등은 말과 글로는 다 설명할 수 없다. 이렇게 간단하면서도 정연하고 개괄적으로 우주의 법칙을 심오하고 광범위하게 표현하는 과학적이고 철학적인 부호는 일찍이 인류 역사 이래 찾아볼 수 없다.

---

30) 「계사전」 상4장, "與天地相似 故不違 知周乎萬物而道濟天下 故不過 旁行而不流 樂天知命 故不憂 安土敦乎仁 故能愛"
31) 「계사전」 하6장, "夫易 彰往而察來 而微顯闡幽"
32) 「계사전」 상5장, "極數知來謂之占 通變之謂事"

『역경』이 이렇게 64괘라는 괘상으로 우주법칙을 기록한 이유는 무엇일까?

어떤 사람은 옛날에는 문자가 없었기 때문에 부호로 기록할 수밖에 없었다고 한다. 또 어떤 사람은 당시 사람들의 뛰어난 지혜에서 나왔다고 한다.

필자의 견해로는 어느 한 쪽이 딱 옳고, 한 쪽이 틀린 것은 아니라고 본다. 당시에는 문자가 없었던 것도 사실이다. 하지만 상징부호는 뜻을 함축적으로 표현할 수 있을 뿐 아니라 다른 여러 사람이 그 함의를 이해할 수 있는 이점이 있다.

본래 글로는 말을 다 할 수 없고, 말로는 뜻을 다 할 수 없다, 하지만 괘상과 같은 부호는 뜻을 모두 표현할 수 있다. 오늘날 수학기호가 그것을 뒷받침하고 있다.

공자도 일찍이 "글로는 말을 다 할 수 없으며, 말로는 뜻을 다 살 수 없으니 그렇다면 성인의 뜻을 보지 못하는가? 그래서 성인이 상을 세워 뜻을 다 했다."[33) 라고 했다.

소결

『역경』이란 책은 자연의 운행법칙을 상징부호인 괘효로 모사한 것이다.

옛사람들이 자연의 법칙을 찾아서 『역경』으로 기록한 것은 당시의 환경에 적응하려는 노력의 결과라고 할 수 있다.

농경사회였던 당시 인류는 자연의 변화에 민감할 수밖에 없었다. 날씨의 변화와 농사에 알맞은 시기를 파악하는 것은 농업의 필수 조건이다. 따라서 천문을 관찰하고, 이를 통해 기후의 변화와 시간의 흐름을 정확이 알아내어 천재지변을 피하고 평화롭고 안락한 생활을 추구하고자 했다.

이런 과정에서 얻은 자연의 실상은 아무리 복잡한 만물이라도 끼리끼리 무리를 짓는

---

33) 「계사전」 상12장, "子曰書不盡言 言不盡意 然則聖人之意 其不可見乎 子曰聖人立象以盡意"

유유상종성과 대립 쌍을 이루어 상보상성하면서 발전을 거듭하는 변증법적 규율을 갖고 있음을 발견한 것이다.

따라서 『역경』에 대한 이해는 곧 자연법칙의 탐구로 이어지는 것이다.

3. 수역數易

수역의 의미

사실은 서역書易인 『역경』은 괘상과 역수易數와 괘효의 풀이글인 괘효사 등 3개 요소로 구성돼 있다.

하지만 『역경』의 역수는 괘상을 이루는 효가 양효인지 혹은 음효인지를 구분하는 의미를 나타내는 9와 6이라는 수자가 고작이다. 괘효사 역시 괘상과 효상에 대한 설명의 말이기 때문에 『역경』의 중심이자 중추는 괘효상이라고 할 수 있다.

이렇게 서역인 『역경』이 괘상을 중심으로 자연의 법칙을 설명하는 것에 비해 역수로서 자연법칙을 설명하는 것을 수역數易이라고 구분하는 것이다.

보다 정확하게 표현하면 역에 대한 개념의 전개 순서는 자연의 법칙이 먼저 존재했고, 이를 괘효상으로 모사한 『역경』이라는 책이 나왔으며, 괘효상 대신 역수로 자연법칙을 파악할 수 있는 수역이 등장한 것이다.

역수易數와 역수曆數

『역경』의 역수易數 9와 6은 사상四象의 수로서 9는 태양의 수, 6은 태음의 수를 말한다. 사상의 수에는 9와 6외에 소양의 수 7과 소음의 수 8이 더 있다. 다만 『역경』에서는 태양의 수 9와 태음의 수 6으로 효의 음양 성질을 구분하는 용도로 사용하는 것이다.

사상의 수 가운데 일부인 역수易數 9와 6은 50개의 산대를 헤아려 괘상을 뽑아내는 과정에서 나온다.[34]

그런데 50개의 산대를 헤아려서 괘상을 뽑는 과정은 알고 보면 다름 아닌 태양력과 태음력을 함께 조율한 태음태양력을 만드는 과정이다.[35]

「계사전」에는 "대연수가 50이고 그것의 씀은 49이다. 이를 나누어 둘로 만들어 양의를 상징하고, 하나를 걸어서 삼재를 상징하고, 넷으로 세어 사시를 상징하고, 남은 것을 손가락에 끼워서 윤달을 상징하는데, 5년에 윤달이 두 번이므로 두 번 낀 뒤에 거는 것이다. 건의 책수가 216이요 곤의 책수가 144이다. 그러므로 모두 360이니 1년의 수인 360에 해당하고, 상하 두 편의 책수가 1만 1천 520이니 만물의 수에 해당한다. 이러므로 네 번 경영하여 역을 이루고 18번 변해서 괘를 이룬다."[36]고 나온다. 이것은 이른바 설시구괘법揲蓍救卦法의 내용이다.

그런데 그 내용을 보면 설시법이 역법曆法에 근거하고 있음을 금방 알 수 있다. 즉 양의 · 사시 · 윤달 · 5년 재윤 · 360일 등의 용어가 이를 말해주고 있다. 중국의 고대 역법은 음양합력이기 때문에 태양력과 태음력을 겸한다. 양의는 태양과 태음이다.

고대역법은 사시 · 팔절 · 24절기를 두는 특성이 있다. 1년 중에는 사시사철이 있다. 태양력과 태음력의 날 수 차이를 조율하기 위해 윤달을 두고, 다시 5년에 윤달을 하나 더

---

34) 산대를 운용하여 사상의 수 9 · 6 · 7 · 8이 나오는 과정에 대한 자세한 내용은 졸저 『주역 읽기 첫걸음』(보고사, 2010년), 161-171쪽을 참고 바람.
35) 산대 50개의 수를 대연수라고 하는 이유와 태음태양력의 관계 등에 관한 내용은 졸저 『알기 쉬운 상수역학』,「대연수의 역법적 해석」(179-200쪽)을 참고 바람.
36) 「계사전」 상9장. "大衍之數 五十 其用四十九 分爲二以象兩 掛一以象三 揲之以四以象 四時 歸奇於扐以象閏 五歲再閏 故再扐而後掛 乾之策二百一十有六 坤之策百四十有四 凡三百有六十 當期之日 二編之策 萬有一千五百二十 當萬物之數也 是故四營而成易 十有八變而成卦"

둔다. 그리고 '기영삭허氣盈朔虛'를 통일하는 360 공도수로 1년의 수를 삼는다.
여기서 기영삭허라는 말의 설명이 필요하다. 즉 태양력의 1년은 365.25일이지만 4년마다 2월달을 28일이 아닌 29일로 한다. 이럴 경우 1년은 366일이 된다. 그리고 달이 지구를 매달 1차례씩 돌아서 12번 돌아 이루는 태음력 1년을 날 수는 354.36일이 된다. 이 때 태양력과 태음력을 조율한 1년 공도수의 기준은 360이 되기 때문에 이것을 기준으로 태양력의 1년 날 수 366일은 기에서 6일이 넘치고, 태음력의 날 수 354일은 기에서 6일이 부족하다.
이렇게 보면 『역경』의 역수易數 9와 6은 역수曆數를 계산하여 나온 결과물이다. 결국 易數는 曆數에서 나온 것으로 둘은 같은 개념이라고 할 수 있다.

수역이 나오게 된 배경

1. 괘상 중심 역의 난해성

괘상이 중심을 이루는 『역경』은 우주법칙을 압축하여 괘효상으로 상징한 것이다. 하지만 보통 사람이 괘효상을 보고 그것이 함축하여 상징하는 자연의 법칙을 읽어내기는 매우 어렵다.
『역경』의 이치가 그나마 들어난 것은 노자와 장자의 우주자연철학을 거쳐서 이들의 우주론을 차용한 『역전』이 나오고 나서야 가능했다.
『역전』은 우주는 태극에서 음양·사상·팔괘·만물로 발전한다고 설명한다.[37] 이것이 이른바 『주역』의 우주 발전론이라고 할 수 있다. 그리고 이렇게 발생한 우주 만물은 한

---

37) 「계사전」 상11장, "易有太極 是生兩儀 兩儀生四象 四象生八卦"

번은 음이 작용하고, 한 번은 양이 작용하여 생장소멸의 과정을 반복하여 이어가는데, 이 규율을 도라고 말한다.[38] 이렇게 우주 만물이 생겨난 과정과, 운행규율을 포함하는 내용을『주역』의 우주론이라고 할 수 있다.

그런데 이런 우주 발생론은『역전』의 주석을 통해 이해할 수 있다고 하더라도 우주가 운행하는 구체적 시간, 즉 자연의 순환이 언제 어떻게 나타날지를 괘효상만 보고 구체적으로 계산해내는 것은 거의 불가능하다.

다시 말해 봄·여름·가을·겨울의 사시사철이 언제 도래하며, 철마다 어떤 현상이 일어나는 것을 파악하기란 쉽지 않다.

괘상역의 이런 난제를 해결하기 위해 도입된 것이 괘상에 역수를 배합하여 자연의 법칙을 보다 구체적으로 읽어내려는 괘기역 또는 상수역이라고 하는 것이다.

2. 과학적 계산이 가능한 역수曆數

사람이 살아가는 데 있어 중요한 것은 자연의 순환변화를 파악하고 이에 맞는 대응을 하는 것이다. 그렇지 않으면 봄에 밭을 갈아 씨앗을 뿌리고, 여름에 가꾸어서 가을에 거둬들이고, 겨울을 나야하는 일을 때에 맞게 하기 어렵다. 그렇게 되면 사람은 자연에 적응해 살아남을 수 없는 것이다.

쉽게 말하면 계절의 변화를 알아야 기후의 변화를 파악할 수 있다. 그리고 기후변화에 맞는 만물의 변화 상태를 알아야만 인간은 생존할 수 있는 것이다.

인류가 살아가는 데 있어서 계절변화 못지않게 중요한 것은 일식이나 월식 같은 천문변화라고 할 수 있다. 실은 계절변화도 따지고 보면 천문변화에 의한 것이다.

계절의 변화는 1년을 주기로 반복되므로 해와 달이 시시각각 변화해가는 하루하루의

---

38)「계사전」상5장, "一陰一陽之謂道"

천문보다는 주기가 훨씬 길어서 그것을 구체적으로 계산해내기는 쉽지 않다. 공간상에 그려진 괘효상을 보고 이것을 알 수 없다.

오늘날은 천문과학이 발달하여 일월식은 물론 태양의 흑점 폭발이라든가 지구에 영향을 미치는 다른 별들의 동태를 쉽게 파악할 수 있지만 과거에는 모두 미지의 상태나 마찬가지였다. 그래서 일식이나 월식 같은 천문변화에 의해 일어나는 미지의 상황들을 보고 이변異變 내지는 재이災異라고 하면서 사람들은 두려워했다.

그런데 역수로는 우주법칙의 구체적 파악이 가능하다. 그 이유는 우주는 본래 시간과 공간으로 구성돼 있으므로 괘상이라는 공간적 측면만으로는 시간의 변화를 구체적으로 이해하기 어렵기 때문이다. 그래서 시간의 변화를 구체적으로 이해할 수 있는 역수가 필요할 수 밖에 없는 것이다.

물론 『역경』은 시공의 우주법칙을 괘상으로 상징한 것이므로 공간상에 표시된 괘상만으로도 시간적 변화상을 알 수 있는 것이라고 할 수 있겠으나 범인은 그것이 쉬운 일이 아니다.

역수의 특성

1. 간지干支의 수

수역數易에서 말하는 역수는 간지干支를 말한다. 일반적으로 수數라고 하면 아라비아 수자를 떠올릴 것이다. 하지만 역학易學에서 말하는 수는 단순한 아라비아수자를 의미하는 것이 아니다. 간지수는 시공時空·음양陰陽·오행伍行을 동시에 표현하는 특성이 있다.

간지干支는 '간干'과 '지支'를 합한 말이다. '干'은 줄기(간幹)라는 의미로 하늘이 돌아가는 상태, 즉 하늘에서 일어나는 변화 상태를 파악하기 위한 부호다. 그래서 '천간天

干'이라고 한다.

천간은 갑甲·을乙·병丙·정丁·무戊·기己·경庚·신辛·임壬·계癸로 10개다. 이 가운데 甲·丙·戊·庚·壬은 양간陽干이며, 乙·丁·己·辛·癸는 음간陰干이다.

支'는 가지 '지枝'라는 뜻으로 땅에서 일어나는 변화 상태를 파악하기 위한 부호다. 그래서 '지지地支'라고 한다.

지지는 자子·축丑·인寅·묘卯·진辰·사巳·오午·미未·신申·유酉·술戌·해亥로 12개다. 이 가운데 子·寅·辰·午·申·戌은 양지陽支고, 丑·卯·巳·未·酉·亥는 음지陰支다.

날(日)과 달(月)을 헤아릴 때 날은 '간'으로, 달은 '지'로써 표시한다. 그런데 날은 10일을 1순(一旬)으로 하여 천간의 주기周期를 삼고, 달은 12달로 1년을 지지의 주기로 삼는다. 또 하루에서도 12시진으로 시간을 구별한다.

이때 천간은 양, 지지는 음이 된다. 물론 앞에 설명한 바와 같이 천간에서도 다시 음간과 양간이 구분되고, 지지에서도 양지와 음지의 구분이 있다.

그리고 하늘과 땅의 변화 발전과정을 파악하기 위해 천간과 지지를 짝지워서 만든 것이 간지갑자干支甲子라는 것이다.

천간 10개와 지지 12개를 짝지워 한 사이클이 완성되려면 60이라는 수가 필요하다. 그래서 갑자의 주기는 60이다.

2. 시공時空의 특성

1) 시간성

본래 천간은 날짜의 흐름을 파악하기 위한 부호이므로 시간성이 있다. 10천간은 차례대로 갑·을·병·정·무·기·경·신·임·계의 순서가 있다. 그래서 날짜의 진행

순서를 표시한다.

계절을 표시할 경우는 갑과 을은 봄, 병과 정은 여름, 무와 기는 사계절의 조절자, 경과 신은 가을, 임과 계는 겨울을 나타낸다.

지지도 신간성이 있다. 현재의 음양합력은 1년의 시작을 인월寅月로 하고 있으므로 순서대로 1월은 인, 2월은 묘, 3월은 진, 4월은 사, 5월은 오, 6월은 미, 7월은 신, 8월은 유, 9월은 술, 10월은 해, 11월은 자, 12월은 축이 된다.

1년 사철을 지지로 구분하면 인·묘·진은 봄, 사·오·미는 여름, 신·유·술은 가을, 해·자·축은 겨울이 된다.

12지지 글자가 갖는 의미 또한 1년 12달의 변화 상태를 표현하고 있다.

2) 공간성

간지는 시간을 표시할 뿐 아니라 공간상의 방위도 나타낸다.

천간의 갑과 을은 동쪽, 병과 정은 남쪽, 무와 기는 중앙, 경과 신은 서쪽, 임과 계는 북쪽을 가리킨다. 지지 또한 해·자·축은 북쪽, 인·묘·진은 동쪽, 사·오·미는 남쪽, 신·유·술은 서쪽을 나타낸다.

간지는 땅에서는 물론 하늘의 방위도 표현한다.

고대 사람들은 자신들이 밟고 서있는 땅을 중심으로 하늘에서 고정된 북극성을 기준으로 해와 달과 별들의 움직임을 관찰하여 방위를 표시했다. 그래서 간지의 방위표시는 하늘과 땅이 동일하다.

3. 음양陰陽의 특성

간지는 음양의 성질이 있다. 천간은 하늘로서 양, 지지는 땅으로서 음을 나타낸다. 또 천간은 해(日), 지지는 달(月)을 표현한다.

물론 천간도 양간과 음간으로 구분되며, 지지도 양지와 음지의 구분이 있다. 간지는 음과 양으로 구분되기 때문에 음양의 특성도 있다. 즉 양성의 간지와 음성의 간지는 서로 대립하면서 의존하고 이루어주는 상반상성의 특성이 있다. 또 음양의 소장순환하는 특성도 갖고 있다.

4. 오행五行의 특성

천간과 지지는 오행의 성질도 있다.
천간의 오행은 갑을甲乙 목木, 병정丙丁 화火, 무기戊己 토土, 경신庚辛 금金, 임계壬癸 수水가 된다.
오행별 지지는 인묘寅卯 목木, 사오巳午 화火, 신유申酉 금金, 해자亥子 수水, 진미술축辰未戌丑은 토土가 된다.
이렇게 간지가 오행으로 구분되기 때문에 오행의 성질도 갖고 있다. 즉 간지는 상생과 상극의 작용을 하는 성질이 있다. 그래서 오행별 간지는 제철을 만나면 기가 왕성하고, 제철을 벗어나면 기가 쇠퇴하는 휴왕성休旺性도 있다. 따라서 오행의 상생상극원리에 의한 사람의 육친관계가 성립하는 등 모든 오행의 성질과 원리를 가지고 있다.

소결

괘상 중심의 『역경』이 자연의 운행 이치를 구체적이고 가시적으로 파악하기 어려운 문제가 제기됨에 따라 필연적으로 등장한 것이 수역이라고 할 수 있다.
수역의 부호는 간지 역수曆數라는 특수한 부호다. 간지는 시공을 표시할 수 있고, 음양의 성질과 오행의 특성도 가지고 있다. 그렇기 때문에 천지만물이 공간과 시간 속에서 생성 발전 소멸하는 모든 변화를 파악할 수 있다.

역학의 새로운 분류
기초역학 · 역철학 · 응용역학

역학의 새로운 분류-기초역학·역철학·응용역학

1. 기존 역학 분류의 문제점

의리역학과 상수역학의 2분법

역학은 『역경』과 『역전』의 내용에 관한 학문적 탐구활동을 말한다. 중국 상나라 말기에서 주나라 초기에 지어진 『역경』에 대한 해설서라고 할 수 있는 『역전』이 나오고, 한나라 때에 이르러서는 천문과학 등 문명의 발전으로 『주역』에 대한 연구는 더욱 깊고 광범위하게 진행됐다. 『주역』으로 추길피흉하는 방법은 물론 『주역』에 담긴 도리에 대해서도 탐구가 진행됐다. 또 『역경』의 계사에 대한 해석과 과학적 연구를 통해 우주와 천지 및 사람이 살아가는 일의 변화를 설명하고자 했다. 『주역』에 대한 연구, 즉 역학은 철학·의학·사학·군사·건축 등 모든 방면에 영향을 미치지 않는 곳이 없다.

하지만 전통적으로 이런 역학을 상수역학象數易學과 의리역학義理易學으로 양분하고 있다.

중국 청나라 건륭제乾隆帝 때 나온 『사고전서총목제요』는 역학을 양파兩派 6종으로 구분하고 있다. 양파는 상수역학과 의리역학을 말한다. 6종은 상수역학에 속하는 점서종占筮宗·기상종 ·襪祥宗·도서종圖書宗의 3종과 의리역학에 속하는 현학종玄學宗·유리종儒理宗·사사종史事宗의 3종이다. 그런데 상수파에 속하는 3종을 보면 상수상數와 술수術數를 합친 것임을 알 수 있다.

그러므로 양파는 사실상 상수파와 의리파와 수술파의 3파가 되는 셈이다. 어찌됐던 역학은 의리역과 상수역 2파로 구분하지만 실은 상수파는 술수파로 인식되고 있다는 것이다.

상수역학의 실상

1. 괘상과 역수

『역경』은 괘효와 효의 제목 또는 이름이라고 할 수 있는 9와 6이라는 역수, 그리고 괘효의 풀이글로 이루어졌다.

그런데 『역경』의 괘효는 역수曆數를 계산해서 얻는다. 역수를 계산해서 얻은 9·6·7·8이라는 사상의 수 가운데 태양의 수인 9와 태음의 수인 6을 효제爻題로 사용하는 것이다.

괘효사는 말 그대로 괘와 효에 대한 풀이글이기 때문에 역수를 계산해서 괘효를 얻은 다음에서야 붙일 수 있는 것이다.

그러므로 역의 이치를 탐구하는 역학에서는 역수와 괘효의 상에 대한 연구가 우선이다. 그래서 상수역학이라고 하면 괘상과 역수로 역의 이치를 탐구하는 것이라는 의미가 가장 본의에 맞는 것이다.

2. 괘상과 기후

상수역학이라는 말에는 또 괘효상과 기후를 결합하여 역의 이치를 탐구한다는 의미가 있다. 괘효상만으로는 계절과 기후의 변동 추이를 구체적으로 파악하기 어려운 문제를 해결하기 위해 괘효에 절기를 배합하여 역의 이치를 밝히는 역학이 한나라 초기에 등장한다. 이른바 이것이 괘기학卦氣學이다.

1) 맹희의 괘기학

괘기학의 창시자라고 할 수 있는 맹희孟喜[39]는 감坎 · 이離 · 진震 · 태兌의 4괘를 각각 북쪽 · 남쪽 · 동쪽 · 서쪽에 배치하여 4계절의 변화를 설명한다. 이것이 맹희의 4정괘설이다. 즉 한 괘에 효가 6개이므로 4괘의 효는 모두 24개다. 이 24개의 효로 하나의 절기를 담당하게 하여 1년 24절기를 파악할 수 있도록 한 것이다.

맹희의 괘기설 중에는 또 12월괘가 있다. 12벽괘十二辟卦라고도 하는 이것은 1년 12달의 음양 2기가 자라고 소멸하는 과정을 12개 괘로 설명한다.

12월괘는 1년 중 봄과 여름의 6개월을 담당하는 6개 괘와 가을부터 겨울까지 6개월을 담당하는 6개 괘로 이루어진다. 즉 6개 효로 이루어진 한 괘에서 효의 변화 상태로 계절의 변화를 설명하는 것이다.

구체적으로 말하면 복復괘(䷗)는 6개 효 가운데 맨 아래 효만 양효이고 위로 나머지 5개 효는 모두 음효다. 계절 기후로 보면 태양이 남쪽 회귀선에 이르면 음이 절정에 이르고, 이후부터 다시 태양이 북회귀선을 향해 올라오기 시작한다. 즉 동지로부터 1개월은 미약한 양의 기운이 시작되므로 6개효 가운데 맨 아래 효만 양효가 있는 복괘를 대비시킨 것이다. 따라서 복괘는 1년 12월 중 동짓달인 자월에 해당한다. 復자는 '돌아온다', '회복한다'는 뜻이 있다. 즉 양의 기운이 다시 시작된다는 의미다.

복괘 다음은 임臨괘(䷒)가 온다. 임괘는 6개 효 가운데 아래 2개효가 양효이고 위로 4개 효는 음효다. 즉 태양이 북쪽으로 올라오기 시작해 2달째를 맞고 있는 것이다.

---

[39] 맹희孟喜 - 한나라 선제 때 사람으로 출생과 사망은 알 수 없음. 동해東海 난릉蘭陵 사람으로 사는 장경長卿. 전하田何의 재전 제자인 전왕손田王孫 문하에서 시수施讐, 양구하梁丘賀 등과 함께 『주역』을 공부한 뒤 괘기역학인 맹씨역학을 열었다. 그의 역학의 주요 내용은 4정괘설四正卦說, 12월괘설十二月卦說, 64괘와 72후七十二候의 결합 등 괘기설卦氣論을 제시한 것임.

그래서 자월 다음인 丑월에 해당한다. 임괘 다음은 태泰괘(☷☰)가 온다. 태괘는 6개효 가운데 아래 3개효는 양효이고 위에 3개효는 음괘다. 태양이 북쪽으로 올라오기 시작한 지 3개월째라는 말이다. 이때는 24절기 중 입춘에서 춘분에 해당된다. 하늘에서 태양이 춘분점에 이르면 땅에서는 봄기운이 완연한 인寅월에 해당한다.

태괘 다음은 대장大壯괘(☳☰)다. 대장괘는 6개효 가운데 아래 4개효는 양효이고 위에 2개효가 음효다. 태양이 북진을 시작한 지 4개월째로 인월 다음인 卯월이다.

대장 다음은 쾌夬괘(☱☰)가 온다. 쾌괘는 6개효 가운데 아래 5개효가 양효이고, 위에 1개 효만 음효다. 양의 기운이 이미 정점을 향해 치닫고 있는 때다. 묘월 다음인 진辰월이다.

대장 다음은 건乾괘(☰☰)다. 건괘는 6개효 모두 양효다. 태양이 북회귀선에 이른 것이다. 양의 기운이 꽉 찬 하지에 해당하는 사巳월이다.

양기운이 처음 시작된 복괘를 시작으로 임, 태, 대장, 쾌, 건괘까지 6개 괘가 각각 1개월씩 6개월을 담당함을 알 수 있다.

하지가 지나면 태양은 다시 남쪽으로 내려가기 시작한다. 음의 기운이 시작되는 것이다. 따라서 모두 양의 효로 이루어진 건괘에서 맨 아래 첫 번째 효가 음효로 변한다. 이 괘가 구姤괘(☰☴)다. 구괘는 사巳월 다음인 오午월에 해당한다.

구괘 다음은 돈遯괘(☰☶)다. 돈괘는 6개효 가운데 밑에 2효가 음효다. 음의 기운이 시작된 지 2달째가 되는 것이다. 午월 다음의 미未월이다.

돈괘 다음은 비否괘(☰☷)다. 비괘는 아래 3개효가 음효다. 물론 위에 3개효는 양효가 된다. 태양이 남진을 시작해 밤과 낮의 길이가 같은 입추에서 추분秋分때가 된다. 춘분 때의 괘인 태괘와 음효와 양효의 위치가 정반대로 바뀐 것이다. 계절로는 신申월이다.

비괘 다음은 관觀괘(☴☷)다. 관괘는 6개효 가운데 아래 4개효가 음효다. 신월 다음인 유酉월에 해당한다.

관괘 다음은 박剝괘(☶☷)가 온다. 6개 효 가운데 아래 5개효가 음효로 위에 양효 1개만 남았다. 곧 양의 기운이 모두 사라지게 된다. 그래서 '剝' 자에는 '사라진다', '부서진다'

는 뜻이 있다. 계절로는 술戌월이다.

박괘 다음은 곤坤괘(☷)다. 곤괘는 6개효 모두 음효다. 태양이 다시 남회귀선에 이르러 양의 기운이 모두 사라진 동지다. 계절로는 해亥월이다.

곤괘 다음은 다시 복괘로 이어진다. 이렇게 하여 12개 괘가 각각 1개월씩을 담당하며 음양의 기운 변화에 의한 계절과 기후와 물후의 상태를 나타내는 것이다.

맹희는 이렇게 64괘를 4계절, 12월, 24절기, 72후에 배당하여 1년 절기의 변화를 해설하고, 인간사의 길흉을 예측했다.

2)경방의 괘기학

맹희의 재전 재자인 경방[40]은 괘기설卦氣說·팔궁괘설八宮卦說·오행설伍行說·음양2기설陰陽2氣說·납갑설納甲說·세응설世應說 등 많은 이론을 창안했다.[41] 그 가운데서도 괘효에 간지를 배합하여 자연의 변화는 물론 인간사의 길흉을 예측하는 납갑설은 괘효와 간지역수를 배합하는 획기적 발상이라고 할 수 있다.

간지는 음양은 물론 오행을 모두 포함하는 역수曆數 부호이기 때문에 괘효와 간지부호를 결합하여 자연의 운행규율은 물론 인간사의 흐름을 파악할 수 있다.

예를 들면 오행에서는 육친론六親論이 도출된다. 육친이란 나를 기준으로 나를 낳는 부모, 내가 낳은 자손, 내가 이기고 소유할 수 있는 재물, 나를 이기거나 통제하는 관귀官鬼, 나의 동기同氣를 말한다.

뒤에서 역학의 사유 논리를 말할 때 자세히 언급하겠지만 천지만물이 아무리 많고 복잡해도 비슷한 종류별로 나눠서 팔괘에 귀납하는 것이 『주역』의 사유논리다.

---

40) 경방京房은 기원전 77년에서 기원전 37년까지 생존한 서한西漢의 금문역학자今文易學者로『주역周易』을 길흉을 점치는 전적으로 보고 많은 점산체례占算體例를 만들고 점후술占侯術을 말함으로써 이름을 떨쳤다.
41) 경방역학에 관한 내용은 졸저『알기 쉬운 상수역학』(보고사, 2013)과『주역 읽기 첫걸음』(2012)을 참고 바람.

그런데 오행론에서는 만물을 5행에 귀류歸類시킨다.

이렇게 보면 천하만물을 유형별로 귀납한 팔괘와 오행은 분류의 가지 수가 다를 뿐 유형별로 분류하는 것에서는 같은 것임을 알 수 있다. 그런데 경방은 바로 팔괘와 오행을 통합한 것이다. 예를 들면 8궁괘론은 64괘를 기존의 차서로 나누지 않고 오행별로 구분하여 배치한다. 즉 건乾궁과 태兌궁은 오행의 금金, 이離궁은 화火, 손巽궁과 진震궁은 목木, 간艮궁과 곤坤궁은 토土, 감坎궁은 수水가 된다. 각 궁은 오행이 같은 8괘의 괘가 속하여 64괘를 모두 오행별로 귀속시킨다.

맹희와 경방으로 대표되는 괘기학의 요점은 천문운행의 과정에서 발생하는 기후의 변화가 인간사의 길흉에 영향을 준다고 보는 것이다. 그렇기 때문에 괘상과 역수를 결합하여 천시天時와 기후의 변화를 구체적으로 파악하려고 한 것이다.

3) 송대宋代의 도상역학圖象易學

상수역학에는 또 송나라 때 번성한 도상역학도 포함된다. 도상역학은 역의 이치를 하도河圖와 낙서洛書, 태극도太極圖 등의 그림으로 이해하고 설명하는 것을 말한다. 역의 원리를 담은 그림은 크게 세 종류로 나눌 수 있다.

하나는 『역경』의 음양원리를 표현한 팔괘도와 64괘도 등이고, 다음은 오행의 상생과 상극의 원리를 나타내는 하도와 낙서, 끝으로 태극도이다.

태극도는 「계사전」에서 말하는 우주발전론을 표현한 그림이다. 「계사전」의 우주발전론은 태극에서 양의로 나뉘고, 양의에서 사상이 나오고, 사상이 8괘로 분화돼 만물을 이룬다는 논리다. 곧 태극도는 우주만물이 생성生成·발전發展·순환循環하는 과정을 그림으로 표현한 것이다. 그런데 태극도는 음양원리와 오행의 원리를 모두 포괄하고 있다. 즉 음양원리의 팔괘도와 오행원리의 하도·낙서를 종합한 셈이다.

그림 1   원시태극도

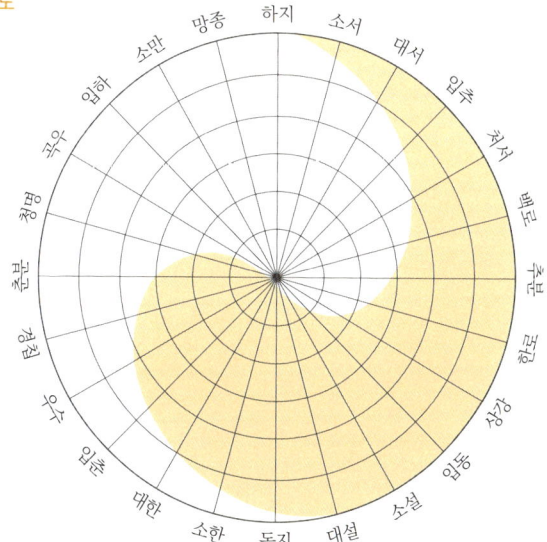

그림 2   표준태극도

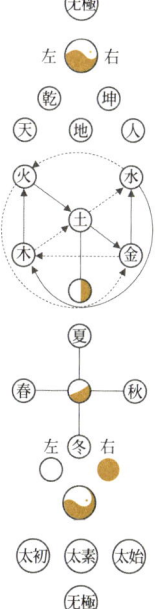

그림 3　주돈이태극도

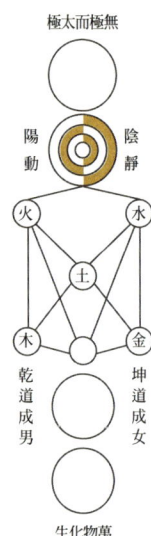

그림 4　주희가 수정한 태극도

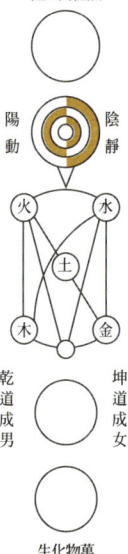

도상역학은 역에 관심을 갖는 많은 사람들이 복잡하고 난해하다고 생각하는 역의 원리를 장황한 설명보다 간략하고 명쾌한 그림으로 나타낼 수 있다는 장점이 있다.

4) 상수역학에 대한 잘 못된 인식

앞에서 상수역학의 실상에서 보았듯이 상수역학은 천지자연의 법칙을 이해하는 가장 기본이 되는 분야다.

그래서 상수는 역학의 가장 기본적 대상이며, 상수역학은 순서상 첫 단계를 차지해야 한다.

하지만 상수역학은 점을 치는 술수역학이라는 잘 못된 인식이 일반적으로 자리하고 있는 것이 현실이다. 특히 『주역』의 점이라는 말에 대해서도 '근거 없는 믿음'이라는 미신적 의미를 갖고 있다.

직설적으로 말하면 상수역학은 '미신적 행위를 위한 술수'라는 의미로 폄하되고 있다고 해도 과언이 아닐 것이다.

의리역학의 실상

1. 의리역학의 의미

의리역학은 『역경』의 괘명卦名과 괘효사卦爻辭가 나타내는 올 바른 의의와 이치, 그리고 철학사상 등을 탐구하는 것이다.

그런데 실은 괘의 이름과 괘효사는 역수를 계산하여 얻은 괘효상을 보고 붙인 것이기 때문에 『역경』의 의리를 제대로 밝히고 이해하기 위해서는 괘효상卦爻象과 역수易數를 참고하지 않을 수 없다.

의리역학을 강조한 것으로 알려진 왕필이 "물고기를 잡은 뒤에는 통발을 버리고, 역의 의리를 얻었으면 상을 잊어라."⁴²⁾고 한 말은 실은 역의 의리를 얻기 위해서는 상을 통해야 한다는 것을 인정한 것이다.

2. 유학儒學 중심의 역학

일반적으로 분류하는 역학의 갈래에서 의리역학이라고 하면 유가儒家의 역학이라는 의미로 통용된다.

유가의 시조로 불리는 공자가 『역전』을 지어서 『역경』을 최초로 해설했다고 전해지는 점이 이를 뒷받침한다.

그런데 공자는 하나라·상나라·주나라 등 3대 왕조의 문물제도가 잘 갖춰져 있다고 강조하면서, 특히 이들 3대 왕조 중에서도 주나라의 제도가 가장 뛰어나기 때문에 주나라의 것을 따르겠다고 밝히고 있다.⁴³⁾ 이런 공자를 전통적으로 유가에서는 『역경』을 완성한 3성인의 한 사람으로 전하고 있다. 즉 주나라 문왕이 복희의 팔괘를 64괘로 연역한 다음 괘명과 괘사를 짓고, 그의 아들 주공周公 단旦이 효사를 지었으며, 공자가 최초로 『역경』을 찬술한 『역전』을 지었다는 것이다.

실제로 유가의 역학은 공자 이후 계속된 변화가 있기는 하지만 여전히 주나라 문문제도와 이에 바탕을 둔 인의예지仁義禮智를 강조하는 유학의 종지는 변하지 않았다. 오히려 유가에서 쉽게 인정하려고 하지 않는 다른 학풍이나 이론을 받아들여 유학을 강화했다고 할 수 있다.

예컨대 공자가 지었다는 『역전』에는 노장老莊의 우주관이 반영된 것을 발견할 수 있고, 한나라 때는 괘기학이나 괘변론으로 역리를 설명하였으며, 위진魏晉 시대에는 왕필 등에 의해 노장의 학풍을 받아들였고, 송명宋明의 이기학理氣學도 실은 노장

---

42) 왕필, 『周易略例 : 明象』, "得魚而忘筌也 … 得意而忘象"
43) 『論語 : 八佾』, "周監於二代 郁郁乎文哉 吾從周"

의 자연우주론의 영향을 받은 것이다.

3. 종법봉건제에 맞춘 우주관

1) 종법

공자가 따르겠다는 주나라의 문물제도는 종법에 바탕을 둔 봉건제도다. 종법이란 주나라가 상나라를 물리치고 천하를 다스리기 전인 소국이었을 때의 사회질서를 유지하는 기간이었다. 소국의 주나라는 나라도 작고, 백성도 적어서 종족이 모여서 자급자족하는 폐쇄적 농업사회였다. 이런 사회는 자연질서에 순응하고 혈연관계로 유대를 맺는 원시종법제도를 특성으로 할 수밖에 없다. 그래야만 순조로운 생산과 안정된 발전을 유지할 수 있기 때문이다.

종법은 혈연을 기초로 하는 씨족사회의 질서이자 제도이다. 종법의 특징은 첫째 천자는 대대로 세습하고, 둘째 적자가 아버지 자리를 계승하며, 셋째 부위父位를 계승한 적자는 천자가 되어 조상의 제사를 받드는 것으로 요약할 수 있다.

이렇게 나라의 최고의 자리를 이어가는 것을 '대종大宗'이라고 한다. 이 대종의 적자는 천하의 토지와 권위를 법적으로 계승하는 사람이다. 그 지위는 최고로 존엄하여 '종자宗子'라고 한다.

종자의 친형제와 서형제庶兄弟는 제후로 봉해진다. 이것이 '소종小宗'이다. 소종인 제후도 적장자嫡長子가 그 부위를 계승하고, 조상의 제사를 받든다. 소종의 적장자는 제후국의 대종이 되는 것이다. 제후가 받는 토지는 봉지封地라고 한다.

제후의 동생은 제후국의 경대부卿大夫에 임명된다. 즉 제후의 형제는 제후국에서 소종이 되는 것이다. 경대부의 자리는 적장자가 계승하고, 조상의 제사를 모신다. 경대부가 받는 토지는 '채읍采邑'이라고 한다. 경대부는 채읍에서 대종이 된다.

경대부의 형제는 '사士'가 되고 채읍의 소종이 된다. 사는 '녹전祿田'을 받았다. 사의 적장자는 역시 사가 되며, 그 나머지는 평민이 된다. 평민 또한 큰 아들이 대종을 이어가고 형제는 소종이 되는 것이다.
정리하면 천자가 되는 대종은 적장자로 대를 이어 천자를 세습한다. 대종에서 갈려나온 소종은 적장자로 소종의 대종을 이어간다. 이렇게 적장자 중심으로 내려가다 보면, 천자-제후-경대부-사-평민의 조직질서가 성립된다. 이 질서는 세습되기 때문에 신분은 타고 나는 것이 된다.

2) 봉건제
봉건제는 종법을 기초로 하여 천자, 제후, 경대부, 사의 관직을 배분하는 것이다. 소방국小邦國이던 주나라는 천하를 차지한 뒤에 이런 혈연씨족 중심의 종법을 광활해진 영토를 다스리는 정치 사회 윤리제도로 확대했다.
그러므로 종법과 봉건은 불가분의 관계를 가지고 있는 것이다. 이런 봉건제는 적장자로 하여금 토지와 관직을 세습하도록 하기 때문에 '세경세록제世卿世祿制'라고 한다. 주나라의 봉건제는 천자로부터 아래로 사에 이르기까지 아래는 위에 대해 ① 공물을 바치고, ② 정벌과 호위를 담당하며, ③ 알현하여 업무상황을 보고하고, ④ 사람을 보내 요역을 담당하는 의무를 진다.

3) 제도에 맞춘 우주관
주나라의 종법봉건제는 각 지역의 경제적 내왕이 비교적 적고, 정치·경제 및 사회생산력의 발전이 형평하지 못한 당시 상황에서는 적절한 것일 수 있다.
하지만 주나라의 종법봉건제를 자세히 들여다보면 관존민비와 큰 아들 중심에서 파생하는 서얼의 차별, 남성 중심의 남존여비 등의 불평등요소들이 적지 않다는 것을 알 수 있다. 이런 불평등의 요소가 당위성을 갖도록 토대를 제공한 것은 개천설이라는 우주관이라고 할 수 있다.

고대 중국의 우주관은 크게 개천설蓋天說, 혼천설渾天說, 선야설宣夜說 등으로 나눠볼 수 있다.[44] 이들 우주관은 『주역』과 밀접한 관련이 있다.

이 셋 가운데 가장 오래된 것으로 추정되는 개천설蓋天說의 요지는 하늘은 둥글고, 땅은 네모지며 평평하다는 것이다. 따라서 지구에 사는 사람의 입장에서 보면 하늘은 높고 땅은 낮은 것으로 볼 수 있다. 여기서 천존지비天尊地卑의 관념이 나왔다. 혼천설은 하늘은 계란처럼 둥글며, 지구는 계란의 노른자처럼 하늘에 둘러싸여 있다는 것이다. 혼천설에 의하면 하늘이 지구를 감싸고돌기 때문에 지구의 어느 한 지점에서 볼 때 하늘의 해와 달과 28수 등 천체의 반은 보이고 반은 안 보이게 마련이다.

그래서 낮과 밤이 생기고, 음과 양이 순환하는 것이다. 일음일양의 도라고 할 수 있다. 선야설의 관점은 하늘은 기로 이루어졌으며 천체의 운행은 대기의 작용에 의지한다는 것이다.

『주역』「계사전」은 "도라는 것은 자주 옮겨 다니며, 변동하여 한 곳에 머물지 않고 육허六虛를 두루 유행한다.

그리하여 오르고 내림이 일정함이 없으며 강유剛柔가 서로 바뀌어 일정한 규칙을 삼을 수 없고 오직 변화하여 나간다."[45] 고 한다.

여기서 '주류육허周流六虛'라는 말의 의미는 음양의 기가 우주를 유행하는 것이다. 이는 주자朱子의 "주류육허는 음양이 괘의 여섯 자리에 유행함을 말한다."[46] 는 말에서 확인된다.

이들 우주관은 동시에 나왔다기보다는 고인들의 경험과 지식의 축적, 그리고 지혜의 발달로 우주에 관한 비밀이 풀리면서 발전해나왔을 것이다.

---

44) 고대 우주론에 관한 내용은 졸저 『주역의 근원적 이해-천문역법을 중심으로』40-104쪽 참고 바람.
45) 「계사전」하8장. "爲道也屢遷 變動不居 周流六虛 上下無常 剛柔相易 不可爲典要 唯變所適"
46) 『주역본의』, "周流六虛 謂陰陽流行於卦之六位"

『역전』에서도 이런 변화의 과정을 읽을 수 있는 부분들을 확인할 수 있다. 그런데 개천설에 근거한 천존지비의 우주관에서 나온 관존민비, 남존여비, 양존음비 등의 관념은 고인들의 우주관이 혼천설에서 선야설 등으로 발전함에도 불구하고 제자리를 고수했다.

혼천설의 관점에서 보면 천존지비의 개념은 성립될 수 없다. 또 선야설의 관점에서 일음일양의 도를 냉정하게 생각해보면 음과 양은 어떤 것이 더 존귀하고 비천함의 차이가 있다고 볼 수 있는 아무런 타당성이 없다.

우주만물은 모두 대립의 상태를 유지하면서 서로 보완하여 이루어주며 발전하는 과정을 순환 반복한다. 이것을 일음일양의 도라고 하는 것이다. 경방도 "음과 양은 차이가 없다. 오르고 내리는 구별이 있을 뿐이다."[47] 고 밝혔다. 경방은 또 양陽 가운데는 음陰이 들어있고, 음 가운데는 양이 들어있다고 말한다.[48] 이것은 음과 양이 동등하다는 것을 말하는 것이다.

그런데도 『역경』해석에 특정 우주관을 끌어들인 뒤 발전하는 새로운 우주론을 외면하는 이유는 종법봉건제에 의해 확립된 인류사회질서와 문물제도의 유지보전을 위한 것으로 볼 수밖에 없다.

2분법의 원인과 새로운 분류

1. 역학을 2분하는 원인

역학을 유학 중심의 존귀한 의리역학과 비천한 술수역학으로 2분하는 전통이 이어지는

---

47) 『경씨역전』 권상 乾, "陰陽無差 乘降有等"
48) 『경씨역전』 권상 乾, "六位純陽 陰象在中"

원인은 유학의 학풍이 장기간 정치이념으로 자리 잡은 데서 찾을 수 있다.
동주東周 이후 춘추전국시기에는 제자백가라고 불리는 많은 학파와 사상가가 있었다. 그런데 한나라가 천하를 통일한 뒤에 무제武帝 때에 이르러 이른바 오직 유학만 존귀하게 여기는 독존유술을 이념으로 하는 정치를 펴면서부터 역학도 유가의 역학만 존귀한 대접을 받았다.
한나라 이후 중국은 근대화 이전까지 유학을 정치·사회의 지도이념으로 삼았다. 물론 우리나라도 조선조 500여 년 동안 유학이 지배했고, 현재까지도 상당부분 전통으로 유지되고 있다.
그리고 유학 중심의 전통사회에서는 과학이나 기술을 중요하게 생각하지 않았던 점도 역학의 기본인 상수학이 천대받은 이유가 될 수 있다. 관존민비의 관념은 벼슬하는 계층은 존귀해서 유학의 경전공부를 해야 하고, 여타 다른 생산직과 생산성을 높일 수 있는 과학이나 기술은 비천한 백성이나 하는 것으로 인식되게 했다.
문제는 아직도 역학에 대한 이런 2분법적 관점에 대해 냉철하게 분석하고 평가하여 보다 발전적 견해를 제시하려는 노력이 보이지 않는다는 것이다.

2. 역학의 새 분류-기초역학·역철학·응용역학

앞에서 살펴본 바와 같이 역학을 존귀한 의리역학과 비천한 상수역학으로 2분하는 것은 여러모로 보아 부적절하다고 생각된다.
시대가 변하면서 경험과 지식이 쌓이고, 이를 바탕으로 문명과 문화가 발전해간다. 역학도 마찬가지다. 처음에는 팔괘에서 시작된 역易은 64괘로 발전하고, 64괘에 풀이글을 달아 인사의 길흉을 점치는 용도로 쓰던 『역경』을 다시 인류사회질서를 세우는 준칙으로 끌어들이고, 사상철학의 책으로 변모시켰던 것만 봐도 그렇다.
그런데도 아직도 과거 유가의 이념이 녹존하던 시대의 전통관념으로 구분하는 역학의 2분법을 그대로 유지한다는 것은 아무래도 현실을 외면하는 것이 아닐 수 없다.

그러므로 역학은 자연변화의 원리를 담고 표현하는 상과 수에 대한 탐구를 중점적으로 하는 기초역학, 이를 토대로 역의 철학적 내용을 연구하는 역철학, 그리고 기초역학과 역철학을 가지고 인류의 실생활에 유용하게 활용하는 응용역학의 3개 분야로 구분하는 것이 옳다고 생각된다.

2. 기초역학

기초역학의 개념

자연의 운행법칙을 역易이라고 하며, 역을 괘상이라는 상징부호로 나타낸 뒤에 풀이하는 글을 붙여서 책으로 만든 것이 『역경』이다.

그리고 자연의 법칙인 역을 바탕으로 추길피흉을 위한 예측을 행하거나 인륜도덕과 사회질서를 세우고 정치를 하는 준칙으로 삼는 일과 우주관이나 세계관을 세우는 것 등에 관하여 탐구하는 것을 역학易學이라고 한다. 그런데 자연의 법칙은 괘상과 역수로 파악할 수 있기 때문에 제대로 된 역학을 하려면 괘상과 역수에 대한 탐구가 가장 먼저 필요한 것이다.

즉 역학의 기초가 되는 괘상과 역수에 대한 탐구를 기초역학이라고 한다. 기초역학은 본래 상수역학이이라고 할 수 있지만 앞서 이야기 한 바와 같이 상수역학이라고 하면 술수역학이라는 의미로 통용되고 있어서 기초역학이라고 하는 것이 바람직하다고 생각된다.

현대 과학의 경우를 예로 들자면 과학의 기초가 되는 분야를 기초과학이라고 하고, 기초과학의 원리를 응용하여 인류의 행복과 복지를 위한 문명의 이기를 만드는데 쓰는 학문을 응용과학이라고 하는 것에 비유할 수 있다.

괘상 부분

1. 괘를 만드는 원리

『역경』에는 64괘가 있다. 64괘는 인류를 포함한 천지자연이 생성ㆍ발전ㆍ변화하는 이치를 나타낸다.

그런데 『역경』은 본래 점치는 용도로 지어졌기 때문에 사람이 살면서 닥치는 난제를 해결하기 위해 점을 치기 위해서는 점괘를 뽑아야 한다.

그러므로 평소 『역경』의 64괘를 보고 그 이치를 궁구하거나 특별한 일이 있어서 점을 치거나 64괘가 어떻게 하여 나왔는지를 아는 것이 우선이다. 괘를 뽑는데 있어 첫째는 점을 치는 사람과 천지자연이 호응하여 서로 감응하는 것이다. 그래야만 점치는 사람의 문제에 대해 천지자연이 어떤 상황으로 변화해갈 것인가를 예측할 수 있는 답변을 얻을 수 있기 때문이다. 점을 치는 사람에 대한 천지자연의 답변은 괘상이 되는 것이다. 여기서 주의할 것은 사람과 천지자연이 감응하는 것을 사람이 인격과 의지를 가진 상제나 천제와 감응하는 것으로 보아서는 안된다. 역에서 말하는 천지자연은 인격이나 의지가 없이 저절로 그렇게 이루어가는 성질을 가진 객관적 존재라는 것이다. 저절로 이루어가는 객관적 존재인 우주만물은 규율을 갖고 있다. 이 규율을 알면 언제 어떤 상황이 만들어질 것인지를 예측할 수 있는 것이다.

다시 말하지만 우주의 운행규율을 괘상으로 상징한 것이 역이기 때문에 괘상을 보고 우주의 운행상황을 예측할 수 있다는 논리가 성립하는 것이다.

그래서 어떤 시점의 문제에 대한 우주적 상황을 알기 위해서는 그 시점의 그 문제에 대한 천지자연의 상황을 알아야 한다. 바로 어떤 시점의 문제에 대한 우주적 상황을 알기 위한 상을 얻는 과정이 산대를 계산하여 괘를 구하는 것이다.

그러므로 괘를 구하는 원리는 우주상황이 언제 어떻게 돌아가는지를 파악할 수 있는 원리와 같다고 할 수 있다.

실제로 괘를 구하는 과정을 보면 점을 하여 얻은 괘상이 우주의 변화상황을 표현한다는 것을 이해할 수 있다.

괘를 뽑기 위해서는 먼저 50개의 산대를 준비해야 한다. 그리고 50개의 산대에서 1개를 제외한 49를 임의로 반으로 나눠서 오른쪽과 왼쪽에 놓는다.

다음에는 왼쪽에 놓아둔 산대를 왼손에 잡고, 그 가운데서 1개를 뽑아 왼쪽 새끼손가락과 4번째 손가락 사이에 낀다.

다음에는 왼손에 잡은 나머지 산대를 오른손으로 4개씩 덜어내고 나머지가 4개 이하가 되면 이것을 왼쪽 가운데 손가락과 4번째 손가락 사이에 낀다.

다음에는 오른쪽에 놓아둔 산대를 오른손에 잡고 왼손으로 4개씩 세어내고 나머지가 4개 이하가 되면 이것을 왼쪽 가운데 손가락과 검지 사이에 낀다. 이것을 1변變이라고 한다.

이렇게 1변의 과정을 세 번 거듭하여 1개의 효를 얻는다. 그러므로 하나의 괘를 이루려면 18변의 과정이 필요하다.[49] 그런데 이렇게 점괘를 얻는 과정에 대한 천문·철학적 배경에 대한 학설을 정리하면 다음과 같다.

① 50개의 산대 가운데 1개를 뽑아서 사용하지 않는 것은 제외한 1개가 태극을 상징하며, 태극은 아무런 움직임도 없음을 나타내는 것이다.
② 나머지 49개의 산대를 임의로 둘로 나누어 왼손과 오른손에 잡는 것은 하늘과 땅 혹은 음과 양으로 나뉘어 조화의 근본이 됨을 나타낸다.
③ 왼손에 잡은 산대 중 1개를 뽑아 왼손의 넷째와 새끼손가락 사이에 끼우는 것은 사람을 상징하여 하늘과 땅과 사람의 삼재三才가 갖추어짐을 나타낸다.

---

49) 괘를 뽑는 방법에 관한 내용은 졸저 『주역 읽기 첫걸음』(보고사, 2010) 161-171쪽 참고.

④ 오른손으로 왼손의 산대를 네 개씩 덜어내는 것은 4계절을 상징하며, 4개의 기氣가 서로 통하여 만물이 태어나고, 만사가 일어나게 되는 것을 나타낸다.
⑤ 4개씩 덜어낸 나머지 산대를 왼손 넷째와 새끼손가락 사이에 끼우는 것은 윤달을 상징한다.
⑥ 왼손으로 오른손의 산대를 4개씩 덜어내고 나머지를 왼손의 가운데 손가락과 4번째 사이에 끼운다는 것은 윤달[50] 이 5년에 두 번 들어온다는 것을 나타낸다.

이것을 다시 정리해보면 ①은 태극, ②는 양의, ③은 만물을 말하는 것이다. 천지인 삼재에서 사람은 만물을 대표한다. ① ② ③의 내용은 천지만물의 본원이 태극이라는 것이다. 그리고 본원인 태극이 음과 양으로 나뉘어 서로 교감하면서 ④의 사시사철을 만들고 만물을 낳아서 기른다는 것이다.
음양이 사시사철은 만드는 것은 양은 소양과 태양, 음은 소음과 태음으로 구분되기 때문이다. 이것이 사상四象이다.
여기서 중요한 내용은 ⑤의 윤달과 ⑥의 5년에 윤달이 두 번이라는 것이다.
②의 양의는 해와 달을 말하고, 해와 달이 운행하면서 사시사철을 이루면서 천지만물이 생장소멸의 과정을 반복한다.
그런데 태양의 1년 주기 365.25일과 태양의 1년 주기에 맞춘 달의 12달 날짜 354.36일 사이에는 10.89일의 차이가 난다.
그래서 태양년 1년과 태음년 1년을 조율하여 만든 태음태양력(이것은 간지로 나타내기 때문에 간지력이라고 함)의 1년 날짜는 매년 똑 같을 수가 없다. 예를 들면 처음 시작할 때 월月로 12달을 1년으로 하면 354.36일이 되고, 여기에 윤달을 더해 13달이 1년이 되

---

50) 윤달은 두 종류가 있다. 하나는 양력에서 2월을 평년에는 28일로 하고, 윤년에는 29일로 하는 경우다. 다른 하나는 양력(태양력)과 음력(태음력)을 배합하여 쓰는 '태음태양력'에서 3년에 1개월 더 두고, 5년에 다시 윤달을 1개 더 두는 경우다.

는 해의 날짜는 384일이 될 것이다.

그렇기 때문에 간지력의 설날은 양력으로 1월말에 오는 경우가 있고, 어떤 해는 2월 중하순에 오는 해가 있는 것이다.

그런데 해가 태양을 한 바퀴 도는 원은 360도이며, 달이 지구를 한 바퀴 도는 원도 360도다. 단지 원을 그리는 기간이 365.25일과 29.53일로 차이가 있을 뿐이다.

이것은 지구에 영향을 미치는 태양과 달의 사이클 주기가 다르다는 것을 말한다. 다시 말해 각각 순환주기가 다른 지구와 달과 태양이 서로 톱니바퀴처럼 연계돼서 운행을 하고 있는 것이다.

그렇기 때문에 어느 특정한 날의 지구와 태양과 달이 위치한 상황이 다시 제 위치로 환원하기 위해서는 태양의 순환주기로 19년이 걸려서야 가능하다. 태양의 순환주기에 19년을 곱하여 얻은 날짜(365.25×19=6939.75)와 달의 순환주기에 태양력의 19년 안에 들어있는 삭망월 수 235개를 곱한 날짜(29.5305851×235=6939.75)가 같아지기 때문이다.

이 말은 적어도 19년 동안은 같은 상황이 되풀이 되지 않고 매일 매달은 물론 매 순간도 차이가 있다는 것이다.

그렇다고 19년이 지나서 처음 시작한 지점으로 돌아왔다고 하여 19년 전과 똑 같은 상황에 이른 것도 아니다. 왜냐하면 지구와 해와 달을 비롯한 하늘의 별들은 북극을 중심으로 움직이는데, 북극도 미세한 변화가 있기 때문이다.

이렇게 보면 괘를 뽑는 과정은 지구와 해와 달의 운행상황과 다른 별들의 운행상황을 파악하기 위한 계산일 것이라는 추정이 가능하다. 그렇다면 대연수[51]는 적어도 해와 달의 운행주기와 관련이 있음이 분명하다. 이런 시각으로 접근하는 것은 막연한 추정으

---

51) 대연수가 해와 달의 운행주기를 조율하여 얻은 수라는 내용은 졸저, 『알기 쉬운 상수역학』(보고사, 2013), 191-200쪽 참고 바람.

로 그럴 것이라고 하는 생각과는 다른 것이다.
즉 현대 과학적으로 입증 가능한 접근을 통해 진실을 찾자는 것이다.

2. 괘가 나타내는 역의 이치

1) 효가 드러내는 역리易理
괘를 이루는 효는 양효(—)와 음효(--)로 구분된다.

음양효는 공간적으로 대립 또는 대대의 관계를 이룬다. 천지만물은 음과 양의 대립 관계로 이루어진다. 음만 있고 양이 없는 경우도 없고, 양만 있고 음이 없는 경우도 없다. 음과 양은 서로 상반되는 것으로 인식되지만 서로 의지하여 완전한 하나를 이룬다. 이것을 음양의 상반상성성相反相成性이라고 한다. 이런 성질로 인해서 한 괘에서 효의 자리(위位)가 생기고, 효와 효사이에 응應·비比·승承·승乘의 개념이 발생한다.
음과 양은 한 쪽이 커지거나 강해지면 상대 쪽이 작아지고 약해진다. 특히 한 쪽의 크기가 극에 달하면 그 자리를 반대쪽에 내주게 된다. 태양의 운행을 예로 들면 하지 이후에는 태양이 남진하고, 동지 이후에는 북진하는 것과 같다. 즉 음과 양은 자라고 줄어드는 과정을 통해 전화轉化한다. 이것을 질량호변質量互變의 법칙이라고 한다.
여기서 중中의 개념이 생겨난다. 음과 양이 서로 극으로 치닫지 않고 중도를 유지하게 되면 균형이 깨지지 않고 평형을 이루게 되는 것이다. 태양의 운행을 예로 들면 1년 중 하지와 동지는 극의 상태지만 춘분과 추분은 중도의 상태에 있는 것이다.
음과 양은 대립하면서 전화하는 과정을 반복하게 마련이다. 이것은 시간성이다. 이렇게 한 번 대립전화하여 원점으로 돌아오는 것을 한 주기라고 한다. 그래서 천하만물은 주기순환성을 갖고 있다. 이렇게 주기를 갖고 소장순환하는 것을 물극필반物極必反이라고 한다.

한 괘가 초효에서 시작하여 상효에 이르면 다시 전화하여 변괘가 되고, 다시 초에서 상효로 발전하여 극에 이르면 전화한다.
그리고 64괘는 건乾괘에서 시작하여 미제未濟괘에 이르면 다시 시작하는 것이다. 만물이 각각 주기를 갖고 순환하므로 주기순환의 규율을 파악하면 그 흐름을 예측할 수 있다는 논리가 성립한다.

2) 괘가 드러내는 역리

괘는 팔괘를 기본으로 한다. 그리고 팔괘를 중첩하면 64괘가 된다.
『역경』은 천지만물을 여덟 가지로 나눠서 팔괘에 귀납했다. 이것을 '팔괘취상八卦取象'이라고 한다.
만물을 같은 유형을 구분하여 나누게 되면, 각 유형의 고유한 생성ㆍ발전ㆍ소멸의 순환주기를 적용하여 길흉의 변화를 알 수 있다. 그래서 「계사전」은 방소는 같은 유로 모이고, 만물은 무리를 지어 나뉜다고 한 것이다.[52]
팔괘가 상징하는 내용은 「설괘전」에서 자세히 기록하고 있다. 우주는 시간과 공간으로 이루어지기 때문에 팔괘는 시간과 공간을 상징한다. 예를 들면 선천팔괘방위도를 보면 乾괘는 남방이며 여름, 곤坤괘는 북방이며 겨울, 이離괘는 동방이며 봄, 감坎괘는 서방이며 가을, 진震괘는 동북방으로 겨울과 봄 사이, 손巽괘는 서남방이며 여름과 가을 사이, 간艮괘는 서북방으로 가을과 겨울사이, 태兌괘는 동남방으로 봄과 여름 사이를 각각 나타낸다.
팔괘는 시간과 공간의 우주에 존재하는 만물을 상징한다. 건은 하늘, 곤은 땅, 진은 우레, 손은 바람, 감은 물, 이는 불, 간은 산, 태는 연못을 각각 상징한다.

---

[52] 「계사전」 상1장, "方以類聚 物以群分 吉凶生矣 … 變化見矣"

팔괘가 상징하는 가족관계는 건은 아버지, 곤은 어머니, 진은 장남, 손은 장녀, 감은 중남, 이는 중녀, 간은 소남, 태는 소녀이다.

팔괘는 우주만물을 이처럼 유형별로 나누어 상징하므로 팔괘의 어느 한 괘에 포함되는 않은 만사만물은 없다. 그런데 팔괘로는 그 유형이 너무 적다면 64괘로 확대해서 우주만물을 분류하여 상징할 수 있다.

괘가 상징하는 대상은 물상과 사상을 모두 포함한다. 물상은 사람의 눈과 감각으로 보고 느낄 수 있는 모든 자연물을 말하고, 사상은 물건처럼 형체는 없으나 상상할 수 있는 일들을 말한다. 즉 드러난 현상의 물상과 그 이면의 질서나 법칙 등의 사상은 곧 우주만물과 그것의 운행법칙을 통틀어 말하는 것이다.

그러므로 괘로 우주의 법칙인 역의 이치를 알 수 있는 것이다.

역수 부분

1. 사상四象의 수

사상의 수는 『역경』에서 효제爻題로 쓰이는 9와 6을 말한다. 9와 6은 사상四象 가운데 태양과 태음을 나나내는 수이고, 소양의 수는 7, 소음의 수는 6이다.

앞서 설명한 바와 같이 사상의 수는 태양력과 태음력을 조율하여 태음태양력을 만드는 과정과 관계가 있다. 그런데 태음태양력은 간지로 나타내기 때문에 간지력이라고 한다.

그래서 괘상을 뽑아내는 역수易數 즉 사상의 수는 역수曆數로 쓰이는 간지수와 관련되는 것이다.

2. 간지수

간지는 갑甲·을乙·병丙·정丁·무戊·기己·경庚·신辛·임壬·계癸의 10간과 자子·축丑·인寅·묘卯·진辰·사巳·오午·미未·신申·유酉·술戌·해亥의 12지를 짝지워서 만든다. 간지를 짝지은 것은 60갑자다.

간지는 시간·날짜·월·년을 나타내는데 모두 쓰인다. 시간을 표시하는 것은 기시紀時라고 하며, 날짜를 기록하는 것은 기일紀日, 달을 기록하는 것은 기월紀月, 해를 나타내는 것은 기년紀年 이라고 한다.

간지가 음양과 오행을 나타내고, 시간과 공간성을 가지고 있다는 것은 앞서 수역數易을 말할 때 나왔다. 간지는 이렇게 음양오행은 물론 시간과 공간성을 모두 포함하고 있기 때문에 괘상이 표현하는 물상과 사상을 모두 나타낸다고 할 수 있다.

예를 들면 갑甲은 방향은 동방이고 시간은 봄이다. 오행으로는 목木으로 분류되므로 목의 물상이나 사상을 가진 부류를 상징할 수 있다. 팔괘취상의 원리대로 하면 만물은 오행으로 귀류시킬 수 있기 때문에 만물을 팔괘로 상징한 것이나 오행으로 분류한 것이나 같은 내용이 아닐 수 없다.

간지는 또 단순한 시간·날짜·월·년만 표시하는 것이 아니라 만물의 유형별 순환주기도 표현한다. 예를 들면 음양을 하루에 대입하면 낮과 밤이 되고, 오행의 1회 순환주기는 5일이 된다. 그래서 1년에서 5일을 후候, 10일을 순旬, 15일을 기氣, 90일을 시時로 구분하고, 4시가 1년이 되는 것이다.

순환의 주기는 음양의 특성에 의해 2와 오행의 성질에 의해 5는 기본이 된다. 그래서 하늘의 오운伍運과 음양 2기가 결합하면 10간이 되고, 땅의 육기六氣와 음양 2기가 결합하여 12지가 된다. 이렇게 기본적 주기가 톱니바퀴처럼 물려서 돌아가기 때문에

---

53) 소옹邵雍(1011-1077), 북송北宋의 유학자이면서 철학자, 자는 요부堯夫, 호는 안락선생安樂先生, 시호는 강절康節, 송의 인종仁宗으로부터 장작감주부將作監主簿의 직을 추대받았지만 사양하고 일생을 낙양에 은거했다고 함.

2·5·10·12·30·60·90·180·240·360 등등의 주기 단위가 형성될 수 있다. 북송의 소강절邵康節[53]은 바로 역수의 주기성을 분석하여 원회운세元會運世의 수리를 밝힌 것이다.[54]

천문天文 · 율려律呂 분야

1. 천문

천지자연의 운행법칙을 담은 것이 역易이라고 했다. 그런데 천지자연이란 것이 실은 천문을 말하는 것이다. 사람이 발을 붙이고 사는 곳이 땅이고, 보통 우리는 땅을 기준으로 머리 위의 하늘과 하늘에 떠 있는 해와 달과 별만을 천문이라고 이해한다. 하지만 우리가 살고 있는 땅, 곧 지구도 별의 하나일 뿐이다. 천지라는 말은 곧 하늘과 지구를 말하는 것이다. 그러므로 천지와 천문은 같은 의미라고 할 수 있다.

『역경』비賁괘「단전」에는 "천문을 관찰하여 사시를 살핀다."[55] 고 하는 대목이 보인다. 이 말은 천상을 관찰하여 기상의 변화가 어찌 되는가를 안다는 것이다. 한마디로 천문을 파악하는 일이다.

「계사전」의 "역은 천지를 본받은 것이다. 그래서 천지의 도를 두루 조리할 수 있다."[56] 고 하는 부분과 "복희가 천하를 다스릴 때 우러러 하늘의 상을 관찰하고, 굽혀서 땅의 이치를 살피고, … 이렇게 하여 팔괘를 지었다."[57] 고 하는 내용은 역이 천문을 본뜬 것임을 아주 직설적으로 말해주고 있다.

---

54) 소옹의 원회운세의 수에 관해서는 졸저, 『알기 쉬운 상수역학』(보고사, 2013), 200-211쪽 참고.
55) 「비賁괘」「단전」. "觀乎天文 以察時變"
56) 「계사전」상4장. "易與天地準 故能彌綸天地之道"
57) 「계사전」하2장. "包犧氏之王天下也 仰則觀象於天 俯則觀法於地 …… 於是 始作八卦"

이와 같이 천문을 관찰하여 천지자연의 운행법칙을 파악하고, 이를 괘로 나타낸 것이 역이다. 따라서 역을 공부하려면 천문에 대한 이해는 필수라고 할 것이다.

『역경』과 『역전』에는 별의 이름이나 별의 역할과 관련된 내용이 대부분이다. 예를 들면 건乾괘의 효사는 용과 관계가 있다. 주지하는 바와 같이 용은 상징의 동물이다. 사람에게는 지도자·군주·제왕·군자 등에 비유된다. 그런데 천문에서는 하늘의 별들을 사상四象으로 구분한다. 동방창룡東方蒼龍·남방주작南方朱雀·서방백호西方白虎·북방현무北方玄武가 그것이다.

그리고 동방창룡은 각角·항亢·저氐·방房·심心·미尾·기箕의 7개 별로 이루어진다. 창룡은 자축월子丑月 황혼무렵에는 땅 속으로 들어가서 보이지 않는다. 즉 잠룡潛龍한 것이다. 그런데 건괘 여섯 효 가운데 초효에 해당한다. 그래서 건괘 초효의 효사가 잠겨 있는 용이니 쓰지 못한다고[58] 한 것이다.

이처럼 건괘 효사에 나타나는 재전在田·재연在淵 등은 하늘의 별 이름과 관련된다. 재전의 전은 창룡7수 가운데 각수에 딸린 천전天田이라는 별의 이름이다. 천전은 천자의 직할 영토인 수도권지역을 관할하는 별로 백성의 운을 주관한다고 한다. 재연의 연은 천연天淵이라는 별의 이름이다. 천연은 북방현무7수의 하나인 두수斗宿에 딸린 별로 논밭에 물을 대고 사람의 일상에 필요한 물을 공급하는 등 관개를 담당한다.[59]

2. 율려

1) 무형無形·무체無體의 기氣

역에서는 천지만물이 모두 태극에서 나온다. 태극에서 음양 2기二氣로 분화한 뒤 다시

---

58) 『건乾 : 초효사』, "潛龍 勿用"
59) 역학 천문에 관한 내용은 졸저, 『알기 쉬운 상수역학』(보고사, 2013) 240-275쪽 참고바람.

사상四象, 팔괘八卦를 거쳐 64괘로 만물을 이룬다는 것이 공자를 중심으로 한 유가의 우주관이다. 즉 우주만물은 태극이라는 1기一氣에서 분화된 것이란 말이다.

노자와 장자에서 시작된 도가의 우주관도 같은 관점이다. 도가 하나를 낳고, 하나가 둘을 낳고, 둘이 셋을 낳으며, 셋이 만물을 이룬다는 노자의 관점[60]도 실은 만물이 1기로 이루어졌다는 것을 말하는 것이다.

이 하나의 기가 분화하면 만물이 되고, 응취하면 하나라는 것이다. 그리고 1기가 분화하여 만물을 이룬다고 할 경우 만물은 형체가 있는 물질이다. 유형·유체의 물질은 흩어지면 기로 변화하여 무형·무체가 된다. 형체가 없는 기는 사람의 지각으로 쉽게 인식할 수 없게 된다.

동양의학의 경전인 황제내경은 기가 물질이고, 물질은 부단히 운동변화한다고 본다. 그래서 형체가 있는 물질은 증명할 수 있고, 볼 수 있다는 것이다. 하지만 운동변화하는 기는 형체가 없으므로 볼 수 있는 것이 아니라고 인식한다. 황제내경의 기에 대한 이런 인식은 2천여 년 이상의 임상경험을 통해 실증되고 있다.

정리하면 생성 변화하는 만물의 원천인 기는 물질로서 뭉쳐서 유형을 이루기도 하고, 흩어져서 무형이 되기도 한다. 그런데 일반적으로 기라고 하면 형체를 이룬 물질보다는 무형의 기를 말한다.

2) 실체 파악이 어려운 기

노자는 사람은 땅의 법칙을 본받아야 하며, 땅은 하늘의 법칙을 본받아야 하고, 하늘은 도를 본받아야 되고, 도는 자연의 본성을 갖추고 순종해야 한다는 것을 강조한다.[61]

---

60) 노자, 『도덕경』 제42장, "道生一 一生二 二生三 三生萬物"
61) 노자, 『도덕경』 제25장, "人法地 地法天 天法道 道法自然"

이 말은 곧 사람은 자연의 법칙대로 살아야 한다는 것이다. 앞서 소개한 도가 하나를 낳고, 하나가 둘을 낳고, 둘이 셋을 낳으며, 셋이 만물을 낳는다는 노자의 말을 생각해보면 그 이유가 분명해진다. 만물은 하나의 기로 이루어졌고, 하나의 기가 변화하는 규율이 자연이기 때문에 사람은 자연의 법칙을 본받아야 하는 것이다.

그런데 자연의 생성 변화하는 원천인 기는 하늘의 별들의 운행에 따라 생겨난다. 즉 천체의 운행에 응하여 기가 반응하는 것이다. 황제내경에서는 이것을 하늘에서 오행의 기를 가진 별들이 운행하게 되면 지구에서는 여섯 가지의 기가 반응한다고 본다. 즉 5운6기론이다.

그런데 하늘의 해와 달과 지구를 포함한 천체의 운행 규칙은 사람이 직접 관찰을 통하여 파악할 수 있다. 이렇게 사람이 관찰을 통해 파악한 객관적 규율이 천문역법이다. 하지만 지구에서 반응하는 6기는 무형이기 때문에 관찰을 통해 확인하기가 어렵다.

그렇지만 기가 형체가 없어 파악이 어렵다고 그냥 넘길 수는 없는 일이다. 천지만물은 천체의 운행에 따른 기의 변화에 따라 그 생사존망이 달려 있기 때문이다. 그리고 만물의 대표인 사람 또한 만물을 구성하는 그 하나의 기로 이루어졌기 때문에 기의 영향권을 벗어날 수 없다. 따라서 생존을 위해서는 기의 구체적 파악이 필수적인 것이다.

3) 기를 측정하는 법-율려

무형무체의 기를 측정하는 수단 내지는 도구가 율려라고 할 수 있다. 우주만물은 하나의 기로 구성됐지만 기의 고저 장단 등으로 개별적 차이가 생겨난다. 즉 5운6기의 6기로 구분되어 나타난다. 이렇게 기가 여섯으로 나뉘므로 율도 기본은 6이 된다. 그런데 율은 다시 양률과 음률(음려)로 나뉘어지므로 6율6려가 돼서 12가지가 된다.

이렇게 기를 구체적으로 파악하는 분야가 율려이므로 이 부분 또한 기초역학으로 세밀하게 다뤄야 한다고 생각한다.

3. 역철학易哲學

역철학의 의미

역철학은 역의 이치를 철학적으로 탐구하는 것을 말한다. 본래 『역경』은 점치는 책이었으나 『역전』이 철학적 관점으로 해설하면서 철학서로 발전했다.

철학이라는 단어는 영어 필로소피(philosophy)를 번역한 말이라고 한다. 그런데 필로(philo)는 '사랑하다' 혹은 '좋아한다'는 의미이고, 소피(sophy)는 지혜知慧 내지 지知의 뜻이다. 그러므로 필로소피는 지를 사랑하는 것이란 의미가 된다. 즉 철학은 '애지愛知'의 학문이란 뜻이 있다. 그런데 지知라는 것은 참된 진리를 말한다. 철학은 참된 진리의 탐구라고 할 수 있다.

그렇다면 역의 이치를 철학적으로 탐구한다는 것은 역의 이치에서 참된 진리를 찾는 것이라는 의미가 된다. 그런데 역이란 우주자연의 운행법칙으로 영원불변의 법칙이다. 그래서 역의 이치라는 것이 곧 참된 진리가 된다.

그러므로 역을 철학적으로 탐구하는 역철학은 곧 우주자연의 법칙을 탐구하는 것과 같은 의미다. 즉 역학은 그 자체로서 철학의 의미가 있다.

기존 역철학

앞에서도 언급한 바와 같이 철학역哲學易은 지금까지 의리역義理易 또는 의리역학義理易學이라고 부른다.

그런데 의리역학은 사실상 유가의 입장에서 역의 이치를 탐구하는 '유가역학儒家易學'이라는 성격이 강하다.

하지만 역에 대한 철학적 탐구는 유가의 의리역학 외에도 노자와 장자의 관점으로 역의 이치를 탐구하는 도가역학道家易學 혹은 노장역학老莊易學도 있다.

기존의 역철학의 관심 대상은 만물의 기원에 관한 문제 · 음양의 기에 의한 순환론 · 천지인 일체관 등 우주자연의 운행법칙에 대한 분야와 인류도덕 등 인류사회의 질서와 규범에 관한 분야로 크게 구분해볼 수 있다.

이 두 분야 중에서 우주자연의 법칙에 치중하는 역학은 노장역학이며, 인류사회의 문제를 중시하는 쪽은 유가의 의리역학이라고 할 수 있다.

앞서 점치는 책인 『역경』에 철학성을 부여한 것이 『역전』이라고 했다. 그런데 20세기 초까지만 해도 『역전』은 유가의 저작으로 인식됐다. 하지만 여러 학자들의 연구에 의해 『역전』은 도가의 우주론과 도가와 음양가의 음양설 · 유가의 윤리관 등 여러 학파의 견해를 받아들여 나온 것으로 드러났다.

다양성이 요구되는 역철학

이제까지 누차 말한 바와 같이 역은 우주의 운행법칙이다. 다시 말해 역은 천지만물의 모든 것을 포용하는 규율이다. 그러기 때문에 역의 이치를 탐구하는 대상이 특정 분야에만 한정될 수는 없다.

예를 들면 역학이 그동안 의리역학을 중심으로 연구돼온 문제 같은 것이다. 이처럼 자연주의 철학이라고 할 수 있는 도가역에 대한 관심이 유가의 의리역에 비해 상대적으로 적었던 것은 정치사회적인 문제가 가장 크다고 할 수 있다.

사람이 출세 영달하는 지름길이라고 할 수 있는 관리등용시험에 유학의 경전만 중시되었으므로 그 밖의 것이 소외당하는 것은 당연한 일이다. 물론 이런 문제는 시대가 변한 지금도 마찬가지다. 학문의 전당이라고 하는 대학에서 가장 인기 있는 학과는 취업이 잘 되는 학과라는 점이 이를 증명하는 것이다.

근래 갑자기 역학 중에서도 응용역학의 분야라고 할 수 있는 사주명리 · 관상 · 풍수지리·점 등을 연구하려는 사람들이 급증하고 있다. 이에 부응하여 많은 대학들이 관련 학과를 설치하는 것도 사회적 분위기의 영향을 받고 있는 것이다.

하지만 앞으로의 역철학은 이렇게 정치이념이나 생계나 부귀영달을 위한 사회적 환경에 매어서는 안 된다고 생각한다. 진정한 역의 이치를 이해하고, 이를 바탕으로 인류의 현실과 미래를 보다 밝게 이끌어줄 세계관과 인생관을 제시하도록 해야 한다는 것이다. 현대문명의 기반인 서구의 사상은 자연과 인류를 구분하고, 사람끼리도 개인의 가치를 중요시한다. 그렇기 때문에 인류는 자연환경을 파괴해 환경재앙을 초래하고 있는 것이다. 지나친 개인주의는 부모·형제자매라는 가장 기초적 인류 관계마저 무너뜨리고 있다. 물론 정신가치보다 물질가치를 중시해서 나오는 물질만능주의의 폐해도 마찬가지다.

역의 이치로 보면 천지만물은 하나에서 나왔기 때문에 서로 밀접한 관련이 있다. 이 때문에 사람이 몸담고 있는 자연환경이 병들면 당연히 그 속의 사람도 영향을 받게 마련이다. 자연과 사람은 서로 화해 상생해야 된다는 당위성이 명확하게 드러난다.

그렇다고 서구의 자연과 개인의 분리주의나 개인주의가 절대로 나쁘다는 것을 말하는 것이 아니다. 유가의 의리역학에서도 불평등의 문제를 낳을 수 있는 부분도 적지 않다. 예를 들면 하늘은 높고 땅은 낮다는 천존지비天尊地卑의 우주관을 끌어다가 관존민비·남존여비·양존음비 등으로 해석하여 정치사회적 이념으로 삼은 것은 역리를 올바로 해석했다고 볼 수 없다.

당시로서는 천문우주에 관한 지식이 부족하여 땅에서 하늘을 볼 때 하늘이 높고 땅이 낮으며, 하늘은 돌고 땅은 고정돼 있기 때문에 천존지비라는 생각을 할 수밖에 없을 것이다. 그렇다고 이런 생각을 백성을 이끌어 가는 관리는 하늘로서 높고, 백성은 낮고 천하다고 해석할 수밖에 없다고는 긍정하기 어렵다. 더 나아가 남자는 존귀하고 여자는 비천하다고 확대하는 빌상도 그렇나. 아무튼 이제 역철학은 의리역학에만 갇혀서는 안 되며, 다양한 방면에 눈을 돌려 탐구가 진행돼야 한다고 본다.

4. 응용역학

응용역학의 개념

역의 이치를 인류의 행복과 발전에 활용하는 분야를 말한다. 즉 필자가 역학을 역의 이치를 밝히는 기초역학과 역철학, 그리고 응용역학으로 분류하는 3분법의 마지막 부분이다.

응용역학의 대상 분야

응용역학에는 먼저 역이 처음에는 미래의 일에 대한 길흉을 묻기 위해 지어진 것처럼 미래예측 분야가 포함될 것이다.

미래예측 분야는 기존에 술수학이라고 불리는 분야를 말한다. 술수에는 크게 산대로 점괘를 뽑아서 길흉을 판단하는 전통주역점과 점괘를 뽑은 다음 여기에 간지를 붙여서 길흉을 판단하는 경방역점 또는 오행역점이 있다

또 점괘를 뽑지 않고 역수로만 미래의 길흉을 판단하는 예측법도 있다. 예를 들면 간지 갑자라는 역수를 가지고 사람의 운명을 예측하는 사주명리학이 대표적이라고 할 수 있다. 그 밖에도 기문둔갑奇門遁甲이나 육임六壬과 태을太乙 등도 괘를 뽑지 않고 역수로 길흉을 헤아린다.

관상이나 풍수지리 등도 역수를 가지고 길흉을 따진다.

길흉을 예측하는 술수분야 말고도 역리를 활용하는 분야는 많다. 인류사회의 모든 분야가 역의 이치를 따르지 않을 수 없기 때문에 활용분야가 많다고 표현하는 것보다는 응용역학의 대상은 무궁무진하다고 해야 옳다.

의술은 이미 확실한 영역을 구축하여 역학이라기보다는 독립된 의학으로 자리한지

오래다.

손자가 군사방면에 역의 이치를 활용한 바와 같이 병법분야도 응용역학의 대상이다. 기술분야는 물론 서예 등 예술, 문학 등에도 전통적으로 역의 원리가 들어있다.

역학易學의 사유방식

역학易學의 사유방식

1. 역학에서 사유방식의 가치

사유思維의 의미

사유의 사전적 의미는 대상을 두루 생각하는 일이다. 생각하고 궁리하는 사고思考와 같은 개념이다. 철학적 용어로는 개념을 세우고, 구성하며, 판단하고, 추리하는 등 인간의 이성적 사고를 의미한다.

역학에서 사유의 대상은 우주만물이 어디서 어떻게 생겨났는가 하는 우주생성론의 문제와 이렇게 생성된 우주만물은 어떤 방법으로 생멸生滅 변화하는가 하는 존재규율의 문제가 포함된다. 또 우주만물과 인류의 관계는 어떻게 되며, 우주만물 속에서 인류는 어떻게 대응하고 살아야 하는 문제도 중요하다.

정리하면 인류가 우주만물에 대한 이해를 통해 어떻게 살아가야 잘 사는 것인가를 두루 생각하고 궁리하는 것이 역학적 사유라고 할 수 있을 것이다.

우주만물의 이해 방법

인류가 우주만물을 이해하는 방법은 경험과 관찰을 통한 직관적 이해 단계가 있다. 다음은 경험과 관찰에 의한 직관적 방법으로 이해가 어려운 문제에 대해 이성적 사고를 통해 이해하는 방법이다.

서양 철학적 개념으로 보면 전자는 경험론에 속하며, 후자는 이성론에 포함된다고 볼 수 있다.

하지만 인류의 우주만물에 대한 이해의 과정은 직관적 방법과 이성적 방법을 분리해서 어떤 한 쪽만으로 이루어지는 것이 아니다. 즉 직관적 방법과 이성적 방법이 서로 보완하는 관계를 갖고 있다.

역학에서 우주만물의 이해 방식

인류의 우주만물에 대한 이해의 과정은 처음에는 구체적인 것에서 시작하여 추상적인 것으로 발전해왔다. 이렇게 보면 역학에서 우주만물에 대한 이해의 방식은 몇 가지로 구분이 가능하다.

우선 초보적 단계로서 직관적 이해와 형상形象에 의한 이해의 방식으로 나눠볼 수 있다. 그리고 초보적 이해의 단계에서 이성적 사고의 단계로 넘어가는 중간 단계로서 상상과 수數를 겸한 상수적象數的 이해의 방식이 있다. 마지막 이성적 단계로서 논리적 이해와 변증적 이해의 방식을 들 수 있다.

정리하면 역학에서 우주만물에 대한 이해의 방식은 직관, 형상, 상수, 논리, 변증의 방법으로 구분해볼 수 있다.

역학에서 사유 방식의 가치

이렇게 인류가 우주만물을 두루 이해하는 과정을 사유 내지는 사고라고 하며, 이해의 과정은 사유의 방식이라고 부를 수 있다.

다시 말해 인류가 세계를 관찰하고, 인식하여 인류의 진보와 사회문명을 이루어 가도록 이끌어주는 사고의 형식을 사유의 방식이라고 하는 것이다.

그런데 인류의 사유방식은 초보적 단계에서 고급적 단계로 발전했다. 그래서 역학의 사유방식을 5가지로 구분한 것이다.

그러나 역학의 사유방식을 5가지로 구분했다고 해서 어떤 특정 방식만이 중요한 것이 아니라 모두 뒤섞여서 우주만물을 이해할 수 있도록 하는 역할을 나름대로 하고 있다는 것이다.

따라서 역학에서 사유방식은 우주만물에 대한 이해와 지식을 얻는 방법을 제공하여 인류의 지혜를 계발하고, 인류가 문명으로 나갈 수 있도록 이끌어주는 역할을 한다.

역학에서 사유방식의 이런 역할을 사유방식의 가치라고 할 수 있으며, 사유방식은 영구적 가치를 갖고 있다고 볼 수 있다.

그래서 역학의 사유방식을 이해하는 것은 인류가 역학을 연구하는 중요한 목적의 하나가 될 수 있다.

2. 직관적 사유

직관사유의 의미

직관사유는 사람의 감각기관으로 직접 느끼고 경험하여 사물과 사물의 발전추세를 파악하고 판정하는 사고의 형태를 말한다.

앞서 역易은 우주만물의 생성 변화하는 법칙을 말한다고 규정했다. 그리고 『역경』은 우주만물의 운행규율을 사람의 감각기관으로 관찰하고 경험하여 본래대로 베껴낸 것이라고 했다. 즉 자연의 역을 인류의 직접 체험으로 이해하고 파악하여 괘상이라는 부호로 나타낸 것이 『역경』이다.

이런 직관사유방식은 『역경』을 바탕으로 인류의 길흉화복을 판정하고, 사람의 행동거지에 대한 동정動靜과 나아가고 물러나며 취하고 버리는 일의 준거를 결정하는데도 이용됐다.

『역경』의 직관사유

『역경』에서 직관사유의 흔적은 우선 『역경』이라는 책이 사람의 직관체험에 의해 이루어졌다는 점이다.

『역전』은 『역경』이 성인의 직접 체험의 결과라고 밝히고 있다.

「계사전」은 "복희씨가 천하를 다스릴 때 우러러 하늘에서 상을 관찰하고, 굽혀서 땅의 이치를 관찰하고, 짐승과 조류의 무늬와 하늘과 땅의 마땅함을 관찰하고, 가까이는 사람의 몸에서 취하고, 멀리는 만물에서 취하여 팔괘를 만들었다."[62] 고 한다.

여기서 관觀이라는 말은 사물에 대한 관찰이나 모방을 가리키는 것이다. 곧 직관의 의미를 가지고 있다.

다음은 『역경』의 괘효사 대부분이 옛사람들이 일상생활에서 만난 일을 처리한 경험을 기록한 것이다. 다시 말해 괘효사는 일반적 사리事理 혹은 원칙原則이 아니라 개인의 체험에서 나온 것이다.

『역경』을 지은 사람은 오랫동안 점을 쳐서 경험한 내용을 모아둔 기록 중에서 선별하여 편집한 다음 후인들이 사물을 판정하고, 미래를 예측하는 비교모델로 만든 것이다. 이런 사고의 방향은 바로 직관사유의 표현이라고 할 수 있다. 예를 들면 이履괘의 괘사는 "호랑이 꼬리를 밟았으나 도리어 호랑이가 사람을 해치지 않았다. 그러므로 형통한

---

[62] 「계사전」 하2장, "包犧氏之王天下也 仰則觀象於天 俯則觀法於地 觀鳥獸之文 與天地之宜 近取諸身 遠取諸物 於是始作八卦"

것이다."[63] 라고 한다.

이 효사는 어떤 사람이 일을 행하기 전에 점을 쳐서 이履괘를 얻은 후에 외출하여 일을 보았다. 그가 길을 가다가 모르고 호랑이 꼬리를 밟았다. 하지만 천만다행으로 호랑이가 사람을 해지지 않은 것이다. 이것은 처음에는 흉함을 만났으나 길한 것으로 변한 징후다.

이런 일이 있은 후에 이履괘와 점의 경험 내용을 『역경』에 함께 기록해 놓은 것이다. 그리하여 점을 쳐서 이괘를 얻은 사람은 행하는 일이 비록 흉한 것처럼 보이지만 도리어 큰 방해가 없음을 뜻한다.

예를 하나 더 들면 곤坤괘 괘사는 "크게 형통하고 암말의 바름이 이롭다. 군자가 갈 바를 둠이다. 먼저 하면 혼미하고 뒤에 하면 얻으니 이로움을 주장한다. 서쪽과 남쪽은 벗을 얻고, 동쪽과 북쪽은 벗을 잃으니 안정하여 길하다."[64] 라고 한다.

이 말은 어떤 사람이 먼 길을 가기 전에 길한 지 불길한 지를 물어서 곤괘를 얻었다. 이후 암말을 타고 갔는데, 결과가 자못 길했다. 비록 가는 도중에 처음에는 동북방향으로 가다가 길을 잃긴 했으나 방향을 바꿔서 서북쪽으로 가면서 마침내 목적지에 도착하여 친구를 찾아 접대를 받았다는 것이다.

이 또한 직접체험의 내용을 근거로 한 것이다. 이상의 예를 정리해보면 『역경』을 지은 사람은 여러 차례 점을 쳐서 경험한 정황의 기록을 일반적이고 보편적으로 대조가 가능한 사례와 괘효상을 묶어서 『역경』속에 재편再編한 것이다.

그래서 점을 쳐서 경험한 직접체험의 내용은 관련 괘효상이 내포하여 드러내는 것으로 바뀌고, 이것과 서로 연이어서 점을 쳐서 상응하는 괘효상을 얻은 자가 미래의 일을 예측하는 참조의 표준으로 삼을 수 있게 되는 것이다.

---

63) 『주역』, 이履괘 괘사, "履虎尾 不咥人 亨"
64) 『주역』, 곤坤괘 괘사, "元亨 利牝馬之貞 君子 有攸往 先迷後得主利 西南得朋 東北喪朋 安貞 吉"

『역전』의 직관사유

『역경』을 해설한 『역전』 또한 『역경』의 직관사유 방식을 계승하고 있다.

우선 앞서 말한 바와 같이 『역전』의 작자는 『역경』이 이루어진 과정을 직접체험의 결과로 보고 있다는 점을 들 수 있다. 즉 『역경』은 성인이 우러러 하늘의 상을 살피고, 굽혀서 땅의 이치를 살피고, 새와 짐승의 모양을 살피고, 가까이는 사람에서 취하고, 멀리는 만물에서 취하여 팔괘를 지었다고 보는 관점은 분명히 『역경』이 직관적 체험에 의한 것이라고 보는 것이다.

이처럼 『역전』은 인류가 현실 생활에서 천지만물의 형상을 직관으로 보고 느낀 다음 원형대로 모방한 것이 『역경』이라고 보기 때문에 직관사유와 관련된 많은 용어를 쓰고 있다. 예를 들어 앙관천문仰觀天文이나 부찰지리俯察地理 등의 용어는 직관체험의 과정을 말하는 것이다.

또 인류가 천지만물에 대한 직관체험의 결과로 인식한 사물의 겉으로 드러난 형태나 상호간의 관계, 성질, 기능을 표현한 말에서도 직관사유의 흔적을 볼 수 있다.

예컨대 하늘은 높고 땅은 낮다는 천고지비天高地卑, 하늘은 강건하고 땅은 부드럽다는 천강지유天剛地柔, 해와 달이 서로 바뀐다는 일월교체日月交替, 밤과 낮이 바뀐다는 주야경질晝夜更迭 등의 표현은 직관사고의 반영 결과다.

왜냐하면 하늘이 높고 땅은 낮다는 것은 사람이 지구에 발을 붙이고 하늘을 보면 분명 하늘은 높으며, 땅은 낮기 때문이다. 또 하늘은 땅을 감싸고 끊임없이 운행하면서 강하고 웅건한 힘을 드러내는데 비해 땅은 중앙에 위치하여 항상 제자리를 지키며 순종하는 부드러운 성질을 나타내는 것으로 본 것이다.

『역경』은 천지만물에 대한 모방이라고 했다. 그런데 천지만물의 형적은 위배할 수 없고, 천지만물의 변화질서는 뒤바뀔 수 없기 때문에 사람은 반드시 천지만물을 본받아서 행해야 한다.

이 때 모방하고 따르는 것에는 하나의 인식과정이 필요하다. 이런 인식과정은 법칙정립의 입안과정이라고 할 수 있다.

사람은 이런 입안과정을 거쳐서 사물의 변화를 인식하고, 그렇게 하여 비로소『역경』이라는 형식을 얻어서, 이를 바탕으로 변화를 추단하고 연역할 수 있게 된다.

그런데『역전』은 이렇게 직접 관찰하고 모방을 거쳐 사물의 외모와 전체를 인식하는『역경』의 법칙정립과정을 나타내는 말을 두루 쓰고 있다.

그 모습을 본뜨고(의제기형용擬諸其形容), 사물의 마땅함을 본뜨고(상기물의象其物宜), 회통하는 바를 살피고(관기회통觀其會通), 천지만물을 본받고 이것의 마땅함을 의론한 다음에 변화를 이룬다(의의이성기변화擬議以成其變化)는 등의 말은 모두 직접적 관찰과 모방을 거쳐서 사물의 외모와 전체를 인식하는 과정을 표현하는 것이다.

이렇기 때문에 괘효상과 괘효상이 상징하는 물상에 대한 관찰과 괘효사가 말하는 구체적 사물에 대한 탐구를 통해 현재 눈앞에 전개되는 사물 변화의 추향趨向을 판정할 수 있다.『역전』의 작자는 이렇게 괘효사를 통해서 구체적 사물로부터 생활에 직접적 교훈을 주는 해석을 이끌어내는 것을 '상을 살피고 괘효사의 뜻을 잘 생각하여 음미한다는 관상완사觀象玩辭'라는 말로 표현한다. 그러므로 관상완사라는 말은 직관적 사유의 특징을 분명하게 드러내는 것이다. 관상완사의 예로 중부中孚괘를 보자. 중부괘의 구이 효사는 "늙은 학이 나무 그늘에서 우니 새끼가 화답하여 운다. 마치 두 마리의 학이 서로 대화하는 것 같다."[65]고 한다.

「상전」은 새끼가 늙은 학의 울음에 화답하는 것은 마음에서 울어 나오는 염원[66]이라고 해석한다. 그리고「계사전」은 군자의 말이 선하면 모든 사람이 이에 응하고, 선하지 못하면 모든 사람이 이를 거스른다고 말한다.[67]「계사전」은 늙은 학의 울음과 새끼의

---

65) 「주역」, 중부中孚괘 구이 효사, "鳴鶴在陰 其子和之"
66) 「상전」, "其子和之 中心願也"
67) 「계사전」 상8장, "君子居其室 出其言善 則千里之外應之 況其邇者乎 居其室 出其言不善 則千里之外違之 況其邇者乎"

화답을 말이 선하여 이에 순응하는 상징으로 여긴 것이다.

이처럼 괘효사를 통해 구체적 사물로부터 생활에 직접적 교훈을 주는 해석을 이끌어내는 것은 괘효상을 살피고 괘효사를 잘 생각하여 음미하는 것이다.

상을 보고 생활에 필요한 기물을 만들었다는 관상제기설觀象制器說은 직관사유의 특징을 더욱 잘 드러내고 있다.

「계사전」은 복희씨가 노끈을 매어서 그물을 만들어 사냥하고 고기를 잡은 것은 이離괘에서 취한 것이다.[68]

또 복희씨가 죽자 신농씨가 나무를 깎아 쟁기를 만들고, 나무를 휘어 쟁기자루를 만들어서 쟁기와 호미의 이로움으로 천하에 가르친 것은 익益괘에서 취한 것[69]이라고 한다. 신농씨가 또 한낮에 시장을 열어서 천하의 백성들을 오게 하여 재물을 모아서 교역하고 물러가서 제 살 곳을 얻게 한 것은 서합噬嗑괘에서 취한 것[70]이라고 한다.

이렇게 관상觀象에서 출발하여 길흉을 단정하고, 의리義理를 탐구하고, 기물을 만드는 것은 모두 직관사유의 표현이다.

직관사유의 평가

1. 직관사유의 기능

직관사유는 인류가 세계를 인식하는 처음 단계에서 사용한 사유방식이다. 또 새로운 사물을 접촉할 때 먼저 사용하는 사유형식이다.

---

68) 「계사전」, 하2장, "作結繩而爲網罟 以佃以漁 蓋取諸離"
69) 「계사전」, 하2장, "包犧氏沒 神農氏作斲木爲耜 揉木爲耒 耒耨之利 以敎天下 蓋取諸益"
70) 「계사전」, 하2장, "日中爲市 致天下之民 聚天下之貨 交易而退 各得其所 蓋取諸噬嗑"

직관사유의 방식은 처음 사물을 대할 때 느낀 사물 전체의 외관을 신호信號로 삼아서 사물을 체험으로 이해하는 것이다. 아울러 이렇게 직접 체험한 이해를 바탕으로 새로운 사물을 자세히 살펴서 인식한다.

이 때문에 사물의 밖으로 드러난 표상表象을 매개로 하여 처음의 사물과 새로운 사물의 형상 · 속성 · 효능을 비교하여 판단을 진행한다. 따라서 직관사유는 표면성 · 천박성 · 간단성이 두드러진다.

2. 직관사유의 한계성

직관사유는 위에 말한 것과 같은 특성으로 인하여 사물의 본질을 이해하는 데는 한계가 있다. 특히 사물의 발전추세를 파악하는 데는 더욱 어려움이 있다.

3. 직관사유의 효율적 운용

직관사유는 비록 사물의 본질과 발전추세를 파악하기에 한계가 있지만 인류가 세계와 사물에 대한 인식과정에서 피할 수 없고, 초월할 수 없는 사유형식임에 틀림없다.

왜냐하면 초기 인류의 세계에 대한 인식이나 성숙된 인류의 새로운 사물에 대한 인식은 모두 먼저 관련 사물의 겉으로 드러난 표상을 인식하는 것이다. 그래서 처음으로 얻은 인상 또한 세계나 사물의 드러난 표상이다. 그리고 처음으로 접한 세계나 새로운 사물에 대한 외표外表의 인상은 첫 번째의 인식이 되며, 나아가서 사물인식의 기점이 되기 때문이다.

이렇게 외표에 대한 인식이 어느 정도 쌓여야만 사람은 비로소 사물의 표층을 깨고 심층인식으로 들어갈 수 있다.

그래서 우리가 참된 진리를 구하려고 한다면 직관사유방법의 효용성과 한계성을 모두 인식해시 어느 한 쪽만을 감싸고돌거나 포기해서는 안 된다.

즉 직관사유방식은 초기 단계의 사유방식임을 이해하고, 이런 사유의 결과를 진일보한 이성사유의 참고자료로 삼아서 진리를 찾는 다리로 삼아야 할 것이다.

3. 형상사유

형상사유의 의미

형상적 사유는 인류가 세계와 사물에 대한 인식을 형상形象을 매개로 하여 파악하고, 다시 이 형상을 통하여 인상을 재현하고, 분해와 조립을 통해 사물에 내재하는 도리를 깨달으며, 더 나아가서 새로운 뜻을 창조하는 것을 말한다.

초기에 『역경』을 지은 사람들은 객관 세계의 자연과 사물은 그 자체의 형상이 있다고 생각했다. 그래서 팔괘로 천지 만물을 인식하고 표현한 것이다. 그렇기 때문에 형상사유에서 상象은 천지 만물의 자체 형상形象과 이것을 괘효로 상징하여 나타낸 부호符號의 상 두 종류가 있다. 그리고 부호의 상은 다시 괘효상과 하도·낙서·태극도와 같은 도상圖象의 상으로 구분할 수 있다.

『역경』에서 형상적 사유방식은 직관적 사유방식을 한 단계 발전시킨 것으로 볼 수 있다. 왜냐하면 처음에는 세계와 사물의 겉으로 드러난 형상을 직접 경험과 관찰을 통해 인식을 진행하던 방식에서 세계와 사물이 본래 가지고 있는 형상을 통해 인식하는 것은 물론 그 자체의 형상에 대한 인상을 괘효상과 도상으로 표현하고, 이것을 통해 다시 세계와 사물에 대한 인상을 재현하며, 분석 조립을 통해 사물에 내재된 도리를 파악하고, 더 나아가서 새로운 뜻을 창조하기 때문이다.

따라서 직관적 사유와 형상적 사유의 공통점은 세계와 사물에 대한 인식의 과정에서 세계와 사물이 가지고 있는 겉으로 드러난 형상을 매개로 한다는 점에서는 같다.

『역경』을 지은 사람들은 형상이 깊은 이치를 가지고 있다고 생각했다. 어떤 심오한 내용은 말로써 표현할 수 없거나 전할 수 없어서 오로지 각자 스스로 깨달을 수밖에 없다는 것이다. 그래서 그들은 형상이 심오한 의미와 이치를 나타낼 수 있는 효능이 있다고 여긴 것이다.

본래 글로는 말을 다 할 수 없고, 말로는 뜻을 다 할 수 없다. 하지만 괘상과 같은 부호는 뜻을 모두 표현할 수 있다. 오늘날의 수학기호가 그것을 뒷받침하고 있다. 그래서 공자도 일찍이 "글로는 말을 다 할 수 없으며, 말로는 뜻을 다 할 수 없으니, 그렇다면 성인의 뜻을 볼 수 없다는 것인가? 그래서 성인이 상을 세워서 뜻을 다 했다."[71]고 말했다.

『역경』의 형상사유

『역경』은 본래 점치는 책이다. 옛 사람들은 팔괘와 64괘의 상으로 길흉을 점쳐서 그 결과를 괘와 효에 글로 표시했다.

그런데 말과 글은 형상이 본래 가지고 있는 뜻을 모두 표현하기에는 역부족이다. 그러므로 괘효사는 괘효상이 가지고 있는 본래의 뜻을 모두 반영하기는 어렵다.

그렇더라도 괘상은 그 자체가 가지고 있는 깊은 의미가 있다. 그래서 괘효상이 본래 가지고 있는 뜻으로 사물의 변화를 예측하고 판단할 수 있으므로 괘효상으로 길흉을 점칠 수 있는 것이다.

『역전』이 나오기 전인 춘추시대 사람들이 『역경』의 괘효상으로 점을 친 사례들이 『좌전』이나 『국어』에 적지 않게 나온다. 여기에는 형상사유의 과정과 내용이 분명하게 반영돼 있음을 확인할 수 있다. 예를 들어 『좌전:장공莊公 22년조』에는 진陳나라 여공厲公이 자신의 아들 경중敬仲이 어렸을 때 주나라 대사인 주사周史게 경중의 장래를 점치게 했다.

---

71) 「계사전」 상12장. "子曰書不盡言 言不盡意 然則聖人之意 其不可見乎 子曰 聖人立象以盡意"

점친 결과 관觀괘가 비否괘로 변한 점괘가 나왔다. 즉 비괘는 관괘의 육사효가 변한 것이다. 그러므로 점사는 관괘의 육사 효사인 "나라의 빛남을 봄이니 왕에게 손님이 됨이 이롭다(觀 國之光 利用賓于王)."가 된다.

그런데 주사周史는 이 점사를 "이 사람은 진나라 군주를 대신하여 나라를 보존할 것이다. 그런데 그것은 나라 안에서가 아니라 다른 나라에서 그럴 것이다. 그리고 이 사람 자신이 그런 것이 아니라 그 자손이 그럴 것이다. 빛이라는 것은 멀리 다른 곳에서 빛나는 것이다."[72] 라고 해석하고 있다.

주사가 이렇게 해석한 근거는 다음과 같다.

관괘의 상괘는 손巽괘이고, 하괘는 곤坤괘다. 그리고 비否괘의 상괘는 건乾괘이고, 하괘는 곤坤괘다. 그러므로 곤坤은 흙이고, 손巽은 바람이며, 건乾은 하늘이다. 그런데 손巽의 바람이 건乾의 하늘로 변해서 곤坤의 흙 위에 산이 있는 격이다.

그리고 산에는 재목이 있고, 하늘의 빛이 그것을 비추는 것이다. 즉 흙 위에 있어 하늘의 빛을 받는 격이다. 그래서 나라의 빛을 볼 수 있고, 왕의 빈객이 되기에 이롭기 때문이다.[73]

여기서 주사는 팔괘가 상징하는 내용을 가지고 점사를 해석하고 있다. 이것은 주사가 팔괘라는 형상을 통해 미래를 예측하고 추단하는 것으로서 형상사유의 과정과 내용을 잘 드러내고 있다.

또 『좌전:희공僖公 25년조』에는 진晉나라 군주가 복언卜偃에게 점을 치게 하였는데, 대유大有괘가 규괘睽로 변하는 점괘를 얻었다. 대유괘가 규괘가 된 이유는 대유괘의 구삼효가 변했기 때문이다. 따라서 점사占辭에 해당되는 대유괘의 구삼효사는 "제후가 천

---

72) 『춘추좌전:장공22년조』, "此其代陳有國乎 不在此 其在異國乎 非此其身 在其子孫 光遠而自他有燿者也"
73) 『춘추좌전:莊公22년조』, "坤土也 巽風也 乾天也 風爲天 於土上山也 有山之 材 而照之以天光 於是乎居土上 故曰觀國之光 利用賓于王"

자에게 형통하게 함이니, 소인은 능하지 못하다."74)이다.

그런데 복언은 점괘를 "길한 것이다. 제후가 천자에게 대접을 받는 운수의 점괘다. 싸움에 이기고 천자에게 대접을 받을 것이니 길함이 이보다 큰 것이 있겠는가?"75) 라고 해석했다.

이런 해석은 구삼효사에 근거한 것임을 알 수 있다. 그런데 복언은 이어서 "이 점괘는 대유괘의 하괘인 건乾괘 천天이 변해서 태兌괘의 못이 되어서 이離괘의 태양에 응하는 것이다. 그러므로 이것은 천자가 마음 씀을 낮추어 군주를 맞이하는 것을 뜻하는 것이니 이 또한 좋은 것이 아니겠는가?"76) 라고 한다.

이 말은 점괘는 상괘가 이離괘이고 하괘가 건乾괘인 대유大有괘의 구삼효가 변하여 상괘는 이離괘이고 하괘는 태兌괘인 규睽괘가 됐는데, 하늘이 못으로 변하여 이離괘의 태양에 응하기 때문에 하늘인 천자가 몸을 낮춰 군주를 맞이하는 형상이라는 것이다. 복언 역시 점괘의 해석을 괘효사 외에 팔괘의 상으로 보충하여 미래를 예측하여 판단하고 있는 것이다. 이상의 예는 형상적 사유의 방식이 『역경』의 운용과정에서 나타난 경우라고 할 수 있다.

『역전』의 형상사유

『역경』을 해설한 『역전』의 작자들은 문자와 언어로는 역易의 깊은 뜻을 충분히 나타낼 수 없으나 괘상卦象과 도상圖象과 같은 부호符號로는 표현할 수 있다고 생각했다. 그래서 『역경』을 지은 성인은 괘상으로 뜻을 다 표현했다고 하는 '성인입상이진의聖人立象

---

74) 『주역』, 대유괘 구삼효사. "公用亨于天子 小人 弗克"
75) 『춘추좌전 : 僖公25년조』. "曰吉 遇公用亨于天子之卦 戰克而王饗之 吉孰大焉"
76) 『춘추좌전 : 僖公25년조』. "且是卦也 天爲澤以當日 天子降心以逆公 不亦可乎"

以盡意'라는 명제를 제시하고 있다.

예를 들어 건乾괘의 ☰ 상은 일체의 양陽의 성질性質과 성능性能을 가진 사물을 상징할 수 있다. 또 양효陽 ― 와 음효 -- 의 상은 어떤 구체적 사물의 변화에만 국한되지 않고 일체 관련 사물의 변화과정을 포괄할 수 있다.

이 때문에 길흉을 판단하는 일은 괘상과 효상을 벗어날 수 없다는 것이다.

「계사전」은 "천하의 깊은 정황을 극진하게 표현함은 괘에 나타나 있고, 천하의 움직임을 알 수 있는 것은 효사에 있다. 양으로 변화고 음으로 화하여 변화를 이룸은 변變에 달려 있으며, 음양변화의 이치를 미루어 일을 행하는 것은 변통變通에 달렸고, 변통하여 사물의 이치를 밝히는 것은 사람에게 달려 있다."[77]고 한다.

이 말은 바로 사람이 괘효상의 변화에 의지하여 길흉을 추단하는 것을 말하는 것이다. 곧 사물을 판정하는 일은 괘효상과 분리될 수 없다는 형상적 사유의 특성을 보여주는 것이다.

『역전』에서 볼 수 있는 형상사유의 형식은 첫째 팔괘의 상징내용을 정리하고, 확장한 것, 둘째 팔괘 상호간의 상징의미 제시, 셋째 팔괘의 상징으로 64괘를 해설하는 것, 마지막으로 효상에 상징의미를 부여한 것 등으로 나눠볼 수 있다.

1. 팔괘 상징의미의 확장

1) 팔괘의 기본 상징

팔괘로 8종의 자연현상을 상징한다.

즉 건乾 ☰괘는 천天, 곤坤괘는 지地, 진震 ☳괘는 뇌雷, 손巽 ☴괘는 풍風, 감坎괘 ☵는 수水, 이離괘 ☲괘는 화火, 간艮괘 ☶괘는 산山, 태兌괘 ☱괘는 택澤을 상징한

---

[77] 「계사전」상12장, "極天下之賾者存乎卦 鼓天下之動者 存乎辭 化而裁之存乎變 推而行之存乎通 神而明之存乎人"

다. 이것은 팔괘의 기본 상징의미로 언제부터 기원한 것인지 고증할 수 없으나 춘추시기에 이미 대량으로 사용하고 있다.

2) 팔괘 상징의미의 확장

『역전』의 작자들은 팔괘의 기본 상징의미로부터 출발하여 기능·속성·형상·지위관계 등 여러 방면에서 팔괘의 의미를 확장했다.

예를 들어 건乾괘는 자연의 천天을 상징하는 것을 기초로 하늘이 만물의 머리인 수首로 여기고 건의 상징의미에 수의 의미를 첨가했다. 또 천체天體는 둥근 원형을 따라 운행하므로 원圓을 상징한다고 생각했다. 또 하늘의 운행은 강건하므로 굳센 마馬의 의미가 있고, 하늘은 만물의 시작을 이루므로 부父의 의미가 있다고 여긴다.

곤坤의 기본 상징의미는 땅이다. 그런데 땅은 하늘을 따라서 유순하게 화和를 행하므로 중中의 의미를 부여하고, 또 땅은 만물을 포용하므로 복腹을 상징하고, 땅은 평탄하고 무늬가 있으므로 포布를 상징하고, 만물을 기르므로 모母를 상징한다고 보았다.

진震은 우레를 상징하는데, 우레는 만물을 진동시키므로 동動을 상징하고, 웅건하게 구름 속을 드나들므로 용龍을 상징하고, 초효는 양효이므로 장남長男을 상징하는 것으로 여겼다. 나머지 괘들도 이와 같은 기준으로 그 상징의미를 확장했다.

이처럼 「설괘전」이 팔괘의 상징의미를 확대하는 범위는 아주 넓어서 한 괘당 적어도 10여 종류에서 많게는 20여 종류나 된다.

2. 팔괘 상호간의 상징의미 제시

『역전』은 팔괘의 상징의미를 확장했을 뿐 아니라 확장된 상징의미를 기초로 하여 팔괘 상호간의 상징의미도 제시했다.

「설괘전」은 우선 팔괘를 둘씩 쌍을 지어 대립관계의 상징의미를 부여한다. 예를 들어 건乾과 곤坤괘는 서로 상대하여 하늘은 높고 땅은 낮다는 천지고하天地高下의 관계를 상징하는 것으로 생각한다. 마찬가지로 진震괘와 손巽괘는 서로 상대하여 우레와 바람이 서로 맞부딪치는 뇌풍상박雷風相搏의 관계를 상징하는 것으로 본다. 또 간艮의 산과 태兌의 못은 하나의 기氣로서 서로 관통하는 산택통기山澤通氣의 관계, 감坎의 물과 이離의 불은 서로 해치지 않는 상호불상석相互不相射의 관계를 나타낸다.

이것은 자연의 만물이 서로 섞여서 작용하는 정황을 팔괘로 상징한 것이다. 그래서 사물이 서로 섞여서 작용하면서 발전 변화하는 관계를 보여주는 것이다.

『역전』이 팔괘의 확장된 상징의미로 자연 만물의 발전과정을 설명하는 구체적 내용을 보자

예를 들어 震괘는 대지의 소생과 함께 만물이 싹을 띄우는 봄의 동방을 상징한다. 巽괘는 만물이 자라서 번성하는 계절로 동남방을 상징한다. 離괘는 빛이 천하를 비추어 만물이 서로 드러나는 남방을 상징한다. 坤괘는 대지가 만물을 기르며, 만물이 여기에 의뢰하는 서남방을 나타낸다. 兌괘는 만물이 모두 기뻐하는 서남방의 가을을 나타내며, 乾괘는 가을과 겨울이 교차하는 서북방을 나타내며, 坎괘는 봄부터 수고하여 결실을 이룬 만물이 잠장潛藏하는 겨울의 동방을 나타낸다. 艮괘는 만물이 최종적으로 성취를 이루어 다시 새롭게 시작하는 동북방을 상징한다.

『역전』은 팔괘의 이런 상징의미를 근거로 진·손·이·곤·태·건·감·간의 순서로 만물이 싹을 틔워 번성하여 성숙하고 잠장하기까지의 발전변화과정을 설명하는 것이다.

즉 『역전』은 팔괘가 상징하는 기본 물상을 기초로 해서 상징의미를 확장하고, 확장된 팔괘의 상징으로 만물의 발전 변화과정을 설명한 것이다.

이것은 『역전』이 『역경』의 형상적 사유의 영역을 확장하여 자연 만물과 그것의 발전과정을 설명하는 기능을 확장한 것이다.

3. 팔괘 상징의미로 64괘 의미 설명

『역전』은 팔괘의 상징의미와 팔괘의 상호관계가 상징하는 의미로 64괘를 설명한다. 64괘는 팔괘를 겹쳐서 만든 것으로서 사물이 서로 분리되고 섞여서 합성하여 발전 변화하는 과정을 상징한다.

64괘는 첫째 동일 종류의 팔괘를 겹쳐서 이루어진 것, 둘째 반대되는 괘가 겹쳐져서 된 것, 셋째 서로 다른 괘가 겹쳐져서 된 것으로 구분된다.

1) 동일괘가 겹친 것

같은 팔괘를 겹쳐서 이루어진 대성괘는 모두 8개다. 즉 건乾·곤坤·진震·손巽·감坎·이離·간艮·태兌의 괘다.

『역경』의 건乾괘에 대한「상전象傳」의 해석은 "하늘의 운행이 굳세므로 군자가 건괘의 상을 보고서 스스로 열심히 노력하고 쉬지 않는다."[78)] 고 한다.

「상전」이 이렇게 해석하는 근거는 대성괘 乾은 팔괘의 乾이 아래위로 겹쳐서 된 것이다. 팔괘의 乾은 하늘을 상징하므로 대성괘 乾 역시 하늘을 나타낸다. 그런데 하늘의 속성은 강건剛健하며, 밤낮으로 쉬지 않고 영원히 운행한다. 그래서 군자는 건의 상을 보고 하늘을 본보기로 삼아 열심히 노력하여 스스로를 강하게 하는 것을 게을리 하지 않는다는 것이다.

대성괘 곤坤괘에 대한「상전」의 해석은 "땅의 형세를 나타내는 것이 곤이다. 군자는 곤의 상을 보고서 후한 덕으로 만물을 포용한다."[79)] 이다.

「상전」이 이렇게 해석하는 근거는 대성괘 坤은 팔괘의 곤을 상하로 겹쳐서 만든 것인데, 팔괘의 곤이 땅을 상징하므로 대성괘 곤 또한 땅을 의미한다. 땅의 기본 속성은 광

---

78)『역경』, 건乾괘「상전」, "天行健 君子以 自强不息".
79)『역경』, 곤坤괘「상전」, "地勢坤 君子以 厚德載物".

활하면서도 유순하여 만물을 포용하여 기른다. 그래서 군자는 곤괘의 상을 보고 땅을 모범으로 삼아서 만물을 포용할 수 있는 수양을 후덕하게 하는 것이다.

대성괘 진震괘 또한 팔괘의 진괘를 상하로 겹친 것이다. 팔괘 진괘는 우레를 상징하므로 대성괘 진 또한 우레를 나타낸다. 그리고 우레가 2개가 겹쳐있으므로 우레가 계속하여 일어나는 것을 상징한다. 그런데 우레는 형벌이라는 의미를 갖고 있어서 우레가 2개 겹친 것은 포악한 일에 대해 계속하여 징벌을 가하는 일을 나타낸다. 그래서 군자는 진괘의 상을 보고 몸을 돌이켜 스스로 반성하고 삼가 수신修身을 하는 것이다.

팔괘의 손巽괘는 바람을 상징하는 데, 손괘를 상하로 겹친 것이 대성괘 손괘이므로 역시 바람을 상징한다. 바람은 교화教化의 의미가 있으므로 대성괘 손은 백성을 교화하는 교령教令을 거듭하여 밝히는 것을 상징한다. 그래서 군자는 손괘의 상을 보고 백성을 교화하는 일을 거듭하여 실행하며 천명을 따른다는 것이다.

나머지 감坎 · 이離 · 간艮 · 태兌괘의 경우도 이와 같다.

2) 반대되는 괘가 겹친 것

팔괘의 효가 서로 반대되는 괘를 상하로 겹쳐서 만든 대성괘 또한 8개 괘가 있다. 비否괘와 태泰괘, 항恒괘와 익益괘, 손損괘와 함咸괘, 미제未濟괘와 기제既濟괘가 그것이다. 예를 들어 否괘와 泰괘에서 乾은 하늘, 坤은 땅을 상징한다.

그런데 대성괘 否괘는 위에 하늘이 있고, 아래에 땅이 있는 모양이다. 그래서 하늘의 기운이 아래로 내려오지 못하고, 땅의 기운이 상승하지 못하는 것을 나타낸다. 이것은 하늘과 땅이 서로 사귀지 못하여 만물이 생겨나지 못하는 것이다. 즉 천지가 막혀서 서로 통하지 못하므로 '폐색불통閉塞不通'의 의미다. 그러므로 군자는 대성괘 否의 상을 보고 간결하고 질박한 것을 숭상하고, 물러나서 은둔하여 난을 피한다.

그래서 「상전」은 "천지가 사귀지 않는 것이 비否이므로 군자가 이 상을 보고서 덕을 검약하여 난을 피하고, 녹祿으로써 영화를 바라지 않는다."⁸⁰⁾고 한다.

반대로 대성괘 태泰괘는 위에 땅이 있고, 아래에 하늘이 있는 모양이다. 그래서 하늘의 기운이 아래로 내려오고 땅의 기운이 위로 올라가는 것을 상징한다. 이것은 천지가 서로 사귀어 만물이 모두 살아나는 것이다.

즉 모든 일이 형통하는 상이다. 그래서 군자는 태괘의 상을 보고 하늘의 때에 순응하여 백성들이 농사짓고 양잠하는 일을 돕는 것이다. 이런 근거로 「상전」은 "천지가 사귀는 것이 태이다. 군후君侯는 태괘의 상을 보고 천지의 도를 잘 마름질하며, 천지의 마땅함을 도와서 백성을 보살핀다."⁸¹⁾라고 한다.

기제旣濟괘는 위에 물이 있고, 아래에 불이 있는 형상이다. 즉 물이 위에 있으므로 아래로 흘러 물을 대고, 불이 밑에 있으므로 위로 타올라간다. 그래서 물이 불을 끄는 일을 성공하는 모양을 의미한다. 하지만 불을 끄긴 했지만 아직 숨어있는 불씨, 즉 드러나지 않은 병폐를 반드시 제거해야 한다. 그러므로 군자는 기제괘의 상을 보고서 환난의 원인을 생각하여 환난을 미리 방지하는 것이다. 이 때문에 「상전」은 "물이 불 위에 있는 것이 기제이다. 군자가 이 괘상을 보고 환난을 생각하여 미리 방지하는 것이다."라고 한 것이다.⁸²⁾

반대로 미제괘는 위에 불이 있고, 아래에 물이 있는 모양이다. 즉 불은 위로 타오르고, 물은 아래로 흘러 나간다. 따라서 물은 불을 끌 수 없다. 즉 일이 제대로 성취되지 못하는 상이다. 그래서 군자는 미제의 괘상을 보고서 면밀하고 신중하게 사물을 분별하여 제자리에 위치하도록 한다는 것이다.⁸³⁾

---

80) 『역경』,비否괘「상전」, "天地不交否 君子以 儉德避難 不可榮以祿"
81) 『역경』,태泰괘「상전」, "天地交泰 后以 財成天地之道 輔相天地之宜 以左右民"
82) 『역경』,기제旣濟괘「상전」, "水在火上旣濟 君子以 思患而豫防之"
83) 『역경』,미제未濟괘「상전」, "火在水上未濟 君子以 愼辨物 居方"

3) 서로 다른 괘를 겹친 것

64괘 가운데 위아래가 같은 괘를 겹친 것 8개 괘와 위아래가 서로 반대되는 괘를 겹친 것 8개 괘를 제외한 나머지 48개 괘는 위아래가 서로 다른 괘를 겹친 것이다.

예를 들어 관觀괘는 위에 바람이 있고, 아래에 땅이 있는 모양이다. 즉 땅 위에서 바람이 부는 것을 상징한다. 그런데 바람이 교화의 의미가 있으므로 바람이 땅 위에서 부는 것은 백성 사이에서 교화를 행하는 의미가 된다. 교화가 백성 사이에서 행하여지는 것은 윗사람이 백성 사이에서 선善이 행해지도록 지도하는 것이다. 백성이 선을 행하도록 지도하는 일은 윗사람이 반드시 백성의 정황을 정확하게 이해하는 것이 필요하므로 4방을 잘 살펴야 한다. 이 때문에 옛날의 왕은 관괘의 상을 보고 4방을 순시하여 민정을 이해하고 교화를 진행한 것이다.[84]

혁革괘는 위에 연못이 있고, 아래에 불이 있는 형상이다. 연못에는 본래 물이 있어서 불이 타오를 수 없다. 그런데 연못 가운데 불이 있다는 것은 물이 이미 수증기로 증발하고, 불이 초목을 태우는 상이 된다. 이것은 연못 안에서 근본적 변화가 일어난 것을 의미한다. 그래서 괘의 이름이 경신更新한다는 뜻의 革이 된 것이다. 옛 것을 경신하려면 반드시 때를 기다려서 행하여야 한다. 이에 따라 군자는 혁괘의 상을 보고서 역법曆法을 만들어서 절기를 밝힌 것이다.[85]

4) 효상에 상징의미 부여

『역경』의 —효와 --효는 본래 무엇을 의미하는 지에 대한 설명이 없었다. 『역전』에 이르러서야 비로소 명확한 해석이 진행됐다.

우선 『역전』은 —은 양陽, --은 음陰이라고 칭하고, 각각 양의 성질과 음의 성질을

---

84) 『역경』관觀괘 「상전」, "風行地上觀 先王以 省方觀民 設教"
85) 『역경』혁革괘 「상전」, "澤中有火革 君子以 治曆明時"

나타내는 것으로 의미를 부여했다. 그래서 음효와 양효의 분별은 각자의 성질을 상징하고, 서로 대립과 의뢰하는 관계가 있다고 생각했다.

둘째는 『역전』이 효상에 지위地位의 의미를 부여했다. 『역경』의 괘상에서 6개의 효는 위치에 따른 명칭이 이미 있었다. 즉 아래로부터 위로 올라가며 맨 아래 효는 초, 다음은 2, 3, 4, 5, 그리고 맨 위는 상으로 부르는 것이다. 그리고 양효는 구九, 음효는 육六으로 구분했다.

그런데 『역전』은 효상의 이런 기본적 지위에 여러 가지 의미를 부여한다. 예를 들어 초효는 아래에 있으므로 하下를 상징하고, 상효는 위에 있으므로 극단의 의미를 갖는다. 또 2효와 5효는 각각 하괘와 상괘의 중간에 위치하므로 중中의 의미를 부여한다. 또 초와 3, 5는 홀수이므로 양의 의미를 갖는 것으로 보고 양의 자리를 부여하며, 2, 4, 상은 짝수이므로 음의 의미를 갖는 것으로 보고 음의 자리를 부여한다. 그래서 6개의 효위 중에서 양의 자리에 양효나, 음의 자리에 음효가 위치하면 자리가 반듯하다는 뜻의 정正라고 하고, 그 반대일 경우는 부정不正이라고 한다.

셋째는 효상의 성질과 지위 및 상호관계 등을 기초로 384효상이 갖는 여러 종류의 상황을 묘사한다.

예를 들어 건乾괘의 초효는 양효로서 강강剛强을 상징하고, 용에 비유된다. 그러므로 이 효는 용이 맨 아래에 숨어 있어야 마땅하며, 나와서 움직이는 것은 적절하지 못함을 나타낸다.[86]

또 곤괘의 초효는 음효로서 음의 기를 상징한다. 초의 자리에 있으므로 음의 기운이 응결하기 시작하는 것을 의미한다. 그래서 이 효는 음의 기운이 응결을 시작하여 계속 응결해서 단단한 얼음이 얼게 됨을 나타낸다.[87]

---

86) 『역경』 건乾괘 초효사, "潛龍勿用"
87) 『역경』 곤坤괘 초효사, "履霜堅氷至"

몽蒙괘의 2효는 남자를 상징하는 양효다. 그리고 초효는 여자를 나타내는 음효다. 그래서 남자가 위에 있고, 여자가 아래에 있어서 서로 짝을 이루는 의미가 있다. 그러므로 몽괘 2효는 남자가 가정을 이룰 수 있음을 상징한다.[88]

준屯괘의 2효 또한 여자를 나타내는 음효다. 초효는 남자를 의미하는 양효다. 그런데 음효가 양효 위에 있으므로 여자가 남자의 위에서 압도하는 상이다. 그래서 상식의 규율을 어기는 것이다. 따라서 이 효는 여자가 남자를 업신여기므로 시집가는 것이 곤란하여 10년 뒤에야 비로소 시집갈 수 있다.[89]

승升괘 상효는 최고 높은 자리에 있으므로 지위가 더 오를 수 없는 것을 상징한다. 그런데 이 효는 지위가 아주 높지만 부지런하여 소위 반딧불을 잡아서 책을 읽을 정도로 공부를 게을리 하지 않으므로 부족함을 줄일 수 있고, 지식을 풍부하게 한다.[90]

이렇게 보면 『역전』은 『역경』의 효상에 음양이라는 명칭을 부여하고, 음양이 갖는 성질과 괘상 가운데서 효상의 자리에 시時·중中·정正의 의미를 더하였으며, 효상의 성질과 지위 및 상호관계 등으로 384효상이 나타내는 여러 가지 상황을 표현했다.

『역전』은 이렇게 효상에 여러 의미를 부여하면서 효상이 효사로 이어지는 사이의 장애를 제거하고, 효상과 효사를 『역경』의 전체 체계 가운데 융화시켜서 하나의 유기체를 이루도록 했다. 이것은 효상과 효사, 괘상과 괘사, 그리고 괘효상이 상징하는 사물 간에 형상사유가 왕래하는 통로를 만든 것이라고 할 수 있다.

정리하면 『역전』은 괘효상이라는 형상을 매개로 하여 사물을 분석하고 조립하여 새로운 의미를 만들어내고, 이를 바탕으로 『역경』의 본의를 이해하는 사유방식을 보여주고 있는 것이다.

---

88) 『역경』 몽蒙괘 2효사, "包蒙吉 納婦吉 子克家"
89) 『역경』 준屯괘 2효사, "屯如邅如 乘馬班如 匪寇 婚媾 女子貞不字 十年乃字"
90) 『역경』 승升괘 상육효사, "冥升 利于不息之貞"

역학의 형상사유

역학에서 형상사유는 괘효상과 괘효상이 갖는 의미의 관계에 관한 것, 그리고 역도易圖라는 그림으로 역의 이치를 설명하는 도상역학圖象易學으로 나누어 볼 수 있다.

1. 괘효상과 의리의 관계

중국 한나라 이후 역학은 괘효상과 그것이 나타내는 의리의 관계에서 '상이 먼저 있고 다음에 의리가 있는 것인가?' 아니면 '의리가 있은 다음에 이것을 표현하는 상이 나온 것인가?' 하는 문제를 놓고 학자들 사이에 의견이 엇갈린다.

예를 들어 위진魏晉 시기의 왕필王弼은 괘효상보다 그것이 나타내는 의리를 중시한다. 그래서 『역전』의 "역易은 상象이다."[91]라는 대목을 해석할 때 "상은 의리에서 나왔다.…상은 의리를 간수하고 있으므로 의리를 얻으면 상은 버려야 한다."[92]고 한다. 즉 왕필에게 있어서 형상사유는 의리보다 부차적인 것이다.

또 송宋의 정이程頤도 상象을 빌려서 의리를 드러낸다고 주장한다. 이와는 달리 송의 장재張載와 명청明淸 시기의 왕부지王夫之는 괘효상과 의리의 관계를 중시하여 상象에서 의리를 얻는다고 생각한다. 즉 괘효상이 없는 의리는 없고, 의리 없는 상도 없다는 것이다. 이렇게 보면 어찌됐든 괘효상은 의리를 나타내는 것으로서 『역경』이 나타내려는 올바른 의리를 추구하기 위해서는 괘효상을 매개로 할 수밖에 없다는 점에서 이들의 주장은 크게 다를 바가 없다. 다시 말해 상이 먼저인가 아니면 의리가 먼저인가의 문제는 다음이고, 역학에서 올바른 의리를 얻기 위하여는 상을 매개로 하여야 하는 점은 곧 형상사유의 하나가 분명한 것이다.

---

91) 「계사전」 하3장, "易者象也"
92) 왕필 저, 「주역주:明象」, "象生於意 … 象者所以存意 得意而忘象"

2. 역도易圖의 형상사유

역도는 태극도 · 하도 · 낙서 · 괘기도 · 팔괘방위도 · 음양어도 등과 같은 역의 이치를 표현하고 이해하기 위한 도상圖象을 말한다.

그래서 역도학易圖學은 사물간의 관계와 운동변화 상황을 그림으로 함축하여 표현하고, 이것을 통해 역의 이치를 이해하려고 한다.

예를 들어 앞에 나온 그림 2의 표준태극도를 보자. 이 그림은 무극에서 태극으로 발전하고, 태극에서 음과 양으로 나뉘고, 다시 4상으로 나뉘어 음양오행의 작용을 통해 우주만물이 생성 · 변화 · 발전하며 순환하는 역의 원리를 함축하여 표현하고 있다.

그렇기 때문에 태극도 또한 형상을 통한 사유방식이라고 할 수 있다. 즉 도상역학은 곧 형상사유의 또 다른 방법인 것이다.

형상사유의 평가

1. 형상사유의 가치

사람의 사유의 영역에서 언어를 매개로 하는 이성적 사유로는 관여하기 어렵고, 밖으로 표현하기 어려운 정취의 영역이 있다. 특히 감각적인 예술의 영역에서는 더욱 그렇다. 바로 이런 영역에서는 형상적 사유를 통해서 감정과 정취를 깨닫기 때문에 인류에게 있어서 형상사유가 필요하다.

형상사유 중에서도 『주역』의 형상사유는 특수한 유형에 속한다. 즉 『주역』의 형상사유는 일반적 형상사유가 갖고 있는 특징 외에도 그 자체의 특징을 가지고 있다.

『주역』의 괘효상과 역도는 사유를 뿜어내는 원천이다. 괘효상과 역도는 사람의 머리 속에 있는 자연계와 인류사회의 구체적 사물의 형상에 대한 인상을 사유의 매개로 삼아서 괘효상 · 역도와 사람 머릿속의 인상을 대조하여 양쪽이 병행하면서 호흡을 맞추는 사유방식을 만든다.

하지만 이렇게 괘효상과 역도를 매개로 한 사유에서 괘효상과 역도의 형상 및 그것의 변화의 범위는 한계가 있다. 즉 팔괘와 64괘 384효 및 역도는 범위가 한정돼 있다. 그래서 이것만으로는 사물의 변화를 추단하고 예측하기에는 부족하다는 것이다. 이런 한계를 극복하기 위해서는 괘효상과 역도에 보다 많은 함의를 부여하여 그것의 함축된 의미를 풍부하게 할 필요가 있다.

이런 필요성은 역학에서 형상사유의 발전을 촉진시켰다.

2. 형상사유의 한계

형상사유의 방식은 괘효상과 역도에 아무리 많은 함의를 부여하더라도 사물의 외적 관계만을 인식하는데 머물 수 있다. 그래서 사물의 내적 본질과 사물사이의 공통성질을 인식하기 어렵다.

예를 들어 사물에 대한 분석과 추리가 없다면 한 사람의 소수민족 연기자가 노래하고 춤추는 것만을 보고서 그들의 격정이 어디서 유래하며, 어떤 이유로 춤을 추는 지 판단하기 어려울 것이다. 형상사유의 이런 한계성 때문에 역학에서 논리적 사유와 변증적 사유 방식이 보충된다.

4. 상수사유象數思維

상수사유의 의미

『주역』에서 상수象數사유는 괘효상과 수數를 매개로 하여 사물의 발전 변화를 인식하고, 추단하며, 예측하는 사유형식이다.

상수사유가 형상사유와 다른 점은 형상을 빌려서 사유를 진행할 때도 항상 수의 변화에 따라 상과 수가 합일한다는 생각으로 사물변화의 과정과 규율을 고찰한다는 것이다.

옛사람들은 자연계의 변화는 기수氣數의 변화질서에 따라 진행한다고 생각했다. 즉 수의 변화질서는 사물 변화의 추세와 결말을 나타낸다는 것이다. 그래서 『주역』은 수의 변화질서를 괘효상과 하나로 묶어서 사물의 변화를 탐구하고 예측했다.

『역경』의 상수사유

『역경』은 괘효상이라는 형상이 있다. 괘상에는 양효陽爻 ―와 음효陰爻가 있다. 그런데 양효는 구九, 음효는 육六으로 부른다. 즉 『역경』에는 상도 있고 수도 있는 것이다.

여기서 구와 육은 50개의 시초를 계산하여 괘를 얻는 과정에서 볼 수 있는 태양의 수 9, 태음의 수 6, 소양의 수 7, 소음의 수 8 가운데 양과 음을 대표한 수다. 또 한 괘의 효의 자리 수로 초初, 2, 3, 4, 5, 상上도 있다.

특히 괘를 얻는 것은 50개의 시초를 계산하여 얻는다. 이것은 『역경』이 수와 상을 합해서 인사의 길흉을 판단하는 상수사유의 시발이라고 할 수 있다.

『역전』의 상수사유

『역전』은 수數의 변화가 상象의 변화를 만들고, 상의 변화 결과는 천하사물의 변화를 나타낸다는 것을 개괄적으로 설명한다.

예를 들어 「계사전」에서는 "삼과 오로 세어서 변화하고, 그 수를 이리저리 뒤섞고 종합하여 변화에 통하고, 마침내 천지의 무늬를 이루고, 그 수를 치밀하게 계산하여 드디어 천하의 상象을 정한다."⁹³⁾고 한다. 이것은『역경』의 괘는 시초를 세어서 얻은 것이므로 수의 변화에 의한 결과물이라는 것이다. 그리고 괘의 음양효의 자리가 서로 뒤섞이고 종합되는 변화는 천하 사물의 변화를 반영한다는 것을 말하는 것이다.

「설괘전」에서는 또 "하늘에서 셋을 취하고 땅에서 둘을 취하여 수에 의지하여 음양의 변화를 보아서 괘를 만든다."⁹⁴⁾고 한다. 이 말은 괘는 하늘의 양수陽數와 땅의 음수陰數를 취해서 얻은 것이므로 음양효가 갖춰진 것이라는 뜻이다. 즉 괘상은 음양의 수가 변화한 결과를 나타낸다는 것이다. 그리고 괘효상은 천지만물의 변화를 상징한다는 것을 말하는 것이다.

앞서『역경』의 상과 수를 말했는데,『역전』은 상과 수는 각각 별개가 아니고 통일된 것이라고 여기는 것이다. 즉 양수인 기수奇數와 음수인 우수偶數 그리고 음양효상은 모두 같은 사물의 양방면이라는 것이다.

『역전』의 이런 사고방식은 사람들이 상과 수의 양방면으로부터 사물변화의 법칙을 밝히고 이해하도록 이끄는 것이다.

역학의 상수사유

한나라 이후 역학자들은 역의 상수象數 문제에 대해 논쟁을 벌였다. 즉 상이 있은 다음에 수가 나왔다는 주장과, 수가 있은 다음에 상이 나왔다는 주장이 팽팽히 맞선 것이다.

하지만 상이 먼저이든 아니면 수가 먼저이든 간에 상과 수는 긴밀하게 연결된 것이 사실이다. 즉 상과 수의 어느 한 쪽을 소홀히 하여 버릴 수 없다는 것이다.

---

93) 「계사전」 상10장, "參伍以變 錯綜其數 通其變 遂成天下之文 極其數 遂定天下之象"
94) 「설괘전」, "參天兩地而依數 觀變于陰陽而立卦"

역대 역학자들은 그래서 『역경』의 상수관념을 확대하여 우주의 일체 만물은 모두 상과 수의 양 방면이 있어서 감지할 수 있으면 셀 수 있는 규칙성이 있다고 여겼다.

상수사유의 특징

상수사유는 구체적 사유와 추상적 사유가 결합한 결과물이다. 예를 들어 하도와 낙서는 그림의 상이 있고, 여기에 음양오행의 수도 있다. 공간상으로 표현된 그림은 논리적이고 정태적인 면을 갖고 있으며, 음양오행의 수가 변화를 표현하는 것은 동태적이면서 변증적인 면을 갖고 있다.

상수사유는 또 팔괘나 64괘상이 상징하는 의미로 단순 표면적 상황만을 인식하는 것에 머무른 형상사유에서 한 걸음 더 나아가 사물의 내면적 성질과 사물간의 공통성질을 인식하는 수준으로 사유의 범위를 확대한 것이다.

역학易學의 논리

역학易學의 논리

1. 역학 논리의 의미

논리의 의미

논리는 첫째 말이나 글에서 사고나 추리 등을 이치에 맞게 진행하는 과정이나 원리라는 의미가 있다. 이 말은 어떤 문제를 생각하거나 사물을 인식하는 일을 일정한 법칙이나 이치에 따라 진행해야 한다는 것이다. 즉 어떤 문제를 생각하거나 사물을 인식하는 과정을 법칙이나 이치라는 원리의 형식에 맞춰야 한다는 의미다.

둘째는 사물의 이치나 법칙성을 뜻한다. 어떤 문제나 사물을 인식할 때 일정한 법칙이나 이치에 따라야 하는 이유는 모든 사물은 각각 존재하는 법칙이나 이치를 가지고 있기 때문이다. 그러므로 어떤 문제에 대한 생각을 하거나 사물을 인식하여 얻은 지식을 토대로 새로운 판단을 하는 추리 또는 추론을 할 수 있게 되는 것이다.

이렇게 어떤 문제를 생각하고, 사물을 인식하는 사유의 방식을 형식논리의 법칙에 따라 진행하는 것을 논리적 사유라고 한다.

형식논리

사람이 사물을 인식하여 지식을 얻는 방법은 동양적 방법과 서양적 방법이 차이가 있다.

동양적 방법은 보통 직관적·통체적·주관적인 성격이 크며, 서양적 방법은 객관적·분석적·계량적·가시적 성격이 두드러진다. 실은 여기서 말하는 논리라는 개념도 서구적 방법에 근거한 것이다.

서구적 지식습득방법은 보통 과학적 연구방법이라고 부른다. 과학적 연구방법은 일반적으로 어떤 사물에 대해 전제를 제시하고, 이를 근거로 새로운 판단을 이끌어내는 것이다. 이것을 추론 혹은 추리라고 한다. 그런데 추론에는 연역적 추론과 귀납적 추론이라는 2가지 방법이 있다.

연역적 추론은 보편적 법칙 또는 일반적 주장에서부터 특수법칙이나 주장을 이끌어내는 추리를 말한다. 예를 들어 잘못을 저지른 사람은 벌을 받는다. 상호는 잘못을 저질렀다. 그러므로 상호는 벌을 받는다와 같은 경우다. 연역적 추론은 전제와 결론 간에 필연적 관계가 있다. 즉 전제가 참이고 추론과정에 오류가 없다면 결론은 항상 참인 것이다.

귀납적 추론은 개별적이고 특수한 사례로부터 일반적 결론을 이끌어내는 방법이다. 예를 들어 지구에는 사는 사람은 물과 공기가 있어야 산다. 소와 돼지와 같은 동물도 생존하기 위해서는 물이 필요하다. 나무와 풀 등의 식물도 물과 공기가 있어야 살 수 있다. 그런데 사람을 비롯한 동식물은 생명체다. 그러므로 생명체는 물과 공기가 있어야 살 수 있다고 할 수 있다와 같은 추론이다. 그런데 귀납적 추론은 결론이 전제로부터 개연적으로 또는 확률적으로만 도출된다고 여겨지는 추론이다. 그래서 귀납추론에서는 전제가 결론을 결정적으로 확립해주지는 못한다.

형식논리의 특징은 사고의 내용이 무엇인가는 따지지 않고, 오로지 개념·판단·추리라는 형식적 원리만으로 사유를 진행한다. 이것은 사물현상은 고립적이고 불변하는 것으로 보고 사유를 진행하는 것이다.

변증논리

변증논리는 객관 세계의 사물현상은 서로 관련을 맺으며, 변화·발전하는 과정이라고 인식하는 사유방식이다. 사물현상이 고립적이고 불변하는 것으로 보는 형식논리의 관점과는 아주 대조적이다.

그래서 변증논리는 'A는 A이다'라는 형식으로 표현되는 동일률同一律을 근본원리로 하는 형식논리와 달리 모순 또는 대립을 근본원리로 하여 사물의 운동을 설명한다. 특히 사물은 전체가 하나로 연계돼서 운동·변화하는 것으로 본다.

즉 변증논리는 사물은 대립통일의 과정을 거치며 운동·변화한다고 인식하는 사유방식이라고 할 수 있다.

역학의 논리

앞서 설명한 역학의 직관·형상·상수 사유방식은 자연의 운행법칙을 인식하여 상과 수라는 부호를 통해 표현하는 단계였다고 할 수 있다.

그런데 여기서 말하는 역학의 변증·형식 논리는 우주만물이 운동·변화하는 문제를 대립통일의 과정으로 이해하고, 이를 바탕으로 형식적 추리를 통해 미래를 예측하는 논리를 제시하고 있다고 할 수 있다.

직관·형상·상수 사유의 방법이 초보적인 단계였다면 변증과 형식적 논리는 고급적 사유의 단계라고 할 수 있다. 그래서 여기서는 역학에서의 논리를 변증논리와 형식논리로 구분하여 설명하고자 한다.

2. 역학의 변증논리

변증논리의 일반적 개요

변증법辨證法이라는 말의 사전적 의미는 이 말이 처음 사용되었던 고대 희랍시기에는 진리에 도달하기 위한 수단으로서의 문답법問答法이라는 뜻을 가지고 있다. 이 경우 변증법이라는 말의 어원은 대화의 기술이라는 뜻으로 해석할 수 있다. 대화의 기술이라는 의미의 변증법을 다시 쉽게 풀어 말하자면 상대와 대화를 할 때 그의 말에 어떤 모순이 있는지를 파악하여 논증함으로써 자신의 주장이 옳다는 것을 입증하는 방법 같은 부류이다.

변증법은 처음에는 이렇게 대화의 기술이라는 의미로 쓰였으나 시대의 변천과 함께 개념이 확충 변화했다.

그래서 헤겔의 철학에서는 변증법의 개념이 인식이나 사물은 전개되는 과정에서 스스로 내부에 존재하는 모순으로 인하여 자신을 부정하는 것이 생기고, 다시 스스로 이 모순을 지양止揚함으로써 보다 높고 새로운 것에 이르게 된다는 논리를 말한다.

다시 말해 오늘날 일반적 의미의 변증논리는 사물의 존재는 정正과 반反이 서로 대립하면서 통일을 이루는 3단계를 거쳐 발전하는 것으로 보고 사유를 진행하는 것이다. 특히 사물의 모순 대립 통일의 과정은 전체가 하나로 연계돼서 운동 변화한다는 관점이다.

역학 변증논리의 개요

앞에서 살펴본 변증논리의 일반적 의미를 분석 요약하면, 첫째 모든 사물은 정과 반이 대립한다는 것이다. 둘째 대립하는 쌍은 서로 투쟁을 거쳐 종합 통일을 이루게 된다는 것이다. 셋째 대립통일의 과정은 계속하여 이어진다는 것이다.

그런데 자연의 운행법칙을 모사한 『역경』 또한 변증원리를 그대로 담고 있다는 것이다.

전통적으로 『역경』의 '역易'이라는 글자에는 3가지 의미가 있다고 한다. 하나는 변역變易이고, 둘은 불역不易이고, 셋은 이간易簡이다.

변역은 다시 교역交易과 변역變易으로 구분한다. 여기서 교역은 음과 양이 서로 대립하면서 또 서로 이루어준다는 것이다. 이것은 앞의 변증논리의 대립통일의 개념과 같은 것이다. 왜냐하면 역에서 음과 양은 서로 대립하면서 이루어주는 성질을 가지고 있기 때문이다. 역학에서는 음양의 이런 성질을 '상반상성相反相成'이라고 표현한다.

다음으로 변역은 음과 양이 대립하면서 서로 이루어주는 과정에는 어느 한 쪽도 한 자리에 머물러 있지 않고 쉬지 않고 변화한다는 것을 말한다. 변증논리에서 정과 반은 서로 대립 투쟁하지만 결국에는 종합 통일을 이루는 과정 또한 끊임없는 변화의 과정이라고 할 수 있다. 그리고 이런 대립통일의 과정은 한 차례로 끝나는 것이 아니고 계속 이어지면서 사물은 발전한다는 점 또한 변화의 일환이다.

그런데 역에서 음과 양의 대립통일과정은 음과 양의 어느 한 쪽이 양量적으로 커지기 시작하면 반대쪽이 작아지고, 양적으로 증가하던 한 쪽이 더 이상 커질 수 없는 단계에 이르면 반대쪽이 커지는 변화를 가져온다. 즉 어느 한 쪽의 팽창이 극에 이르면 질적 변화를 가져온다는 것이다. 그리고 다시 반대쪽의 팽창이 극에 이르면 다시 반대쪽으로 질적 변화를 이어가게 된다. 즉 사물의 변화는 극에 이르면 반전反轉한다는 것이다. 역학에서는 이런 이치를 '물극필반物極必反'이라고 부른다.

그리고 음양의 상반상성의 특성에서 알 수 있는 점은 만물은 고립적으로 존재할 수 없다는 것이다. 이것은 세계 및 일체 사물은 보편적 관계이면서 상호제약의 관계를 갖고 있다고 해석할 수 있는 대목이다. 이렇게 역학에서는 우주만물을 하나의 유기체로 보고 있다. 우주만물을 하나의 유기체로 본다는 것은 '천인합일天人合一'의 관점이다. 이것은 만물일체관萬物一體觀이라고 할 수 있다.

변증원리와 역의 이치

1. 교역과 역의 이치

1) 『역경』의 교역 이치

『역경』은 음효--와 양효—를 바탕으로 이루어졌다. 그런데 『역경』은 우주만물의 변화를 모사하여 창제된 것이기 때문에 음효와 양효라는 두 대립물이 만물이라는 하나를 구성하는 것이다. 즉 우주만물은 음과 양의 두 측면이 대립하는 상태로 이루어진다는 것이다. 그리고 만물은 음과 양이 대립하면서 또한 서로 이루어주고 있다. 이것을 상반상성의 특성이라고 한다고 했다.

이렇게 음효와 양효는 서로 다르고 대립적이면서 한편으로는 서로 보완적이면서 배합적이기 때문에 8괘와 64괘를 구성하여 우주의 생성 변화의 이치를 표현할 수 있는 것이다.

음양의 대립성은 음효와 양효의 관계 외에도 『역경』의 8괘와 64괘에서도 드러난다. 예를 들면 8괘에서 3개의 양효로만 이루어진 건乾☰괘와 3개의 음효로만 이루어진 곤坤☷괘가 서로 상대를 이루고, 진震☳괘는 손巽☴괘와 대립하며, 이離☲괘는 감坎☵괘와 대립하고, 태兌☱괘는 간艮☶괘와 대립한다. 또 64괘에서도 기제旣濟와 미제未濟, 진震과 손巽, 태泰와 비否와 같이 서로 상대된다.

『역경』이 이렇게 음양 대립으로 만물의 변화를 표현하는 기본 사상은 음과 양이 서로 교감하여야만 비로소 만물을 이룰 수 있다는 것이다. 즉 만물은 혼자서는 이룰 수 없다는 것이다. 그래서 하늘도 혼자서는 만물을 낳지 못하고, 땅도 혼자서는 만물을 기를 수 없으며, 양도 혼자서는 이루지 못하고, 음도 혼자서는 완성시킬 수 없다.

음과 양의 이런 교역의 특성으로 말미암아 괘효를 해석하는 데 있어 적용하는 응應· 비比· 승承· 승乘· 정正이라는 개념이 나올 수 있는 것이다.

예를 들어 음효와 양효는 서로 대립하지만 한편으로 다른 효끼리는 감응하는 성질이 있다. 즉 음효와 양효는 서로 감응하는 것이다. 그래서 한 괘에서 음효와 양효가 서로 상응하면 감응感應으로 보고, 같은 성질의 효끼리 상대하면 불응不應 또는 적응適應으로 보는 것이다. 여기서 음양이 감응하면 길한 것으로 해석하고, 불응 또는 적응하면 불길한 것으로 해석하는 근거를 찾을 수 있다.

비比는 친하다는 의미다. 그래서 괘에서 서로 이웃하는 효가 하나는 음효이고 다른 하나가 양효일 경우 서로 끌어당기는 친한 사이가 된다. 만일 이웃하는 효가 음양이 같을 경우는 친하지 않으므로 불비不比가 된다.

승承은 받든다는 의미다. 괘에서 양효가 위에 있고 음효가 아래에 있으면 음효가 양효를 받드는 모양이 되고, 반대의 상태는 음효가 양효를 올라타는 모양이 되므로 승乘이라고 한다. 양효가 음효의 위에 있으면 순순으로 보고, 그 반대는 거역한다는 의미의 역逆으로 보는 것이다. 이것은 대립하는 음양의 자리가 적당한가 아니면 부적당한가를 따지기 때문이다. 마찬가지로 정正도 효의 자리가 제자리를 차지했는지를 보는 것이다.

2) 『역전』의 교역 논리

『역전』은 "한 번은 양이 되고, 한 번은 음이 되는 것을 도라고 한다."[95]고 한다. 이 말은 두 가지 상반된 것이 서로 번갈아 들며 보충해주는 것이 천지만물이 발전 변화하는 기본 법칙이고, 천지만물을 생장성취生長成就할 수 있는 근거가 된다는 것이다. 즉 교역의 상성사유를 개괄하여 이론적으로 정리한 것이라고 할 수 있다.

『역전』의 작자들은 만물을 이루는 대립면이 서로 보충하여 이루어주는 것이 객관 세계의 자연스러운 존재 방식이자 전제가 된다고 생각했다.

---

95) 「계사전」 상5장. "一陰一陽之謂道"

예를 들어 건乾괘「단전彖傳」은 "대화大和를 온전히 보존하여 이를 바르게 지키는 것이 이롭다."[96]고 한다. 여기서 대화는 음양이 서로 조화로움을 이룬 경지를 말한다.
이 구절의 뜻은 건괘의 6개효는 모두 양효지만 스스로를 규정하는 성질이 있다는 것이다. 즉 각 효가 양효의 강함만을 드러내어 서로 침범한다면 스스로를 지킬 수 없다. 그래서 음효의 부드러운 성질을 용납하게 되면 강함에 이르러서도 포악하게 되지 않고, 또 대화의 경지에 이르게 되어 비로소 정상적인 발전에 유리함이 있게 된다는 것이다.
보충 설명하면 음과 양은 항상 대립하기 때문에 한 괘가 양효로만 이루어졌어도 그 괘의 이면에는 반드시 음괘가 숨어 있다는 것이다. 그래서 순양의 건乾괘에는 음효가 숨어있고, 순음의 곤坤괘에도 양효가 숨어있다는 것이다. 이것을 경방은 '복伏'이라는 말로 표현한다.

3) 역학의 교역론

역의 이치를 연구하는 역학에서는 음양의 상보상성相補相成의 원리를 중시한다. 즉 음양의 상보상성의 원리로 인하여 만물은 화해에 이를 수 있다는 것이다.
대화大和는 만물이 화해의 상태에 이른 것을 말한다. 그래서 역학에서는 만물이 최고의 조화로움을 이룬 대화의 경지에 이르는 것을 가장 높게 평가하는 것이다.
대화의 경지에 이른 상태를 보다 쉽게 표현하면 음양이 서로 조화와 균형을 이룬 것이라고 할 수 있다.
역학에서 화해관和諧觀은 중국은 물론 동양의 철학 · 정치 · 지리 · 의학 · 미학 · 예술 등 모든 부문에 큰 영향을 미쳤다.

---

[96] 『주역』, 건乾괘「단전」, "保合大和 乃利貞"

2. 변역과 역의 이치

1) 『역경』의 변역 이치

『역경』이 우주만물의 운행법칙을 모사하여 지어진 것이라고 했다. 그런데 우주만물은 잠시도 쉬지 않고 변화한다. 그렇기 때문에 잠시도 쉬지 않고 변화하는 우주만물의 운행법칙을 모사한 『역경』의 괘효상도 변화한다.

괘효상의 변화는 먼저 효상의 변화에서 시작된다. 예를 들어 8괘의 건乾괘는☰인데, 맨 아래 양효―가 음효--로 변하면 손巽괘인☴가 된다. 또 두 번째 양효―이 음효--으로 변하면 이離괘인 ☲ 가 된다. 세 번째 양효―가 음효--로 바뀌면 태兌괘☱가 된다. 마찬가지로 팔괘의 순음괘인 곤坤괘☷에서 맨 아래--가 양효―로 변하면 진震괘이 된다. 두 번째--가 양효―로 변하면 감坎괘☵이 되며, 맨 위--가 양효―로 변하면 간艮괘☶ 가 된다. 이렇게 8괘의 괘상은 서로 긴밀하게 관련을 맺고 변화한다. 그런데 8괘상에서 건☰은 하늘, 곤☷은 땅, 진☳은 우레, 손☴은 바람, 감☵은 물, 이☲는 불, 간☶은 산, 태☱는 연못을 각각 상징하므로, 8괘상의 변화는 곧 자연현상의 변화를 표현하는 것이다.

또 건☰은 아버지, 곤☷은 어머니, 진☳은 장남, 손☴은 장녀, 감☵은 중남, 이☲는 중녀, 간☶은 소남, 태☱는 소녀를 각각 상징하므로 8괘상의 변화는 인사人事의 변화도 표현한다.

이런 원리로 64괘 또한 괘상의 변화를 통해 자연현상의 변화와 인사의 길흉변화를 나타내는 것이다.

2) 『역전』의 변역 이치

음양의 변화는 앞서 괘효상의 변화에서 본 바와 같이 효가 변하면 괘가 변한다. 즉 음양의 변화는 상징 내용의 변화를 가져온다는 것이다.

그런데 이렇게 음효에서 양효로, 양효가 음효로 변화하는 데 있어서는 시간의 경과를 거치게 된다. 음에서 갑자기 양으로 변하거나 양에서 갑자기 음으로 변하는 것이 아니라 일정한 시간을 거쳐야만 변화를 이룰 수 있다. 일정한 시간의 경과를 거쳐서 음에서 양으로, 양에서 음으로 변하는 것을 '전화轉化'한다고 표현한다.

음양의 전화과정은 시작단계에서 점점 시간이 축적되어 극에 이르면 반대 방향으로 옮겨가게 된다. 시간이 축적된다는 것은 다시 말해 양량의 변화라고 할 수 있다. 즉 변화에는 일정한 시간이 필요하며, 필요한 시간이 모두 쌓이게 되면 질적인 변화가 나타난다는 것이다.

정리하면 양의 변화를 거쳐 질의 변화가 이루어지고, 질이 변화한 뒤에는 다시 양의 변화가 진행된 뒤 다시 질의 변화로 이어진다는 것이다.

예를 들어 하루 중에서 아침에 태양이 솟아오른 뒤에 시간이 지나면서 정오가 되고, 이후 해가 기울기 시작하여 저녁이 되면 해가 져서 어두운 밤이 된다. 또 저녁부터 어둠이 시작돼서 자정을 넘겨 새벽이 되면 밤에서 낮으로 바뀌는 것과 같은 이치다. 이것을 음양의 질량호변률質量互變律이라고 한다. 이렇게 우주만물의 변화에는 시간이 필요하다.

변화의 과정을 시작단계와 중간단계 그리고 종국단계로 구분한다면, 시작단계는 질적인 변화가 이루어진 다음 새로운 질적 상태가 시작되는 것을 말하며, 중간단계는 새로운 질적 상태의 성장이 중간지점에 이른 것이며, 종국단계는 새로운 질적 상태 성장이 극에 이르러서 곧 또 다른 질적 변화로 이어지기 직전을 말하는 것이다.

다시 정리하면 우주만물은 대립하는 음양이 어느 한 쪽의 성장이 시작돼 시간이 지나면서 성장 상태가 포화에 이르면 반대쪽으로 자리를 넘겨준다는 것이다. 그리고 음양이 이렇게 서로 자리바꿈을 하면서 우주만물이 생장 변화를 이어간다는 것이다.

『역전』은 이것을 일러 "한 번은 음이 작용하고, 한 번은 양이 작용하는 것을 도라고 한다."라는 일음일양지위도一陰一陽之謂道라고 정리하고 있는 것이다.

이렇게 음과 양이 질적 변화를 이루기 위해 어느 한 쪽의 성장상태가 중간 지점에 이르게 되면 다른 한 쪽의 소멸상태도 중간에 이르게 될 것이다.

예컨대 1년 중에 태양이 동지를 지나서 춘분에 이르면 밤과 낮의 길이가 동일하고, 하지를 지나서 추분에 이르면 역시 낮과 밤의 길이가 동일하다.

여기서 역易의 중中 개념이 나오게 되는 것이다. 한 괘에서 효는 아래부터 변화해 위로 진행한다. 그러므로 팔괘의 가운데 자리가 중위中位가 되고, 64괘인 중重괘에서는 하괘의 가운데와 상괘의 가운데가 중위가 된다.

역에서 중위를 최고로 치는 것은 1년 중에서 봄과 가을이 만물에 있어 가장 좋은 환경이 되는 것과 같다. 인사에 있어서도 변화가 이루어져서 새로운 질적 상태가 시작될 때는 모든 상황이 아직 제자리를 잡지 못하고 어지러운 상태이고, 종국에 이르면 곧 질적 변화를 앞둔 말기현상으로 역시 혼란과 무질서한 현상을 보이게 된다. 그러나 중간 단계에서는 안정된 상태를 유지하고 있으므로 불편부당한 중도中道를 유지하는 것이다.

그리고 변화의 과정은 시간과 관계되기 때문에 당연히 역에서는 시時 또한 매우 중요하게 여긴다. 그래서 『역전』에서는 시를 매우 강조하는 것이다.

예를 들어 건乾괘 「문언전」에는 "하늘에 앞서 해도 하늘이 어기지 아니하며, 하늘을 뒤따라 해도 하늘의 때를 따른다."[97]라고 하고, 「계사전」에서는 "때를 기다려 움직이니 어찌 이롭지 않음이 있겠는가?"[98]라고 한다. 또 간艮괘 「단전」은 "움직이고 고요함에 때를 잃지 않으면 그 도가 빛날 것이다."[99]라고 하고, 손巽괘·익益괘·소과小過괘의 「단전」은 "때와 함께 움식인다."[100]라고 한다.

우주만물은 각각 그 변화하는 시간이 있다. 즉 만물은 각각 변화에 필요한 시간을 모

---

97) 『주역』, 건乾괘「문언전」, "先天而天弗違 後天而奉天時".
98) 「계사전」하5장, "待時而動 何不利之有".
99) 『주역』, 간艮괘「단전」, "動靜不失其時 其道光名".
100) 『주역』, 손損괘·益괘·小過괘「단전」, "與時偕行".

두 채우게 되면 질적 변화를 만든다. 이 말은 만물은 차면 기울고, 기울면 다시 찬다는 것이다. 이것을 소식영허消息盈虛라고 표현한다. 또 다른 표현으로는 만물은 극에 이르면 반드시 되돌아온다는 뜻의 물극필반物極必反이라고도 한다.

이렇게 만물이 소식영허 내지는 물극필반한다는 것은 곧 만물은 순환운동을 한다는 것이다. 그래서 『역전』은 우주만물의 순환운동에 관한 내용을 곳곳에서 강조하고 있다. 예를 들면 고蠱괘「단전」은 "마치면 시작이 있는 것이 천도의 운행이다."라고 하며, 복復괘「단전」은 "도를 반복하여 7일 만에 와서 회복하는 것은 천도의 운행이다."[101]라고 한다. 또 박剝괘「단전」은 "군자가 소식영허를 숭상함이 하늘의 운행이다."[102]라고 한다.

3) 역학의 변역론

역학에서 음양의 질량호변률을 가장 잘 보여주는 것이 맹희의 12월소식괘라고 할 수 있다.

그림 5 　맹희의 12월소식괘도

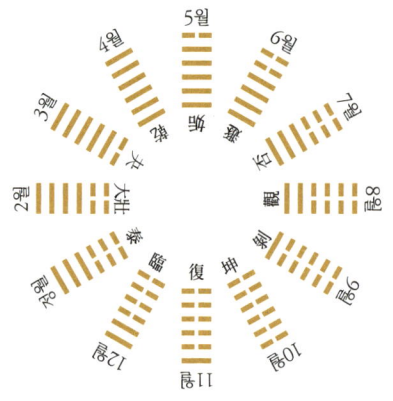

---

101) 『주역』 고蠱괘「단전」, "終則有始 天行也"
102) 『주역』 剝괘「단전」, "君子尙消息盈虛 天行也"

위의 그림에서 보면 태양이 남쪽 끝에 내려가서 동지가 되면 양기가 바닥에 이르게 된 것을 순음괘인 곤坤괘로 표시한다. 그리고 태양이 다시 북쪽을 향해 올라오기 시작하여 처음으로 양기가 생긴 것을 복復괘로, 양기 2개가 생긴 것은 임臨괘로, 양기가 3개가 돼서 음과 양이 균형을 이룬 춘분을 태泰괘로, 하지 직전의 괘는 쾌夬괘로, 양기가 극에 이른 하지를 건乾괘로 각각 나타낸다.

하지에는 양의 기운이 절정에 달했으므로 질적 변화를 통해 음의 기운이 시작되므로 음기 1개가 생겨난 구姤괘, 음기 2개가 되면 돈遯괘, 3개는 비否괘, 4개는 관觀괘, 5개는 박剝괘가 된다. 박괘 다음은 양기가 모두 소멸하고 음기로 가득차므로 곤괘로 표현한다.

그런데 이렇게 음양이 소식영허의 과정을 거치며 나타내는 순환운동은 직선이 아니라 곡선의 원을 그리며 진행된다. 예를 들어 태극도를 보면 음양의 순환운동이 원의 형태를 이루고 있다는 것을 바로 알 수 있다.

앞에 제시한 그림 1의 원시태극도를 보면 태양이 남쪽 끝으로 내려가서 음기가 절정을 이룬 동지로부터 양기가 점점 자라나기 시작해 하지가 되면 양기로 가득차게 된다. 그리고 다시 하지 이후 음기가 자라기 시작해 동지에 이르면 양기는 완전 소멸하고 음기로 가득찬다.

이 태극도는 사람이 인위적으로 창조한 것이 아니다. 태양의 이동상태를 파악하기 위해서 평면에 기둥을 세우고 해의 그림자가 변화하는 모습을 관찰하면 태극도의 모양을 확인할 수 있다. 곧 음양의 순환운동이 원을 그리고 있다는 것을 알 수 있다.

그래서 역학자들은 이런 이치로 64괘의 차서를 원형의 그림으로 표현한 것이다. 이것을 64괘차서원도라고 한다.

이렇게 원형을 이루는 우주의 순환운동은 제자리를 뱅뱅도는 것이 아니고, 항상 새로운 발전으로 이어진다는 것이다.

예를 들면 달은 지구를 중심으로 하여 지구의 주위를 돌고, 지구는 태양을 중심으로 태양 주위를 돌며, 태양은 북극을 중심으로 순환운동을 하는 것으로 알려져 있다. 그렇다면 달과 지구와 태양의 순환운동은 제자리를 맴도는 것이라고 볼 수 있다. 하지만 현대 천문과학에 의하면 태양계가 중심으로 삼고 있는 북극 자체가 고정된 것이 아니라 변화한다고 한다. 이것은 바로 우주의 운동이 제자리를 맴도는 것이 아니고 항상 새로운 변화를 보여준다는 것을 말하는 것이다.

역학에서는 이것을 일신론日新論이라고 한다. 즉 해와 달과 춥고 더움의 순환왕복은 제자리에서 원래의 모습대로 있는 것이 아니라 매일 매순간 새로운 질적 변화를 보인다는 것이다. 이것은 바로 우주의 운동이 하나의 신진대사과정임을 말하는 것이다.

3. 만물일체관과 역의 이치

1) 『역경』의 만물일체성

우주만물은 하나의 유기적 총체로 보는 것이 만물일체관이다. 우주만물이 하나의 유기체라고 한다면 우주만물은 서로 연계되어 있을 뿐 아니라 서로 제약관계에 있다고 할 수 있다. 또 만물의 내부적으로도 여러 가지 요소와 독립된 부분들이 보편적으로 상호 연계하는 모양을 하고 있을 것이다.

『역경』의 괘효상은 바로 이런 우주만물의 유기체적 일체성을 보여주고 있다. 『역경』의 괘상은 효상으로 말미암아 존재한다. 즉 8괘는 양효―와 음효--의 2개 효상이 3중으로 중첩돼 이루어진 하나의 체계다. 64괘 또한 8괘가 중첩하여 구성된 체계다.

앞서 살핀 봐와 같이 효상의 변화는 괘상의 변화를 가져오고, 이것으로 인하여 한 괘는 다른 괘로 변한다. 즉 하나의 효가 변하는 것은 자체의 변화이면서 동시에 전체 괘상의 변화를 만든다. 그리고 이렇게 만들어진 전체 괘상은 사물의 변화를 상징한다. 이것은 효상과 괘상이 『역경』에서 보편적으로 연계되고, 서로 제약의 관계에 있다는 것을 말하는 것이다.

2) 『역전』의 만물일체관

『역경』에서는 효상의 변화가 괘효상의 변화를 만들고, 이렇게 만들어진 괘상이 만물의 변화를 상징함을 말로 설명하고 있지 않다. 우리는 다만 괘효상을 보고 이런 내용을 인식할 수 있는 것이다.

하지만 『역전』은 우주만물이 하나의 유기체라는 것을 단적으로 표현하여 말하고 있다. 예들 들어 "역에 태극이 있고, 태극은 음과 양으로 나뉘고, 음양은 사상을 만들며, 사상은 팔괘를 만든다."[103]고 하는 대목은 만물이 하나에서 나왔다는 것이다. 이것은 다시 말해 하나가 둘이 됐다는 '일분위이一分爲二'라는 논리다. 이와는 달리 "음과 양이 덕을 합하여 강함과 유함의 몸체가 있게 된다."[104]고도 한다. 이 말은 둘이 합하여 하나가 된다는 것이다.

이상의 두 대목을 연계하여 보면 『역전』은 만물이 하나의 유기체라는 만물일체관을 분명하게 주장하고 있음을 확인할 수 있다. 또 「서괘전」에서는 "천지가 있은 다음에 만물이 생겨나므로 천지사이에 가득한 것이 만물이다. 그러므로 건乾괘와 곤坤괘 뒤에 준屯괘가 되는데, 준은 충만하다는 뜻이면서 만물이 처음 태어난다는 뜻이기도 하다. 만물이 처음 나오면 반드시 어리기 때문에 준괘 다음에는 몽蒙괘가 뒤를 잇는다. 몽은 어리다는 뜻으로 만물이 어린 것이다. 만물이 어리면 길러야 하므로 수需괘가 이어지는데, 수는 음식의 도이다. … "[105]라고 한다.

이렇게 64괘의 배열 순서를 설명하는 데서 알 수 있는 바와 같이 『역전』은 보편적 연계와 상호 제약의 관점에서 『역경』을 해석한다. 이것 역시 만물일체관의 관점인 것이다.

---

103) 「계사전」 상11장, "易有太極 是生兩儀 兩儀生八卦"
104) 「계사전」 하6장, "陰陽合德而剛柔有體"
105) 「서괘전」, "有天地然後 萬物生焉 盈天地之間者有萬物 故受之以屯 屯者盈也 屯者物之始生也 物生必蒙 故受之以蒙 蒙者蒙也 物之穉也 物穉不可不養也 故受之以需 需者飮食之道也"

3) 역학의 만물일체관

한漢대의 괘기역학자들은 만물의 변화를 음양 2기의 변화 결과이며, 또 오행의 기에 의한 운동이라고 보고 음양오행의 관념으로 천시天時와 기후의 변화 및 세계를 해석한다. 이것은 우주를 하나의 통일된 총체로 여기고, 음양의 변화와 오행의 상생상극 법칙으로 우주만물의 개체 사물들 사이에 존재하는 보편적 관계를 설명하는 것이다.

또 송명 이학자들은 우주만물은 태극에서 분화된 것이므로 만물은 각각 태극을 포함하고 있다고 한다. 이른바 만물각구일태극론萬物各具一太極論이다.

이것은 만물이 하나이기 때문에 각각 개체는 통일된 전체의 유전자정보를 가지고 있다는 것이다. 현대의 과학적 연구결과로 말하면 사물의 원자는 본래 사물이 가지고 있는 모든 정보를 포함하고 있다는 것과 같다. 그래서 현대 과학에서 세포를 가지고 본래의 생물을 복제하는 것이 가능하다는 것이다. 또 만물은 하나의 기로 이루어졌다는 기철학자들의 입장도 실은 만물일체관에서 비롯된 것이다.

특히 한의학에서 우주를 대우주로 보고, 사람은 소우주로 보고 자연의 운행법칙을 통해 질병을 진단하고 치료하는 일이 가능한 것은 만물일체관이 임상을 통해 증명된 것임을 말하는 것이다.

3. 역학의 형식논리

역학은 추리의 학문

역학은 추론의 학문이라고 할 수 있다. 우주만물의 운행법칙을 담은 괘효상과 괘효사를 통해서 미래를 예측하는 학문이기 때문이다.

그런데 앞서 추론의 방법에는 통상 귀납추론과 연역추론이 있다고 했다. 『역경』에서는 귀납추론의 방식과 연역추론의 방식이 모두 사용되고 있다.

『역경』의 작자가 우주만물을 관찰하여 우주만물의 본질과 그것의 운행법칙을 찾아내어 괘효상으로 표시하고, 여기에 설명의 글인 괘효사를 붙이는 과정은 분명히 귀납추론의 방법이다. 그리고 보편적인 법칙인 우주만물의 운행법칙을 통해 미래를 예측하는 것, 즉 추론하는 것은 연역적 방법이라고 할 수 있다.

연역적 추론은 삼단논법의 형식으로 통한다. 잘 아는 바와 같이 삼단논법은 'A는 B이다' 또 'B는 C이다'라고 할 때 'A는 곧 C이다'라고 하는 결론을 이끌어내는 방식이다. 그런데 역학에서는 이런 서양적 삼단논법과 비록 똑 같은 방식은 아니지만 연역적 추론의 방법이 존재한다. 그래서 여기서는 역학의 추론 방법을 '분류分類'와 '유추類推' 그리고 '사유의 형식화形式化'로 구분해 알아본다.

분류分類

분류는 서로 다른 사물 가운데에서 서로 연관을 갖는 연결체를 찾아내는 것을 말한다. 즉 속성이 같은 사물을 한 곳으로 모으는 것이다.

예를 들어 『역경』의 8괘는 천지만물을 8가지 속성에 따라 분류해서 속성이 같은 사물을 상징하여 놓은 것이다. 또 만물을 양의 속성—과 음의 속성--으로 구분하여 표시한 것이 효상이다. 『역경』의 작자가 만물을 이렇게 유별로 나눌 수 있었던 것은 사물 자체가 스스로 그런 속성이 있기 때문이다. 건乾괘 「문언전」에서는 "만물은 각각 그 유類를 좇는다."[106] 고 하고, "같은 소리는 서로 호응하고, 기운이 같은 것끼리는 서로 구하며, 물은 축축한 곳으로 흐르고, 물은 마른 곳으로 향한

---

106) 「주역」 건乾괘 「문언전」, "各從其類也"

다."[107] 라고 한다.

이렇게 속성이 같은 '유類'는 같은 부류의 사물 사이에 소통할 수 있도록 해주는 연결고리가 된다. 즉 만물은 서로 구별되지만 같은 부류끼리 모여서 무리를 짓게 되는 것이다. 그리고 같은 부류의 사물이 갖는 속성과 처지가 같은 부류내의 하나의 사물과 다른 하나의 사물과 연결되기 때문에 다른 사물의 발전추세와 결말을 미루어 짐작할 수 있게 되는 것이다.

그래서 『역전』의 작자들은 8괘가 본래 상징하던 하늘·땅·우레·바람·불·물·산·못 등의 속성을 자연현상에만 국한 시키지 않고 가정·인체·동물·사물의 성질 등으로 확장한 것이다. 이렇게 8괘가 상징하는 속성을 확장하게 되면 속성을 같이 하는 만물의 유별로 그 발전추세와 결말에 대한 추론을 쉽게 할 수 있다.

오행에 의한 분류도 동류의 사물 간에 추론을 위한 것이다.

그림 6   팔괘취상도

괘명	건	곤	진	손	감	리	간	태
부호	☰	☷	☳	☴	☵	☲	☶	☱
속성	건健	순順	동動	입入	함陷	려麗	지止	열悅
인륜	부	모	장남	장녀	중남	중녀	소남	소녀
원취·제물	말	소	용	닭	돼지	꿩	개(狗)	양
근취·제물	머리(首)	배(腹)	발(足)	무릎(股)	귀	눈	손·코·등	입
자연	하늘	땅	우레	바람	물	해(日)	산	못
방위	서북	동남	동	남동	북	남	북동	서
계절	동추간	하추간	춘	춘하간	동	하	동춘간	추
오행 오색	금金	황토黃土	목木	청목青木	흑수黑水	적화赤火	토土	백금白金

---

107) 『주역』 건乾괘 「문언전」, "同聲相應 同氣相求 水流濕 火就燥"

| 그림 7 | 오행귀속도 |

오행 \ 내용	목木	화火	토土	금金	수水
계절	춘	하	장하(長夏)	추	동
발전과정	생(生)	장(長)	화(化)	수(收)	장(藏)
방위	동	남	중앙	서	북
시간	아침	한낮	오후	일몰	밤중
오음(五音)	각(角)	치(徵)	궁(宮)	상(商)	우(羽)
천간(天干)	갑을	병정	무기	경신	임계
지지(地支)	인묘	사오	진술축미	신유	해자
오색(五色)	청	적	황	백	흑
오미(五味)	신맛(酸)	쓴맛(苦)	단맛(甘)	매운맛(辛)	짠맛(鹹)
오장(五臟)	간(肝)	심(心)	비장(脾臟)	폐(肺)	신(腎)
부(腑)	쓸개(膽)	소장(小腸)	위(胃)	대장(大腸)	방광(膀胱)

유추

유추는 같은 부류 사물의 속성을 다리로 삼아서 아직 알지 못하는 같은 부류의 사물을 추측하는 논리적 과정이다.

예를 들어 시초를 사용하여 점을 치는 것은 지나간 과거의 일을 세밀하게 밝혀 앞으로의 일을 예측하는 것이며[108], 과거의 검증된 사실로부터 알고자하는 장래의 일을 미루어 판단하는 것이라고 할 수 있다

이미 검증된 과거의 일이 알고자하는 미래 일의 판단 근거가 되는 것은 그것이 모두 같은 부류의 사물이기 때문이다. 같은 부류의 사물은 서로 다르지만 같은 속성이 있어서

---

108) 「계사전」 상5장, "極數知來謂之占"

한 사물의 부류의 속성으로부터 다른 한 사물의 속성을 미루어 짐작할 수 있는 것이다. 점을 칠 경우에 하나의 괘를 구하여 이 괘가 가지고 있는 도리를 바탕으로 궁금한 미래의 일을 유추한다. 이것은 지나간 일과 미래의 일이 공유하고 있는 '유의 속성'을 근거로 추리하는 것이다.

정리하면 유추는 만물의 각각의 구체적 형상으로부터 공통적인 성질을 뽑아내어 그 공통의 성질을 통해서 새로운 사물을 인식하는 사고방법이다.

즉 유추는 같은 부류간의 속성을 비교하여 추리하는 것으로서 서양의 논리학적 관점으로 말하면 유추의 전제는 A와 B를 동류로 보는 것이다. 유비추리類比推理의 형식논리 원칙에 근거한 것이라고 할 수 있다.

사유의 형식화

『역경』의 점은 지나간 과거의 일을 세밀하게 밝혀 앞으로의 일을 예측하는 것이라고 할 때, 이것은 유추의 방법을 따른 것이다.

그런데 유추가 효과를 가지려면 과거의 일과 앞으로의 일이 반드시 동류이어야 한다. 만약에 『역경』의 괘효사에 기록된 일을 하나의 구체적인 것으로 여기게 되면 알고자 하는 일과 일일이 대응시켜 동류로 구분하기 어렵다. 이렇게 되면 유추는 불가능하다. 그래서 알고자하는 일을 괘효사에 기록된 일과 동류로 받아들이기 위해서는 반드시 괘효사에 기록된 일을 추상화하고 공식화하여 그것을 미래를 예측하는 공식으로 삼아야 한다.

이렇게 괘효사를 하나의 유에 속한 사물들의 공동 상징으로 삼아서 예측하고자하는 어떤 일과도 모두 상호 대응하여 문제를 해결할 수 있는 기능을 갖추도록 해야 한다. 만약 구체적인 하나의 일로 다른 구체적인 일을 논하게 되면 각각의 괘효사는 각각 하나의 구체적 일만을 설명하는 것이 된다. 이렇게 되면 384개의 효사는 단지 384

건의 일만을 설명하는 것이 되어 근본적으로 미래의 일을 예측하는 작용을 할 수 없게 된다.

다시 정리해보면 역학에서 '분류'는 각각의 만물을 관찰하여 공통의 성질을 갖는 사물들을 구분하는 것이다. 이어서 같은 속성을 갖는 사물을 괘효상으로 상징하여 표현한 것이 『역경』이다.

그래서 괘효상과 괘효상의 상호관계는 자연계와 인류사회의 사물들의 발전변화의 보편적 추세에 대한 일종의 추상으로서 어떤 사물에도 보편적으로 적용되며, 구체적 사물의 구체적 내용에 국한되지 않는 것이다.

사유의 형식화라는 것은 이렇게 사물의 구체적인 내용을 버리고, 사유의 법칙과 공식으로 사유의 방향을 한정하는 것을 말한다.

역학에서 태극·팔괘·음양·오행·간지·하도·낙서 등은 모두 추리의 형식부호로서 어떤 구체적 내용에 고정된 것이 아니라 보편적 원리를 담고 있는 것이다.

예를 들어 태극은 일체 만물변화의 시초가 된다. 그것은 크기로 말하면 만물을 포괄하므로 더 큰 것이 없다. 작기로 말하면 각각의 만물에 포함돼 있으므로 이보다 작은 것은 없다. 이것을 크기로는 밖이 없고(대이무외大而无外), 작기로는 안이 없다(소이무내小而无內)는 말로 표현한다.

태극 중에 존재하는 양의兩儀 또는 음양陰陽은 모든 만물존재의 기본 상태이자 변화발전의 규율이다.

1년 중의 사시사철을 나타내는 사상은 팔괘·오행·간지로 발전한다. 또 하도·낙서는 천지만물이 음양의 기로써 화생化生하는 도리를 담고 있다. 즉 하도·낙서에는 태극·음양·오행·팔괘·간지의 원리가 담겨 있는 추리부호이다.

특히 간지는 천문·지리·기상·물후 등 시간과 공간은 물론 우주만물의 변화규율을 종합하여 통일적으로 추리할 수 있는 부호라고 할 있다.

V

역易의 예측방법

역易의 예측방법

『주역』 또는 역易으로 길흉을 예측하는 방법은 예측의 근거가 되는 수단이 어떤 것이냐에 따라서 크게 3가지로 나눌 수 있다.

괘를 통해서 길흉판단을 하는 법과 괘에 역수를 결합하여 길흉을 보는 법, 그리고 역수로만 보는 법이 있다.

또 괘를 얻는 법이 정식인가 약식인가에 따라 예측법의 이름이 달라지기도 한다. 물론 예측방법의 분류에서 중요한 것은 예측의 근거가 되는 수단이 무엇인가이다. 이것은 인문지혜의 발전과 맥을 같이 하는 것이기도 하며, 주관적인 방법에서 객관적인 것으로의 발전이기도 하다.

1. 예측 수단에 의한 분류

괘상에 의한 예측

괘상에 의한 예측은 괘를 뽑은 다음 괘를 보고 길흉을 판단하는 방법이다. 주나라 문왕이 지은 것으로 전하는 『역경』과 함께 시작된 방법으로 가장 전통적인 예측방법이라고 할 수 있다.

그래서 필자는 이 방법을 전통주역점법 또는 문왕서법文王筮法이라고 부르고 있다.

1. 설시구괘

전통주역점을 치기 위해서는 먼저 괘를 뽑아야 한다. 괘를 얻는 일은 50개의 시초蓍草 또는 산가지를 세어서 얻으므로 설시구괘揲蓍求卦라고 한다.

「계사전」은 괘를 구하는 법에 대해 "대연수는 50인데, 그중에 49를 사용한다. 이것을 둘로 나누어서 양의를 상징하고, 하나를 걸어서 삼재를 상징하고, 넷으로 세어서 사시를 상징하고, 남는 것을 합하여 왼 쪽에 놓고 윤달을 상징한다. 5년에 윤달이 두 번이므로 다시 오른 쪽에 놓고 건다. 하늘의 수가 216이고, 땅의 수가 144이므로 합하여 360이 1년의 날 수에 해당한다. 두 편의 책 수 1만 1천 520이 만물의 수에 해당한다. 그러므로 네 번 경영하여 역을 이루고, 18번 변하여 괘를 이루며, 팔괘에 조금 이루고, 이것을 이끌어 동류로 확산해가면 천하의 모든 일이 다할 것이다."[109] 라고 밝히고 있다.

보다시피 이 내용만으로는 괘를 뽑는다는 것은 쉽지 않다. 『역경』이 지어질 당시부터 괘를 뽑는 법이 있었겠지만 「계사전」에서 처음으로 설명하기 전까지는 그 방법에 대한 기록이 없었다. 「계사전」에서 비로소 설시구괘에 관한 내용이 나왔으나 그 마저도 구체적이지 못하다.

현재 전해지는 설시구괘법과 괘를 통한 길흉판단법은 송대의 주희가 「계사전」에 나오는 점법과 『춘추좌전』과 『국어』에 나오는 점친 사례들을 분석하여 정리한 것이다. 또 중국 현대 주역학자 고형이라는 사람이 고증을 통해 정리한 해석법 등이 있다.

---

[109] 「계사전」상8장, "大衍之數五十 其用四十有九 分而爲二 以象兩 掛一以象三 揲之以四 以象四時 歸奇於扐以象閏 五世再閏 故再扐而後掛 乾之策 二百一十有六 坤之策 百四十有四 凡三百有六十 當期之日 二篇之策 萬有一千五百二十 當萬物之數也 是故 四營而成易 十有八變而成卦 引而伸之 觸類而長之 天下之能事畢矣"

2. 길흉판단

점괘를 얻은 다음에는 길흉을 판단한다. 길흉판단의 방법은 괘효사를 보는 법과, 괘효상을 보는 법이 있다.

1) 괘효사를 보는 법

괘상으로 길흉을 판단하는 전통역점법은 괘중의 효가 변했는지 여부를 보고 그때 그때의 상황에 따라 『주역』본경의 해당되는 괘사나 효사를 통해 길흉을 해석하는 방법이다. 이 때문에 전통역점법은 '변점법變占法'이라고도 한다.

괘효사를 보고 길흉을 판단하는 내용을 정리하면 다음과 같다.

1. 괘에서 하나의 효가 변한 경우는 본괘의 변한 효의 효사爻辭를 본다.
2. 두 개의 효가 변한 경우는 본괘의 변한 효 2개의 효사를 보되, 위의 효(상효上爻)를 위주로 한다.
3. 세 개의 효가 변한 경우는 본괘와 변괘의 괘사卦辭를 본다.
4. 네 개의 효가 변한 경우는 변한 괘에서 변하지 않은 2개 효의 효사를 보되, 아래 효(하효下爻)를 위주로 한다.
5. 다섯 개의 효가 변한 경우는 변한 괘의 변하지 않은 1개 효를 본다.
6. 여섯 개의 효가 모두 변한 경우는 건乾괘와 곤坤괘를 제외한 나머지 괘는 변한 괘의 괘사로 판단 한다.
7. 여섯 개의 효가 모두 변하지 않으면 본래의 괘 괘풀이글을 보아 판단 한다.
8. 건乾괘 곤坤괘의 효가 모두 변하였을 경우에는 건괘는 용구用九, 곤괘는 용육用六으로 판단 한다.

예를 들어 점을 하여 건괘 초효가 변한 괘를 얻었다고 하자.

이 경우 점풀이 글은 건괘의 초효 효사를 본다는 말이다. 건괘의 초효 효사는 '초구 잠용물용 初九 潛龍勿用'이다. 즉 "(건괘) 초효는 잠겨 있는 용이니 쓰지 말라."이다. 그런데 『주역전의』에서 정자의 주석을 보면 "초구는 만물이 처음 시작하는 단서가 되고, 양기가 바야흐로 움트는 때이다. 성인이 아주 미약하여 용이 물에 잠겨 숨어 있음과 같으니 아직 스스로 쓸 수 없는 것이고, 마땅히 몸을 숨기고 수양하면서 때를 기다려야 한다."[110]라고 풀이하고 있다.

예를 하나 더 보자. 점을 하여 중지곤괘에서 맨 아래 초효만 변하지 않고 위로 5개 효가 모두 변한 괘를 얻었다고 하자. 그러면 본괘의 변하지 않은 1개효, 즉 초효의 효사를 참고하여 길흉을 판단하는 것이다.

곤괘 초효의 효사는 "초육은 서리를 밟으면 굳은 얼음이 곧 이어서 온다."[111]이다. 이에 대하여 주자는 "서리는 음기가 맺힌 것이니 음기가 성하면 물이 얼어서 얼음이 된다. 이 효는 음이 아래에서 처음 생겨나서 그 단서가 심히 미미하지만 그 기세가 반드시 성하게 되므로 그 형상이 서리를 밟으면 굳은 얼음이 될 것을 알 수 있는 것이다."[112]라고 풀이한다.

2) 괘효상에 의한 판단

괘효사는 괘효상에 근거하여 나온 말이므로 괘를 보고 길흉을 판단하는 데 있어서 1차로 괘효사를 보지만 괘상으로 나타나는 역의 이치에 밝은 사람이라면 괘효상을 보고 보다 구체적으로 길흉을 판단할 수 있을 것이다.

---

110) 『周易傳義』, "初九 在一卦之下 爲始物之端 陽氣方萌 聖人側微 若龍之潛隱 未可自用 當晦養以俟時".
111) 『역경』, 건乾괘, "初六 履霜 堅氷至".
112) 『周易傳義』, "霜陰氣所結 盛則水凍而爲氷 此爻陰始生於下 其端甚微而其勢必盛 故其象如履霜則知堅氷之將至也".

가. 효상爻象 읽기

괘를 이루는 효는 음효 -- 와 양효 ―가 있다. 음효와 양효는 서로 대립 또는 대대하면서 한 쪽이 커지면 상대 쪽이 줄어들고, 한 쪽의 힘이 극에 이르면 반대쪽으로 성질이 전화한다. 음양은 이렇게 서로 대대하면서 보충하고 이루어주며 전화하는 과정을 일정한 주기를 가지고 반복하는 특성이 있다.

음양의 이런 특성으로 인해서 다음과 같은 현상을 보이게 된다.

▲ 효의 자리(효위爻位)

효의 자리는 『주역』의 이치를 공간상의 변화에 적용시킨 것이다. 한 괘에는 여섯 효가 있다. 괘의 여섯 효는 아래로부터 초(1), 2, 3, 4, 5, 상(6)의 순서로 그 자리를 차지한다. 효의 위치가 다르면 효사의 뜻도 달라진다. 이것은 점치는 사람의 처지가 다르면 그 해결방법도 다른 것을 의미한다.

예를 들어 여섯 마리의 용을 나타내는 건괘에서 초효의 효사는 "잠겨 있는 용이니 쓰지 말라.(잠룡물용潛龍勿用)"이다. 건괘 초효는 괘의 맨 밑에 있으므로 이 때 용의 자리는 숨어있는 것을 의미하므로 드러나서는 안 된다는 것을 말한다. 또 상효의 효사는 "끝까지 올라간 용이니 후회한다.(항룡유회亢龍有悔)"이다. 건괘의 상효는 괘의 맨 끝자리이므로 더 이상 올라갈 수 없고, 움직이면 떨어짐을 의미한다.

그런데 효는 음효와 양효가 있어서 한 괘에는 각기 음효의 자리와 양효의 자리가 정해져 있다. 초, 3, 5는 양효의 자리이며, 2, 4, 상은 음효의 자리이다.

또 효에는 존귀한 자리와 낮은 자리가 있다. 예를 들어 초효는 말단 선비, 2효는 대부, 3효는 재상, 4효는 제후, 5효는 국왕, 상효는 종묘 등으로 구분하기도 한다.

또 한 괘 중 내괘 또는 하괘와 외괘 혹은 상괘는 각각 3개 효로 구성되며, 이 내괘와 외괘에는 각기 초, 중, 상의 자리가 있다. 즉 내괘에서 2효와 외괘의 5효는 각각 한 괘에서 중中의 자리를 차지한 것이다. 역에서는 통상 내괘의 중인 2효를 신하臣下의 자리로, 외괘의 중인 5효를 군왕君王의 자리로 해석한다.

또 한 괘의 6개 효에서 초와 2효는 땅, 3효와 4효는 사람, 5효와 상효는 하늘을 상징하여 천天, 지地, 인人의 삼재三才를 의미하기도 한다.

▲ 효의 시時

『주역』에서 시간의 변화를 나타내는 시時와 공간의 변화를 의미하는 위位는 『주역』의 변화원리의 두 가지 요소이다.

그런데 길흉회린吉凶悔吝에 대한 영향은 시時가 더 크다. 왜냐하면 위位의 경우는 상황에 따라서 사람의 힘으로 변통이 가능하다.

예를 들면 건괘의 3효 효사는 "군자君子가 종일 힘써서 일하고 저녁에도 두려워하고 조심하면 허물이 없을 것이다."[113]라고 한다. 다시 말해 3효의 자리는 위험한 상황이지만 이때 사람이 최선을 다하고 삼가하면 위험한 상황을 피할 수 있다는 것이다. 그러나 시간은 한 번 지나가거나 놓치면 바로 잡을 기회가 없기 때문이다.

▲ 효의 중中 · 정正

효에는 음효와 양효가 있다. 양효는 강강剛하고 높고 나가는 것을 상징하고, 음효는 부드러우며(유柔) 낮고 후퇴하는 것을 나타낸다. 또 효는 같은 성질의 효끼리는 친하지 않아 서로 배척하고, 다른 성질의 효끼리는 친하여 서로 끌어당긴다.

효는 이런 특성으로 인해 중中, 정正, 응應, 비比의 개념을 낳는다. 괘효의 해석은 효의 이런 문제들이 한 괘 내에서 어떻게 서로 작용하는가를 보고 판단해야 한다.

먼저 中에 관하여 보자. 괘효의 중은 두 가지를 들 수 있다. 하나는 내외 괘상의 2와

---

113) 『역경』, 건乾괘, "君子 終日乾乾 夕惕若 厲 無咎"

5효를 가리키는 것이고, 다른 하나는 괘 전체에서 3과 4효를 말하는 것이다. 후자는 한 괘에서 1, 2효를 땅으로, 3, 4효를 사람으로, 5, 6효를 하늘로 보는 천, 지, 인 三才의 개념을 반영한 것으로 괘효의 해석에서 그다지 쓰이지 않는다. 그래서 여기서는 전자에 대해 소개한다.

괘에서 中은 자리가 중을 얻은 것을 말하지만 더 나아가 일정한 상황에 적중한다(時中)는 것을 말한다. 몽蒙괘「단전彖傳」에서는 "'몽형蒙亨'은 형통함으로써 행함이니, 때를 얻었고 중도에 맞기 때문이다."114)라고 한다.「정전程傳」은 이 대목을 "몽이 형통함은 형통할 도로써 행하기 때문이다. 이른바 형통할 도라는 것은 때에 맞는 것(시중)이니, 시는 군주의 응을 얻음을 말하고, 중은 처함이 중을 얻음을 이르니, 중을 얻으면 때에 맞는다."115)라고 주석한다.

효가 中을 얻지 못하면 '不中'으로 일반적으로 흉함을 나타낸다. 대장大壯괘 초구효「단전」은 "발에 장성함이니, 가면 흉함이 틀림없으리라."116)이다. 이에 대해「정전程傳」은 "초는 양효이고 강건(양강陽剛)한 건체乾體로서 아래에 처하여 나아가기를 장성하게 하는 자이니, 아래에 있으면서 장성함을 씀은 발에 장성한 것이다. 발은 아래에 있으면서 나아가 동하는 물건이다. 九가 아래에 있으면서 장성함을 쓰고 그 중을 얻지 못했으니, 강으로써 장壯에 처함은 비록 위에 있더라도 오히려 행할 수 없는데 하물며 아래에 있어서이겠는가? 그러므로 가면 흉함이 틀림없는 것이다."117)라고 주석한다. 대장大壯괘 초구효가 강효로서 부중不中하기 때문에 흉하게 된 것이라고 말하는 것이다.

---

114)「蒙卦;彖傳」"蒙亨 以亨行 時中也"
115)「程傳」蒙. "蒙之能亨 以亨道行也 所謂亨道時中也 時 謂得君之應 中 謂處得其中 得中則時也"
116)「易經」大壯. 初九 "象曰 壯于趾 征 凶 有孚".
117)「程傳」大壯. "初 陽剛乾體而處下 壯于進者也 在下而用壯 壯于趾也 趾 在下而進動之物 九在下用壯而不得其中 夫以剛處壯 雖居上 猶不可行 況在下乎 故征則其凶有孚".

다음 자리가 바르지 못하다는 것은 무엇을 말하는가? 역에서 말하는 正이란 괘에서 1, 3, 5의 자리에 양효가 위치하고, 2, 4, 6의 자리에 음효가 온 것을 말한다. 즉 양의 자리에 양효가 있고, 음의 자리에 음이 있어야 한다는 것이다. 만약 1, 3, 5의 자리에 음효가, 2, 4, 6의 자리에 양효가 오게 되면 이는 '不正'이라고 한다. 한 괘에서 효가 正을 얻으면 길한 것으로, 그렇지 못하면 흉한 것으로 보는 것이 일반적이다. 正은 바른 자리를 지키기 때문에 명분상 바름 또는 도덕적 의무 내지는 의義를 나타낸다.

예를 들어 준屯괘 초구효初九爻의 괘사는 "주저함이니 정貞에 거함이 이로우며 제후를 세움이 이롭다."[118]이다. 이에 대해 『정전程傳』은 "초는 양효로서 아래에 있으니, 바로 강건하고 밝은(강명剛明) 재주로 어려운 세상을 당하여 낮은 지위에 있는 자이니, 당장 가서 어려움을 구제할 수 없다. 그러므로 주저하는 것이다. 준의 초기를 당하여 주저하지 않고 갑자기 나가면 어려움을 범한다. 그러므로 마땅히 바름에 머물면서 그 뜻을 견고히 지켜야 하는 것이다. 무릇 사람이 어려움에 처하면 정도를 지키는 자가 적으니, 만일 정고貞固한 지킴이 없으면 장차 의를 잃을 것이니, 어떻게 세상의 어려움을 구제하겠는가? 준의 세상에 거하여 아래에서 어려움을 당하고 있으니, 마땅히 도와주는 사람을 두는 것이 바로 어려움에 처하여 어려움을 구제하는 길이다. 그러므로 제후를 세우는 뜻을 취하였으니, 보조할 자를 구함을 말하는 것이다."[119]라고 주석한다. 이는 준괘 초구효가 자리가 바른 효이기 때문에 정도와 의리를 지켜야만 이로움이 있다는 것이다.

그런데 中과 正의 대비에서는 일반적으로 正보다 中을 중요하게 본다. 『정전程傳』은 진震괘 육오효 주석에서 "육오는 비록 음으로서 양의 자리에 거하여 자리가 마땅하지

---

118) 「易經」屯, 初九 爻辭, "初九 磐桓 利居貞 利建侯".
119) 「程傳」屯, "初以陽爻在下 乃剛明之才 当屯難之世 居下位者也 未能便往濟屯 故磐桓也 方屯之初 不磐桓而遽進 則犯難矣 故 宜居正而固其志 凡人處屯難 則鮮能守正 苟无貞固之守 則將失義 安能濟時之屯乎 居屯之世 方屯於下 所宜有助 乃居屯濟屯 之道也 故取建侯之義 請求輔助也".

않아 不正함이 되나 유로서 강위에 거하고 또 중을 얻었으니, 이는 중덕中德을 간직하고 있는 자이다. 중을 잃지 않으면 정에서 떠나지 않으니, 이 때문에 중이 귀한 것이다. 여러 괘에 二와 伍는 비록 자리가 마땅하지 않더라도 중을 아름답게 여긴 경우가 많고, 三과 四는 자리가 마땅하더라도 혹 중하지 못함을 잘못(과過)이라 한 경우가 있으니, 중이 항상 정보다 중하기 때문이다. 중이면 정에서 떠나지 않고 정은 반드시 중하지는 못하기 때문이다. 천하의 이치가 중보다 더 좋은 것은 없으니, 육이와 육오에서 볼 수 있다."120)라고 말한다.『정전』은 중하면 바름을 얻지 않음이 없어 중이 정보다 중요하며, 더 나아가 천하의 이치에는 중보다 더 나은 것이 없다는 것을 강조하고 있다.

▲ 효의 응應·비比·승承·승乘

응應은 감응感應한다는 뜻으로 음효와 양효가 서로 감응함을 말하는 것이다. 한 괘에서 초효와 4효, 2효와 5효, 3효와 상효는 서로 대응관계를 이루는데, 이때 대응하는 효가 서로 음양이 다르면 정응正應이라고 하며, 음양이 서로 같으면 적응敵應이라고 부른다.

그리고 한 효와 인접한 효와의 관계를 비比라고 하는데, 이 때 이웃하는 효끼리도 음양이 같으면 서로 배척하는 성향이 있고, 음양이 다르면 친하고자 하는 성질이 있는 것이 일반적이다.

이웃한 효끼리의 관계에서 음효가 양효의 아래에 있으면 승承이라고 하며, 음효가 양효의 위에 있으면 승乘이라고 말한다. 이 承·乘의 문제에서도 일반적으로는 承은 아래로

---

120) 「程傳」震 六五, "六五雖以陰居陽 不當位 爲不正 然以柔居剛 又得中 乃有中德者也 不失中 則不違於正矣 所以中爲貴也 諸卦 二五 雖不當位 多以中爲美 三四 雖當位 或以不中爲過 中常重於正也 蓋中則不違於正 正不必中也 天下之理 莫善於中 於九二六五 可見".

향하는 성질의 음효가 위로 향하는 성질의 양효 아래에 위치하므로 바람직한 것으로 보며, 乘은 그 반대로 해석한다.

정리하면 괘효의 해석은 한 괘의 전체적 의미와 성격을 가리키는 괘상과 괘를 이루는 여섯 효의 자질과 서로 간의 조응관계를 통해 조화와 중도를 이루었는지 여부를 살핌으로서 가능하다고 할 수 있다.

나. 괘상卦象 읽기

괘효가 나타내는 의미를 올바로 파악하기 위해서는 먼저 괘상을 살펴야 한다. 괘상을 통한 판단은 괘의 상징내용, 괘의 변화상태, 상하괘·호체·도전괘 등 괘의 구조 등을 살펴야 한다.

▲ 괘의 상징 내용

괘상은 단괘單卦인 팔괘와 중괘重卦인 64괘로 구분되며, 중괘의 괘상은 팔괘 2개를 겹친 것이다. 따라서 중괘의 상이 상징하는 내용을 이해하기 위해서는 팔괘를 알아야 한다.

괘를 해석하는데 실마리가 되는 내용들은 「설괘전」에서 찾을 수 있다. 「설괘전」에 의하면 팔괘는 만물을 상징한다. 예를 들면 "건乾괘는 말이 되고, 곤坤괘는 소가 되고, 진震괘는 용이 되고, 손巽괘는 닭이 되고, 감坎괘는 돼지가 되고, 이離괘는 꿩이 되고, 간艮괘는 개가 되고, 태兌괘는 양이 된다."[121)]라고 하여 팔괘와 만물의 상을 연결하고 있다.

---

121) 「설괘전」 8장. "乾爲馬 坤爲牛 震爲龍 巽爲鷄 坎爲豕 離爲雉 艮爲狗 兌爲羊".

또 7장에서는 "건乾은 굳셈이요, 곤坤은 순함이요, 진震은 움직임이요, 손巽은 들어감이요, 감坎은 빠짐이요, 이離는 걸림이요, 간艮은 그침이요, 태兌는 기뻐함이다."[122]라고 하여 팔괘의 성질을 설명한다. 이것은 팔괘가 갖는 괘의 덕德과 괘의 재질才質을 나타내는 것이다.

팔괘가 갖는 물상과 괘덕은 특정한 것에 한정되는 것이 아니라 만사萬事 만물萬物에 무한히 확장 내지 추연하여 적용이 가능하다.

「설괘전」 11장에는 건괘에 대해 "하늘이 되고, 둥근 것이 되고, 군주가 되고, 아버지가 되고, 옥이 되고, 금이 되고, 추위가 되고, 얼음이 되고, 큰 적색이 되고, 좋은 말이 되고, 늙은 말이 되고, 수척한 말이 되고, 얼룩말이 되고, 나무의 과일이 된다."[123]라고 하고, 곤괘에서는 "곤은 땅이 되고, 부모가 되고, 삼베가 되고, 가마솥이 되고, 인색함이 되고, 균등함이 되고, 새끼를 많이 낳아 기른 어미소가 되고, 큰 수레가 되고, 문이 되고, 무리가 되고, 자루가 되며, 땅에 있어서는 흑색이 된다."[124]라고 하여, 건괘와 곤괘가 상징하는 물상과 괘덕의 예들을 나열하고 있다.

「설괘전」은 나머지 진, 손, 감, 이, 간, 태괘에 대해서도 이 같은 물상과 괘재의 예를 들고 있다.

▲ 괘의 변화상태

산가지를 계산하여 얻은 본래의 괘를 '본괘'라고 한다. 역은 천지자연이 순환 변화하는 규율을 나타내는 것이라고 했다. 그래서 괘를 뽑아 보면 한 괘의 여섯 효 중에는 변하는 효가 있게 마련이다. 물론 효가 하나도 변하지 않는 경우도 있고, 여섯 효 모두 변하는

---

122) 「설괘전」 7장, "乾健也 坤順也 震動也 巽入也 坎陷也 離麗也 艮止也 兌說也".
123) 「설괘전」 11장, "乾爲天 爲圜 爲君 爲父 爲玉 爲金 爲寒 爲冰 爲大赤 爲良馬 爲老馬 爲瘠馬 爲駁馬 爲木果".
124) 「설괘전」 11장, "坤爲地 爲母 爲布 爲釜 爲吝嗇 爲均 爲子母牛 爲大輿 爲文 爲衆 爲柄 其於地也 爲黑".

경우도 있다. 이처럼 본괘 중에 변하는 효가 있으면 그 괘는 다른 괘로 변화하게 된다. 이렇게 변화한 괘를 '변괘'라고 한다.

그리고 본괘를 '정괘貞卦'라고도 하며, 변괘는 '지괘之卦'라고도 부른다. 이때 괘 중에 변하는 효를 동효動爻라고 하고, 변하지 않는 효는 정효靜爻라고 한다.

괘를 해석할 때 본괘는 천지신명에게 물어본 어떤 일이 현재 처한 상황을 나타내며, 변괘는 앞으로 전개될 상황을 보여준다.

우주만물은 잠시도 머물러 있지 않고 지속적으로 변화하기 때문에 이러한 내용이 괘로 나타난다는 말이다.

▲ 괘의 구조 상태

● 호괘

호괘는 6획괘에서 초효와 상효를 제외하고 2·3·4효를 하괘, 3·4·5효를 상괘로 하여 새로운 하나의 괘를 만드는 것을 말한다. 이때 하괘는 내호괘, 상괘는 외호괘라고 부른다.

예를 들어 수뢰준水雷屯괘의 호괘를 보자.

이 괘의 내호괘는 팔괘의 곤坤(☷)괘가 되고, 외호괘는 간艮(☶)괘가 된다. 이 두 개의 호괘로 괘를 만들면 산지박괘山地剝卦가 된다.

호괘는 「계사전」의 "만약에 물건을 섞는 것과 덕을 가리는 것, 옳고 그름을 분별하는 것은 (괘의) 가운데 효가 아니면 갖추지 못할 것이다(어렵다)."[125]라는 말에서 근거한 것이다. 이 말은 한 괘의 호괘를 통해서 그 괘의 성격과 재질才質을 해석할 수 있다는 것

---

125) 「계사전」 하9장. "若夫雜物 撰德 辨是與非 則非其中爻 不備"

이다.

예를 들면 수뢰둔괘水雷屯卦의 육삼효사는 "사슴을 좇음에 몰이꾼이 없다. 오직 숲 속으로 들어감이니 군자는 기미를 알아 그치는 것만 못하니 가면 인색할 것이다."[126] 이다. 준괘의 상괘는 감坎(☵)괘 즉 물을 말하고, 하괘는 진震(☳)괘로 천둥·번개 등을 나타낸다.

그런데 괘의 육삼효사에는 '숲 속'이나 '그침' 등의 말이 나온다. 다시 말해 물이나 뇌성과 숲 속 내지는 그침은 서로 관계가 없는데 어떻게 이런 해석이 나온 것인가? 그것은 육삼효의 아래 2효와 위의 4효를 겸하여 내호괘를 만들면 간艮(☶)괘가 되는 데에서 연유한다. 즉 간괘는 산을 상징하고, 그침의 의미를 갖는다. 그러므로 수뢰준괘 육삼효사는 내호괘에 근거한 해석임을 알 수 있다.

● 도전괘

도전괘는 괘를 반대편에서 본 것을 말한다. '도倒' 자는 '넘어지다'란 뜻이고, '전顚' 자 역시 '엎어지다'라는 의미이므로 '倒顚'은 뒤집거나 엎어진다는 말이 된다. 예를 들어 풍산점괘風山漸卦를 반대편에서 보면 뇌택귀매괘雷澤歸妹卦가 된다.

그런데 괘를 뒤집어 봐도 역시 같은 괘도 있다. 이런 경우는 부도전괘不倒顚卦라고 한다. 즉 괘를 바로 놓으나 뒤집어 놓으나 변함없이 똑같은 괘라는 말이다. 예를 들면 택풍대과괘澤風大過卦 같은 것이다.

주역의 괘는 대부분 도전괘로 구성된다. 상경 30괘 가운데 24개 괘가 도전괘이고, 6개 괘는 부도전괘다. 하경은 34개 괘 가운데 32개 괘가 도전괘, 2개 괘는 부도전괘다.

도전괘는 같은 괘를 바로 보고 뒤집어본 차이일 뿐이므로 실상은 한 개 괘로 볼 수 있

---

126) 「屯卦」六三, "卽鹿无虞 惟入于林中 君子 幾 不如舍 往 吝".

다. 따라서 상경은 도전괘 24의 절반인 12개와 부도전괘 6개 괘를 합하면 18개 괘, 하경도 32개 도전괘의 절반인 16개 괘에 부도전괘 2개를 합하면 18개 괘가 되는 셈이다. 이렇게 보면 주역은 64개 괘이지만 실은 36개 괘라고 할 수 있다.

도전괘는 상대방의 입장, 즉 3자적 입장에서 어떤 일이 진행되는 상황을 살피는데 유용하다.

● 착종괘

한 괘의 상괘와 하괘의 위치를 바꾸어 만든 괘를 말한다. 예를 들면 지천태地天泰괘의 착종괘는 천지비天地否괘가 된다. 착종괘는 한 괘의 상괘와 하괘의 위치가 바뀔 경우 드러나는 상황을 파악할 때 유용하다.

● 배합괘

배합괘는 한 괘의 여섯 효를 모두 음과 양을 바꾸어서 만든 괘를 말한다. 예를 들면 중천건重天乾괘의 배합괘는 중지곤重地坤괘, 산뢰이山雷頤괘는 택풍대과澤風大過괘, 중수감重水坎괘는 중화리重火離괘, 풍택중부風澤中孚괘는 뇌산소과雷山小過괘가 되는 경우다.

배합괘는 한 괘가 음과 양이 바뀐 상황을 살필 때 유용하다. 예를 들면 중천건괘重天乾卦는 여섯 효가 모두 양이어서 괘의 성질이 매우 강하게 나아가는 것을 나타낸다. 그런데 건괘의 배합괘는 중지곤괘重地坤卦로 모든 효가 음이어서 괘의 성질은 부드럽고 약하다는 의미가 있다.

그래서 건괘의 용구用九는 "뭇 용을 보되 앞장서서 머리로 나섬이 없으면 길하다."[127]

---

127) 「건괘」用九, "見群龍 无首 吉".

라고 한다. 즉 본괘의 성질은 속으로 감추고 겉으로는 배합괘인 곤괘의 성질로 행동하여야 길하다고 한 것이다.

정리하면 괘명卦名, 괘상卦象, 괘재卦才, 괘위卦位가 괘의 기본성격과 구조 그리고 기능을 나타내며, 괘상을 통한 해석은 이런 요소들을 전체적으로 고려하여야 가능하다고 할 수 있다.

3. 천인감응의 조건

괘상으로 길흉을 예측하는 경우에서는 점을 치는 사람과 천지자연과의 감응이 중요하다. 점을 치는 사람과 천지자연이 서로 기와 영감이 통하지 않으면 점치는 사람이 궁금한 문제에 대한 올바른 대답을 얻을 수 없다. 이것을 천인감응이라고 한다.

그래서 주역周易으로 점을 칠 때는 몇 가지 중요한 마음의 자세가 필요하다.

첫째 점을 치는 대상, 즉 점을 칠 일이 옳은 것인지 그른 일인지를 분간하는 것이 중요하다. 옳은 일이 아니면 점을 쳐서는 안 된다. 점을 치는 일은 사람이 천지자연의 뜻에 맞게 살아가고자 하나 자신의 힘으로 해결이 어려운 문제가 생겼을 때 천지자연, 즉 하늘에 그 해답을 구하는 일이기 때문이다. 이것은 『예기禮記』「소의少儀」편에서도 강조되고 있는 내용이다.[128]

둘째 사람의 노력으로는 도저히 해결이 어려운 상황에 이르렀을 경우에만 점을 쳐야 한다는 것이다. 노력도 해보지 않고 모든 것을 하늘에게서 구하는 것은 사람의 도리가 아니기 때문이다. 『서경』에서는 "당신에게 큰 의문이 있으면 자신의 마음에 물어보고, 귀족과 관리에게 물어보고, 백성에게 물어보고, 거북점과 시초점에 물어보시오."[129] 라고 한다. 이것은 어떤 의문이 생겼을 경우 점을 치는 일은 최후의 방법이라는 것을 말

---

128) 「禮記」「少儀」, "問卜筮曰 義與志與 義則問 志則否".
129) 「書經」「洪範」, "汝則有大疑 謀及乃心 謀及卿士 謀及庶人 謀及卜筮".

하는 것이다.

끝으로 한 번 점을 친 일에 대해서는 다시 점을 치지 않는다. 이미 신에게 물어본 일을 다시 묻는 것은 신을 믿지 못한다는 것이 된다. 즉 신을 모독하는 일이다. 『주역』 몽괘 괘풀이 글에는 "처음 점을 치면 알려주고, 두세 번 하면 (신을) 모독하는 것이니 모독하면 알려주지 않는다."[130] 라고 나온다.

괘상과 역수를 결합한 예측

1. 괘상과 역수를 결합한 예측의 의미

괘상과 역수를 결합한 예측은 괘를 뽑은 다음에 괘효에 간지를 배합하여 음양오행의 성질로 길흉을 판단하는 법이다. 이 방법은 한나라 초기 경방에 의해 창안된 것으로 경방역점 또는 오행역점으로 불린다.

춘추전국시대를 지나 한나라 때에 이르러서는 천문과학의 수준이 크게 향상됐다. 당시 사람들은 천문관측을 통해 한나라 무제 때인 기원전 104년에 태양과 지구와 달이 일직선으로 도열하는 때가 있음을 계산해냈다. 그들은 이런 천문관측의 결과를 토대로 그날을 갑자년 갑자월 갑자일로 하여 간지력을 정했다. 이 때 정한 간지력이 현재까지 이어지는 것이다.

경방은 이런 천문과학적 결과물인 간지와 괘효를 결합하여 길흉을 판단하는 점법을 창안한 것이다.

경방의 점법은 실은 괘효에 계절과 기후를 파악할 수 있는 역수를 결합한 것이라서 괘

---

130) 蒙卦, "初筮 告 再三瀆 瀆則不告".

기역卦氣易 또는 상수역象數易으로 불린다.

역법은 1년 사시의 변화를 천문의 관찰과 기록을 통해 계산한 천도 변화의 법칙이기도 하다. 이 때문에 역수曆數는 계량적이고 과학적이라고 할 수 있다.[131]

그래서 괘기역으로 길흉을 판단하는 것은 괘상으로만 길흉을 판단하는 방법에 비해 아주 객관적이고 과학적이라고 할 수 있다. 실제로 경방역점의 적중률은 탁월하다.

2. 괘효와 간지의 결합

1) 팔궁괘八宮卦

『주역』에서 팔괘와 64괘는 우주만물이 생성 변화하는 이치를 담은 상징부호라고 할 수 있다.

그런데 우주만물은 음과 양이라는 2기氣가 쉬지 않고 상호 작용하므로써 생성 변화과정을 이어간다. 이것은 팔괘와 64괘는 음괘와 양괘로 나눌 수 있다는 말이 된다. 이에 따라 경방京房은 64괘를 전통적 배열방법과 다르게 배열한다. 즉 기본 팔괘를 음괘와 양괘로 구분한 뒤 64괘를 음괘와 양괘로 나누어진 각각의 팔궁괘에 배치하는 것이다.

경방은 팔궁괘를 음양으로 구분한 뒤 다시 오행으로 나눈다. 즉 건乾괘와 태兌괘는 금金, 곤坤괘와 간艮괘는 토土, 진震괘와 손巽괘는 목木, 감坎괘는 수水, 이離괘는 화火로 구분한다.

이때 팔괘의 각 괘는 중심이 되는 괘라는 의미로 '궁宮'괘라고 한다. 그리고 각 궁괘

---

131) 중국 학자 廖名春 등이 쓴 『주역철학사』에서는 한대 상수역학의 발전 원인 가운데 하나로 자연과학의 발전을 꼽고 있다. 당시에는 천문학과 曆法學이 발전하였으며, 太初曆를 만든 사마천 등은 지구가 태양의 주위를 운동하는 시간을 비교적 정확하게 계산하여 135개월을 日食의 주기로 추산했다. 劉歆은 『주역』「계사전」의 數理로 태초력을 해석하여 체계적인 역학 이론을 만들었다. 한대 역의 괘기설·납갑설·효진설 등은 모두 당시의 천문역법학의 영향을 받아 과학적 성분을 어느 정도 담고 있었다고 밝히고 있다.

밑으로 7괘씩을 배치한다. 이렇게 하면 한 궁당 8개 괘가 해당돼 모두 64괘를 구분하여 배열할 수 있다. 이것을 '팔궁괘八宮卦'라고 한다.

팔괘 중에서 양괘는 건乾·진震·감坎·간艮괘, 음괘는 곤坤·손巽·이離·태兌괘가 해당된다. 그리고 각 궁괘에 소속되는 괘는 다음과 같다.

건궁乾宮에는 궁괘로서 건乾을 머리로 하고 구姤·돈遯·비否·관觀·박剝·진晉·대유大有괘가 속한다.

태兌궁에는 태兌·곤困·췌萃·함咸·건蹇·겸謙·소과小過·귀매歸妹괘가 속한다.

이離궁에는 이離·여旅·정鼎·미제未濟·몽蒙·환渙·송訟·동인同人괘가 속한다.

진震궁에는 진震·예豫·해解·항恒·승升·정井·대과大過·수隨괘가 속한다.

손巽궁에는 손巽·소축小畜·가인家人·익益·무망无妄·서합噬嗑·이頤·고蠱괘가 속한다.

감坎궁에는 감坎·절節·둔屯·기제既濟·혁革·풍豊·명이明夷·사師괘가 속한다.

간艮궁에는 간艮·비賁·대축大畜·손損·규睽·이履·중부中孚·점漸괘가 속한다.

곤坤궁에는 곤坤·복復·임臨·태泰·대장大壯·쾌夬·수需·비比괘가 배치된다.

팔궁괘차를 표로 나타내면 다음과 같다.

그림 8 　팔궁괘표

	八宮卦							
上世 (八純)	乾	震	坎	艮	坤	巽	離	兌
一世	姤	豫	節	賁	復	小畜	旅	困
二世	遯	解	屯	大畜	臨	家人	鼎	萃
三世	否	恒	旣濟	損	泰	益	未濟	咸
四世	觀	升	革	睽	大壯	无妄	蒙	蹇
五世	剝	井	豐	履	夬	噬嗑	渙	謙
游魂	晉	大過	明夷	中孚	需	頤	訟	小過
歸魂	大有	隨	師	漸	比	蠱	同人	歸妹

이 표에서 '1세', '2세', '3세' 등으로 표시한 '세世'는 각 궁괘의 여섯 효가 아래로부터 변하는 순서를 표시한 것이다. 즉 건궁괘 1세괘는 양효인 초효가 음효로 바뀐 것이고, 2세괘는 초효에 이어 2효까지 바뀐 것이며, 3세괘는 초효와 2효에 이어 3효까지 변화한 것이다. 이렇게 아래부터 위로 차례로 효가 변화해 나가다가 상효 바로 밑인 5효까지 바뀐 다음에는 상효는 변하지 않고 다시 돌아서 이미 변화한 4효가 원래대로 복귀한 것을 '유혼游魂'괘라고 한다. 또 유혼괘 다음에 아래 3개 효가 모두 처음으로 복귀하는 것을 '귀혼歸魂'괘라고 한다.

2) 괘와 효에 간지오행의 배합

우주변화법칙은 음양, 사상, 팔괘로 발전하지만 이것은 겉으로 나타나는 것(체體)이고, 실제의 작용에서는 오행의 작용을 일으킨다(용用). 즉 우주만물이 실제로 생성변화하는 과정은 음양오행의 운동으로 나타난다. 이런 이유로 경방은 우주변화법칙을 실체적으로 파악하기 위해 괘와 효에 천간과 지지를 각각 배합한다. 왜냐하면 천간과 지지는 음양과 오행은 물론 시간과 공간의 변화를 포함한 부호이기 때문이다. 그래서 괘에 천간을 붙이고(납갑納甲), 효에 지지를 붙인 것이다(납지納支).

▲ 괘卦에 천간天干을 붙인다(납갑納甲)

납갑은 건乾에는 천간의 갑甲과 임壬, 곤坤에는 을乙과 계癸, 간艮에 병丙, 태兌에 정丁, 감坎에 무戊, 이離에 기己, 진震에 경庚, 손巽에 신辛을 각각 배합한다.

▲ 효爻에 지지地支를 붙인다(납지納支)

납지는 12지지를 양지陽支와 음지陰支로 나누고 자인진오신술子寅辰午申戌의 양지는 양괘의 효에 배합하고, 축묘사미유해丑卯巳未酉亥의 음지는 음괘의 효에 짝짓는 것을 말한다.

그림 9 팔괘납갑도

팔괘 간지 효위	乾·金	坤·土	震·木	巽·木	坎·水	離·火	艮·土	兌·金
上爻	壬戌	癸酉	庚戌	辛卯	戊子	己巳	丙寅	丁未
五爻	壬申	癸亥	庚申	辛巳	戊戌	己未	丙子	丁酉
四爻	壬午	癸丑	庚午	辛未	戊申	己酉	丙戌	丁亥
三爻	甲辰	乙卯	庚辰	辛酉	戊午	己亥	丙申	丁丑
二爻	甲寅	乙巳	庚寅	辛亥	戊辰	己丑	丙午	丁卯
初爻	甲子	乙未	庚子	辛丑	戊寅	己卯	丙辰	丁巳

3. 세효世爻와 응효應爻·육친六親

1) 세효世爻와 응효應爻

팔궁괘표에서 보면 건궁괘의 경우 궁괘인 건괘는 6개 효 모두 양효이다. 그리고 아래부터 첫 효가 변하면 구姤괘, 2효가 변하면 돈遯괘, 3효가 변하면 비否괘, 4효가 변하면 관觀괘, 5효가 변하면 박剝괘가 되고, 6효까지 변하면 곤坤괘가 되지만 6효가 모두 변하지 않고 역으로 돌아서 음효로 변했던 4효가 다시 양효로 변하여 진晉괘, 다시 밑으로 나머지 세효가 모두 양효로 변하면 대유大有괘가 된다.

이때 궁괘인 건괘는 상세, 구괘는 1세, 돈괘는 2세, 비괘는 3세, 관괘는 4세, 박괘는 5세, 진괘는 유혼, 대유괘는 귀혼 괘로 부른다.

이렇게 한 괘에서 효가 변화하는 순서에 따라 세를 차례대로 붙이는 것은 해당 괘에서 주체가 되는 효(주사효主事爻)를 구분하기 위한 것이다. 즉 궁괘인 건괘는 아직 효의 변화가 없으므로 상효가 괘의 주체인 주효가 되고, 첫효가 변한 1세괘는 초효, 2세괘는 2효, 3세괘는 3효, 4세괘는 4효, 5세괘는 5효, 유혼괘는 역으로 돌아서서 다시 5효, 귀혼괘는 4효가 주효가 되는 것이다. 나머지 7궁괘도 이와 같은 규칙을 따른다.

이처럼 한 괘에서 세효가 있으면 이에 응하는 응효가 있다. 세世·응應은 바로 세효世爻와 응효應爻의 관계를 말한다. 즉 한 괘의 주체와 객체의 관계를 나타내는 것이다. 말하자면 나와 상대의 관계를 말하는 것이다. 세효와 응효는 초효와 4효, 2효와 5효, 3효와 상효가 상응한다. 8궁에서 궁괘의 세효는 상효이므로 응효는 3효가 되고, 1세괘는 초효가 세효가 되므로 4효가 응효가 되며 나머지 3개 괘도 이와 같이 이루어진다.

경방은 한 효에서 주主가 되는 세효世爻를 정하고 이에 대응하는 효를 응효應爻라고 하여 괘의 주체와 객체을 나타낸다.

2) 육친과 중심효(주사효主事爻)

육친이란 나를 기준으로 나를 낳아준 부모, 나의 형제, 내가 낳은 자녀, 나를 제재하는 관귀官鬼(과거에는 주로 관공서에서 백성에게 제재를 가했으므로 '관官'이라고 함, 귀신鬼神은 사람에게 불리한 영향을 주거나 심신을 제약한다고 생각해 '귀鬼'라고 함), 내가 통제를 할 수 있는 '처재妻財'(과거에 아내와 재물은 내가 소유하고 통제를 가할 수 있다고 보아서 부인과 재물 등을 처재라고 일컬음) 등 여섯 가지를 말한다.

경방역에서 육친관계는 팔궁을 기준 오행으로 삼고 소속된 괘의 효위에 붙인 지지의 오행과 상극관계를 따져서 육친을 정한다.

예컨대 건乾괘는 금궁金宮이므로 金을 기준으로 하여, 초효 자수子水는 금金이 생하는 것이므로 자손子孫이 되고, 2효 인목寅木은 금金이 이겨 소유할 수 있으므로 '처재妻財'가 되며, 3효 진토辰土는 금金을 낳아주는 것이므로 부모가 되고, 4효인 오화午火는 금金을 이겨 제약하는 상대이므로 관귀官鬼라 하고, 5효 신금辛金은 금金과 동류이므로 형제가 되며, 상효 술토戌土는 금金을 낳아주는 것이므로 부모가 된다.

성방역에서 육친효는 점괘를 해석하는 데 있어서 매우 중요하다. 왜냐하면 점을 하는 내용이 어떤 육친에 해당하는지를 구분할 수 있기 때문이다.

다시 말해 우주만물을 유사한 부류로 구분하지 않고 통째로 길흉을 판단하기는 사실상 어려운 일이다. 따라서 우주만물을 육친으로 구분하여 점하고자 하는 일을 해당 육친에 배당하고, 이 육친을 중심으로 괘의 오행과 각 효의 오행간의 상생상극관계를 고려하여 길흉을 결정할 수 있다는 말이다.

이때 점하고자 하는 일에 해당되는 육친효六親爻를 용효用爻, 용신효用神爻 또는 주사효主事爻라고 한다. 그러므로 점하는 목적이 어떤 것인가에 따라 용신用神에 적용되는 육친六親이 달라진다.

그리고 용신효를 낳아주거나 도움이 되는 효를 원신原神, 용신효를 이겨서 제재를 가하는 효를 기신忌神, 기신을 돕는 효를 구신仇神이라고 한다.

용신, 원신, 기신, 구신의 구분은 점괘를 해석하는 데 있어 오행의 상생상극을 통한 길흉판단에 매우 필요한 일이다.

왜냐하면 용신을 도와주는 원신이 있으면 용신이 힘을 얻게 되지만, 반대로 용신의 힘을 빼는 기신이 있고 또 기신을 돕는 구신까지 있다면 용신은 힘을 잃어 아주 불길한 상황에 처하기 때문이다.

4. 드러나고 숨은 화복禍福 : 비飛 · 복伏

앞서 소개한 바와 같이 각 궁괘는 정해진 오행이 있다. 건乾괘와 태兌괘는 금金, 이離괘는 화火, 진震괘와 손巽괘는 목木, 감坎괘는 수水, 간艮괘와 곤坤괘는 토土에 해당한다. 그리고 각 궁괘의 효에는 지지를 붙인다고 했다. 예를 들면 건乾괘는 아래부터 위로 자子 · 인寅 · 진辰 · 오午 · 신辛 · 술戌의 지지가 붙여진다. 그러므로 건괘의 6효는 아래로부터 차례로 자수子水, 인목寅木, 진토辰土, 오화午火, 신금辛金, 술토戌土가 된다. 즉 건괘의 6개 효에는 오행이 모두 갖춰있다.

그런데 건乾괘의 1세괘인 구姤괘는 축토丑土, 해수亥水, 유금酉金, 오화午火, 신금辛金, 술토戌土가 된다. 이렇게 보면 구姤괘의 효에는 오행 가운데 토, 수, 금, 화는 있으나 목은 없다. 그런데 부족한 오행 목木은 본궁괘인 건괘의 6효 오행 가운데 숨어있다고 보는 것이다. 즉 구姤괘의 부족한 오행 木은 乾괘의 2효인 寅木에 숨어있는 것이다. 이때 乾괘의 2효인 寅木은 비신飛神, 姤괘의 지지오행 木은 복신伏神이라고 부른다. 비신은 오행이 드러나 있고, 복신은 오행이 드러나지 않고 숨어있다는 의미다.

이처럼 경방의 괘변에 의한 64괘 중에는 팔궁괘와 건궁乾宮의 대유大有괘, 감궁坎宮의 절節괘 등 20개 괘는 육친을 모두 갖추고 있으나 나머지 40여 괘는 1내지 2개의 육친이 결여돼 있다.

그러므로 점괘를 뽑아 오행의 상생 상극관계를 따져서 길흉을 판단하기 위해서는 숨어 있는 오행(비신의 오행)을 찾는 것이 필요하다. 점괘의 해석에서 비신은 이미 드러난 일을 나타내고, 복신은 아직 드러나지 않은 일로 추정한다.

5. 동動 · 변효變爻와 나아가고(진進) · 물러남(퇴退)

시초를 헤아려 처음 얻은 괘를 정괘正卦 또는 본괘本卦라고 한다. 그런데 한 괘를 얻는 과정에서 초효부터 상효까지 효를 구할 때마다 각 효는 소양 7, 노양 9, 소음 8, 노양 6으로 구분된다.

이 때 음양의 근본 성질상 양효는 강건하여 움직여 나가므로 양수陽數는 7에서 9로 발전한다고 보아서 7을 소양이라 하고 9를 노양이라고 한다. 또 음효의 성질은 유순하여 후퇴하는 것이므로 음수陰數는 8에서 6으로 후퇴한다고 여겨 8을 소음, 6을 노음이라고 한다.

즉 처음 괘를 얻었을 때 양효로서 9의 수를 얻은 효는 동효動爻이므로 곧 소음으로 변화하게 되고, 음효로서 6의 수를 얻은 효는 노음으로서 바로 변화하여 소양으로 변화하게 된다.

본괘가 변하여 된 괘는 변괘變卦 또는 지괘之卦라고 부른다. 그리고 이때 본괘에서 노양과 노음으로 변화하는 효를 동효라고 하며, 동효가 변하여 변괘를 이루면서 소양과 소음이 된 효를 변효라고 부른다.

이때 본괘에서 동動한 효가 변하여 바뀐 변효가 지지地支오행의 자·축·인·묘·진·사·오·미·신·유·술·해로 나아가는 정상적인 순서로 변화한 것을 진신進神이라고 하며, 후퇴한 것을 퇴신退神이라고 부른다.

예를 들어 진토에서 축토로, 유금酉金에서 인목寅木으로 변한 것은 지지오행의 순서상 각각 후퇴했으므로 퇴신이라고 칭한다.

괘의 길흉을 판단할 때 효가 동하여 변효가 되는 것은 일의 긴밀한 연속성이 있음을 의미한다. 즉 동효와 변효 사이에는 원인과 결과 또는 시작과 끝이라는 관계가 발생한다. 그러므로 동효가 변하여 변효가 될 경우는 변효가 동효에 어떤 영향을 주는 가를 살필 필요가 있다.

6. 길흉판단

1) 용신 정하기

경방역점에서 길흉판단은 앞서 설명한 준비과정을 거친 다음 점을 치고자하는 일이 어떤 육친효에 해당하는 지를 정해야 한다. 즉 용신을 찾는 일이다. 예를 들어 자기 자신의 점을 친다면 세효가 용신이 된다. 부모의 점을 친나면 부모효, 재물에 관한 점은 재효, 나를 구속하고 관할하는 일에 관한 점은 관귀효, 형제·친구 등에 관한 것은 형제효, 자손에 관한 것은 자손효가 용신이 된다.

2) 오행의 생극관계로 길흉 판단

용신을 정한 다음에는 이 용신을 중심으로 월령, 일진, 원신, 기신, 구신, 동효, 변효 등의 오행과 상생상극 관계, 그리고 용신효의 공망여부 등을 종합적으로 세밀하게 따져서 길흉을 판단한다.
경방역점의 길흉판단의 예를 들어본다.

예를 들어 형이 위독한 아우의 병이 어찌될까를 묻는 점을 친다고 하자. 점을 친 날의 월건과 일진은 진辰월 병신丙申일이고, 점괘는 기제旣濟괘가 혁革괘로 변했다.
기제괘의 팔궁 소속은 감坎괘궁의 3세괘이다. 감궁의 오행은 수水가 되고, 3세괘이므로 아래로부터 3번째 효가 세효世爻가 된다. 효에 붙이는 지지는 내괘와 외괘를 구분하여 각각 어느 궁의 괘인가를 살펴서 해당되는 괘의 지지를 붙인다.
그렇게 하면 아래 괘는 이離괘이므로 초효부터 차례로 묘卯·축丑·해亥가 되고, 위의 괘는 감坎괘이므로 감궁의 지지인 신申·술戌·자子가 된다.
다음은 기제괘 소속궁의 오행 水를 기준으로 하여 괘의 초효부터 차례로 생극관계를 따져 육친을 정하면 초효는 자손효, 2효는 관귀효, 3효는 형제효, 4효는 부모효, 5효는 관귀효, 상효는 형제효가 된다.
그런데 여기에는 처재효가 나타나지 않았다. 즉 처재효가 복신이 된 것이다.
이 점에서 재물효를 중점으로 볼 일은 없으나 소속 궁괘의 어느 효에 복신됐나를 찾아보자. 감궁괘에서 재물은 오화午火가 된다. 그런데 오화는 본궁괘인 감괘의 3효가 오화午火가 된다. 즉 이 괘에서 재효는 본궁괘 3효 밑에 숨어있다고 보는 것이다.
그리고 이 괘에서는 4효 신금辛金효가 동하여 형제 해수亥水효로 변하여 기제旣濟괘가 택화혁澤火革괘가 됐다.
또 공망여부를 살펴보면 일진 병신丙申일을 기준으로 보면 병신은 4순에 속하여 진辰과 사巳가 공망인 데, 이 괘의 여섯 효 중에는 진토辰土와 사화巳火가 없다. 그러므로 공망은 해당이 없는 것이다.
이렇게 길흉판단을 위한 준비를 마치고 본격 길흉판단 과정으로 들어가보자. 먼저 용신은 형제의 일을 점치는 것이므로 형제효가 된다.

기제괘 (감궁水)	혁괘 (감궁水)
형제 子水 -- 응효	--
관귀 戌土 —	—
부모 申金 -- x	
처재 午火/형제 亥水 — 세효	— 亥水 형제
관귀 丑土 --	--
자손 卯木 —	

따라서 이 괘에서는 해수亥水 형제효가 용신인데, 진월이 극하고 있으나 일진 신금辛金이 생을 하고, 다시 신금효가 동하여 생조하고 있다. 위험에 이르렀지만 구제함을 얻었다. 당일 유酉시에 명의가 나타나 구제하여 살아났고 해亥일에 완쾌됐다.[132]

다시 말하면 용신인 해수亥水가 월건 진토辰土의 극을 받아 힘을 얻지 못한 것이다. 그러나 일진 신申금과 동효의 도움을 받아 쇠한 상황을 반전시켜 왕상한 힘을 가지게 되었다.

역수에 의한 예측

1. 역수예측의 의미

역수에 의한 예측은 괘를 뽑지 않고 역수로만 길흉을 예측하는 방법이다.

---

132) 왕홍서王洪緒, 『복서정종卜筮正宗』, 中國 華齡出版社, 2007, 263쪽. "辰月丙申日 占弟病業已臨危 得旣濟之革卦 — 斷曰 此卦亥水兄弟爲用神 辰月剋之 申日生之 又得申金動交生之 臨危有救 果于本日酉時得名醫救治 亥日痊愈"

괘를 뽑는 수가 역수易數이며, 역수는 태양력과 태음력을 조율한 음양합력을 나타내는 수이기 때문에 역수曆數를 말한다.

음양합력은 간지로 기록하므로 역수曆數는 곧 간지라고 할 수 있다.

앞서 설명한 바와 같이 간지는 음양은 물론 오행의 특성을 가지고 있는 부호다. 그래서 우주의 시간과 공간상의 모든 변화를 파악할 수 있는 특성이 있다.

2. 역수에 의한 예측의 종류

1) 태을구궁술太乙九宮術

이른바 전통적으로 기을임奇乙壬 삼식三式으로 불리는 대표적 3대 술수의 하나로 꼽힌다.

태을구궁술은 태을술 또는 태을수라고도 한다. 태을은 북신北辰의 신神으로서 태일太一이다.

『남제서南齊書 : 고제본기高帝本紀』[133]는 태을술이 한나라 고조 5년부터 남조의 송宋나라 정명禎明 원년元年까지의 치란을 예측한 일을 기록하고 있다. 이것으로 보면 태을술이 한나라 초에 이미 전해졌음을 알 수 있다.

태을술은 『역위易緯 : 건착도乾鑿度』에 나오는 태을이 구궁을 운행하는 법에 근본을 둔다. 태을은 9궁에서 중궁 5궁을 제외하고 8궁을 3년씩 머물며 지나가서 24년에 한 바퀴를 돈다. 이렇게 태을의 9궁 순행에 5원6기를 채용하고, 8장將을 배치하여 길흉을 점단한다. 그런데 오원五元은 갑자甲子 · 병자丙子 · 무자戊子 · 경자庚子 · 임자壬子를 말하며, 육기六紀는 60갑자를 말한다.

---

133) 『남제서』는 남조의 양나라 537년에 소자현이 편찬한 것으로 남조 제나라(479-502)의 역사를 담고 있음.
134) 태을술의 방법은 청나라 건륭제가 편찬한 사고전서에 실린 「太乙金鏡式經」에 약술돼있다.

즉 태을술은 음양오행의 간지로 태을의 운행에 따라 인사에 나타나는 길흉을 예측하는 것이다.[134]

2) 육임과六壬課

육임과는 인사의 길흉성패를 예측하는 점술로 선진시대에 이미 식반점법式盤占法[135]이 있었다. 동한 이후에는 부호정식符號程式으로 바뀌었다.

삼식의 하나인 육임과의 점법은 점을 치는 날의 간지를 기준으로 삼고, 점치는 달의 월장月將과 점치는 날의 간지, 점치는 시간의 지지로 육임과식을 만든다. 이어서 오행의 생극관계로 육친과 12천장天將을 배치하고 삼전三傳(초전初傳·중전中傳·말전末傳)과 사과四課(제1과·제2과·제3과·제4과)의 생극관계로 길흉을 판단한다.

육임과는 비록 720식이지만 일을 결단할 때는 반드시 본인의 나이를 결합하여 뒤섞는 복잡한 과정으로 변화가 무궁하다.

육임과 역시 구궁에 음양오행의 간지를 사용하여 길흉을 점단하는 점에서 역수에 의한 예측법의 하나인 것이다.

3) 기문둔갑奇門遁甲

기문둔갑은 시간과 방위를 사용하여 천시天時·지리地利·인화人和의 가장 우수한 방안을 선택하는 점법이다.

기문둔갑은 천반天盤·인반人盤·지반地盤과 6의儀3기奇, 9신神, 부두符頭 등으로 배국포반排局布盤을 하여 길흉을 판단한다.

---

135) 1977년 중국 안휘성 부양현 여음후의 묘에서 3개의 盤이 출토됨. 그 가운데 하나는 육임식반이고, 또 하나는 태일구궁점반이며 마지막 하나는 28수 원반이다.

천반은 구성九星으로 천봉天蓬 · 천예天芮 · 천충天沖 · 천보天輔 · 천금天禽 · 천심天心 · 천주天柱 · 천임天任 · 천영天英이다.

지반은 휴休 · 사死 · 상傷 · 두杜 · 개開 · 경驚 · 생生 · 경景의 팔문八門이며, 지반은 구궁 팔괘를 말한다.

6의는 무戊 · 기己 · 경庚 · 신辛 · 임壬 · 계癸를 말하고 3기는 을乙 · 병丙 · 정丁이다.

9신은 직부直符 · 등사螣蛇 · 태음太陰 · 육합六合 · 구진句陳 · 주작朱雀 · 구지九地 · 구천九天을 말한다.

기문둔갑에서는 동지부터 하지까지는 양기가 상승하므로 양둔을 쓰고, 하지부터 동지까지는 음기가 자라므로 음둔을 쓴다. 그런데 시간을 표시하는 간지와 24절기를 밀접하게 연계시키기 위해 정수 · 초신 · 접기 · 치윤의 방법으로 상원의 부두와 절기를 조정해야 한다. 이렇게 하여 일종의 기문둔갑 일력日曆을 산출하는 것이다.

여기서 부두를 붙이는 일은 1절기의 15일을 상 · 중 · 하의 3원으로 나누면 1원은 5일이 되는데, 이때 1원의 제1일을 부두로 삼는 것을 말한다.

이렇게 하여 시간과 방위를 선택하여 길흉을 판단하는 것이다. 기문둔갑은 하도 낙서 팔괘 구궁 등 천문지리의 모든 이론 상황을 포괄하지만 이는 모두 천문역수로 파악할 수 있다. 그래서 간지역수가 필수라고 할 수 있다.

4) 사주명리四柱命理

사람이 태어난 연월일시를 가지고 그 사람의 운명을 예측하는 법을 사주명리라고 한다. 사주는 연월일시의 천간 지시를 합하면 8개 글자의 간지가 되므로 사주팔자라고도 부른다.

대표적인 사주명리법은 자평명리학을 들 수 있다. 자평명리학은 사주팔자의 간지를 보고 먼저 공간적으로 이른바 격국格局을 구성하는 지 못하는 지의 여부를 살핀다. 격국이란 쉽게 말하면 한 사람의 사주를 그릇에 비교했을 때 그릇의 대소와 질의 좋고 나쁨 등을 판단하는 것이다. 따라서 격국이 훌륭하게 이루어졌다고 하면 그 사람의 사주는 부귀영달할 수 있는 재질을 갖췄다고 보는 것이다.

격국은 공간적인 상황인데 비해 대운大運과 소운小運이라는 시간적 측면도 살펴봐야 한다. 사람의 사주에는 각자 타고난 격국과 함께 운명의 흐름이 어떻게 흘러가는 지도 암시가 돼 있다. 아무튼 사주명리학 역시 간지로 사람의 길흉화복을 예측하기 때문에 역수에 의한 예측법이라고 할 수 있다.

5) 풍수지리

사람이 살아가는데 있어 길한 곳이나 죽어서 평안히 잠들 수 있는 곳을 찾는 풍수지리 또한 역수와 관련이 깊다.

풍수지리법에는 길지의 위치나 생김새 등을 보고 길한 곳인지의 여부를 가리는 방법에서 형기법形氣法과 음양오행의 조화와 흐름을 중심으로 길지를 찾는 이기법理氣法이 있다.

이기법의 경우 좌향을 보는 것은 24방향 가운데 어느 쪽을 뒤쪽으로 하고, 앞쪽은 어느 방향으로 정해야 길한가를 보는 것이다. 좌향을 정하는 일의 판단 기준은 간지가 되는 것이다. 더 나아가서 어느 특정한 곳의 기운의 흐름이 어떤 주기를 갖고 있는 지를 파악하는 데도 간지가 이용된다.

3. 객관적 합리성의 향상

역수에 의한 예측방법은 괘상에 의한 예측에 비해 객관적 합리성이 크게 향상된 것이다.

앞서 말한 바와 같이 괘를 뽑아서 길흉을 판단하는 방법은 괘를 뽑는 과정에서 사람과 천지자연 간의 감응과정이 필요하다.

이때 감응이 이루어지지 않으면 얻은 괘가 길흉판단의 근거로서 부족할 수밖에 없다.

천지자연과 점치는 사람 사이에 감통이 없으면 점치는 사람의 문제에 대해 천지자연의 답이 올바른 것이 될 수 없기 때문이다.

하지만 역수에 의한 예측은 괘상을 뽑지 않기 때문에 감통의 과정이 필요 없다. 순수하게 천지자연이 생성 발전 변화하는 규율에 따라 다가올 일의 상황을 예측하는 것이기 때문이다.

2. 괘를 얻는 방법에 따른 분류

도구를 쓰는 법과 상·수로 얻는 법

점괘를 얻는 방법은 시초나 동전 혹은 책의 쪽수 등 도구를 사용하는 법과 물상을 보거나 사물의 고유한 수로 괘를 얻는 법으로 구분할 수 있다.

또 도구를 사용하여 괘를 얻는 법은 다시 정서법·중서법·약서법으로 구분된다.

1. 도구를 쓰는 법

도구를 쓰는 경우의 대표적인 것은 시초 혹은 산대를 사용하는 것이다.

50개의 산대를 가지고 태극·양의·사시·윤달을 상징하는 수를 덜어내고 남는 수로 사상의 수를 구해서 괘를 만드는 것이다.

또 시초나 산대 대신 동전을 던지거나 책장을 세어서 나온 수로 괘를 구하는 방법도 있다. 시초를 대신하는 방법 중에서 대표적인 것은 동전을 던지는 방법이다. 이것을 척전법擲錢法이라고 한다.

그런데 도구를 쓰는 법은 본래의 정상적인 설시구괘법에 의해 18변을 거쳐 괘를 구하는 본서법本筮法과 6변을 거쳐 괘를 구하는 중서법中筮法, 3변만 거치는 약서법

略筮法의 3종류가 있다. 여기서는 일반적으로 알려진 본서법[136] 을 제외하고 중서법과 약서법을 간략히 소개한다.

1) 중서법

1. 50개 시초에서 1개를 빼어 점대통에 넣어둔다. - 태극을 상징함
2. 점할 일을 고함 - 점고의식에 정신집중하고 한 순간 호흡을 멈추고 점대를 양 손에 갈라쥔다.
3. 왼쪽 천책, 오른쪽 지책으로 갈랐으면 오른쪽 지책에서 한 개의 점대를 덜어 자신의 앞에 둔다. 이 덜어낸 1개는 인책이 됨. 이어서 지책도 인책 옆에 섞이지 않게 놓아둔다.
4. 왼쪽에 남은 천책의 수를 센다. 수는 2개씩 4번 더는 것을 한 번으로 삼는다. 즉 여덟 개씩 덜어내는 것이다.

덜어낼 때 '춘 · 하 · 추 · 동' 식으로 셈하면서 덜어내는 것이 쉽다.
여덟 개씩 덜어내다 보면 마지막 남은 점대는 1에서 8사이가 된다. 만약 점대가 1개 남았으면 인책으로 빼놓은 1개와 합쳐서 2를 얻은 것이 된다.
점대가 2가 남았으면 인책과 합쳐서 3을 얻은 것이고, 점대가 4가 남았으면 인책과 합쳐서 5를 얻은 것이고, 7이 남았다면 8을 얻은 것이고, 8을 얻었다면 8은 0으로 보고 인책 1만을 수로 삼는다. 그리고 얻은 괘수를 괘상(팔괘)으로 삼아서 효를 만들면 된다. 乾 · 震 · 坎 · 艮괘는 양효로 삼고, 兌 · 離 · 巽 · 坤괘는 음효로 삼는다. 乾양효와 坤음효는 동효로 삼는다. 맨 처음 갈라서 나온 효를 초효로 삼고, 그 다음은 2효 …차례로

---

[136] 본서법은 졸저 『주역 읽기 첫걸음』(보고사, 2012), 161-171쪽 참고 바람.

위로 올라간다.

이렇게 하면 점대를 한 번 갈라서 1개효를 얻으므로 대성괘를 얻으려면 6번 가른다. 그래서 中筮法을 6서법이라고도 한다.

2) 약서법

1. 50개 시초에서 1을 덜어 태극을 삼고,
2. 나머지 49개를 왼손에 잡고 둘로 나누어 좌천책 우지책의 양의를 삼는다.
3. 우측의 지책을 책상에 놓고 그 가운데 1개를 뽑아서 왼쪽 새끼와 약손가락 사이에 낀다. -이것은 인책이다.
4. 천책을 2개씩 4번, 즉 8개씩 단계적으로 덜어내고 남은 것과 인책을 더해서 팔괘를 결정한다. 1건천, 2태택, 3이화, 4진뢰, 5손풍, 6감수, 7간산, 8곤지 이렇게 하여 내괘를 정하고, 다시 한번 되풀이해서 외괘를 정한다. 합하여 대성괘이룸.
5. 효위를 구하기 위해 같은 방법으로 하되 2개씩 3번 덜어내고, 남은 수에 인책을 더해 나온 수가 1이면 초효, 2면 2효, 3이면 3효가 된다.
6. 이렇게 하여 괘와 효가 얻어지면 해당 사에 대해 단의 상사와 효사를 참고로 길흉을 판단한다.

※ 약서법은 사상을 구하는 절차가 생략돼서 변효가 없다. 따라서 변효를 구하는 절차를 하는 것이다.

척전법은 설시법의 중서법에 해당한다.
① 동전을 세 개 준비한다.
② 동전의 앞뒤면 가운데 어느 한쪽을 양효의 면으로, 반대쪽은 음효의 면으로 정한다.
③ 앞에 설명한 점치는 마음과 자세로 점치고자 하는 내용을 주문하고 동전 세 개를 손 안에 모아서 흔든 다음 바닥에 던진다.

④ 던져서 나온 동전의 면을 살펴서 양효 면이 1개고, 음효 면이 2개면 소양효, 음효 면이 1개이고, 양효 면이 2개이면 소음효, 3개가 모두 양효면이면 태양효, 3개가 모두 음효 면이면 태음효가 된다.
⑤ 이렇게 동전을 여섯 차례 던져서 6개 효를 구한 다음 앞의 괘 그리기 절차대로 밑에서부터 효를 그어서 괘를 완성하면 원하는 점괘를 얻을 수 있다.

사물의 상과 수로 괘를 얻는 법

산대를 세거나 동전을 던지지 않고 사물을 보고 역수를 얻거나 연월일시를 역수로 전환하는 방법으로 괘를 만드는 것을 말한다.

이 방법의 대표적인 것은 매화역수梅花易數다. 매화역수는 북송의 소옹이 창안한 것으로 전해진다. 소옹은 어느날 두 마리의 참새가 나무 가지에서 싸우다가 땅에 떨어지는 것을 보고 수를 일으켜서 괘를 만들었고 한다. 그래서 이렇게 괘를 얻는 법을 관매점수觀梅占數 내지는 매화역수라고 하는 것이다.

매화역수는 점을 치는 순간의 연월일시나 해당사물의 수를 8로 나누고 남는 수로 괘를 정하고, 6으로 나누어서 남는 수로는 변효를 결정하는 방법이다.

괘를 얻는 법에 따른 점법의 종류

1. 문왕과文王課

문왕과는 시초蓍草 대신 동전을 던져서 괘를 얻는 점법이다.
길흉의 판단은 척선擲錢으로 얻은 점괘를 경방역점법으로 해석하여 길흉을 판단한다. 그래서 오행역점이라고 한다.

당송 이래 가장 유행하던 점법으로 한나라 경방역에서 유래한다. 현재 전하는『복서정종卜筮正宗』·『증산복역增刪卜易』·『단역천기斷易天機』·『단역대전斷易大全』·『문왕과비전文王課秘傳』등은 모두 경방서법의 내용을 전하는 책들이다.

2. 화주림火珠林

화주림은 당나라 말기에서 송나라 초기의 마의도자麻衣道者라는 사람이 창안한 것으로 전해진다.
그러나 괘를 뽑는 법이 문왕과 마찬가지로 척전에 의한다. 그러므로 화주림은 문왕과의 일종으로 본다.

3. 매화역수

매화역수는 시초나 동전 등 도구를 사용하지 않고 사물의 상을 관찰하거나 점치는 순간의 시간만으로 괘를 얻는 법이다. 앞서 상과 수로 괘를 얻는 법에서 간략한 설명을 하였다.

VI

역으로 예측이 가능한 근거

역으로 예측이 가능한 근거

주역周易으로 점을 쳐서 미래예측이 가능하거나 역의 이치로 사람의 질병을 진단하고 처방하여 치료가 가능한 근거는 무엇인가?

필자는 이런 것이 가능한 근거가 있는가를 물으려는 것이 아니다. 역에 의한 예측이나 질병치료는 실증된 사실이다. 그렇다면 그런 것이 가능한 근거가 확실히 존재할 것임에 틀림없다. 그래서 그런 것이 가능한 근거를 합리적으로 명확하게 설명해보려는 것이다. 역에 의한 예측이나 의술이 분명 실증된 것이지만 그 근거를 합리적으로 명확하게 설명하지 못하고 그저 "그런 것이 가능하기 때문에 역이 신비하다는 것이다."라고 한다면 이것은 학문을 포기하는 것이나 마찬가지라고 생각한다.

특히 이런 상황에서는 더 이상의 역학의 발전을 기대할 수 없을 것이다. 이런 이유로 필자는 여기서 역으로 예측이 가능한 근거를 체계적으로 정리해본다.

1. 자연법칙과 인간법칙의 동일성

만물일체성萬物一體性

천지자연과 그 속에 포함된 모든 만물은 근본적으로 하나라는 것이다. 옛 사람들이 이렇게 생각하는 것을 만물일체관 또는 천인합일관이라고 한다.

그런데 옛 사람들이 관찰과 경험과 깊은 사색을 통해 이런 생각을 하게 된 당시로서는 이것을 '만물일체관' 또는 '천인합일관'이라고 부를 수 있다.

하지만 이런 관점이 현실로 확인된 이후에는 '만물일체성'이나 '천인합일성'으로 바꿔 불러야 한다. 왜냐하면 만물일체관이 실제로 확인된 관점이기 때문이다.

우주만물이 하나라는 것을 처음으로 글을 통해 주장한 사람은 노자다. 그는 "도가 하나를 낳고, 하나는 둘을 낳고, 둘은 셋을 낳고, 셋이 만물을 낳는다."[137]라고 말했다. 이것은 우주만물이 도에서 나왔다는 말이다.

그런데 노자가 말하는 도는 우주만물이 근원하는 곳이고, 이 근원에서 나온 만물의 운행법칙을 말한다. 『도덕경』 제1장에는 도가 천지의 시작이고, 만물의 어머니라고 밝히고 있다.[138] 또 제25장에서는 "혼돈스럽게 뒤섞여 있는 물건이 있는데, 이것(도)은 천지보다 앞서 생겨났다."[139]고 한다.

노자가 말하는 도를 『주역』에 비유하면 '역易'과 같은 말이다. 『주역』은 주나 때 지어진 역서易書다. 이 역서에 쓰인 '역'자는 바로 우주의 근원이자 운행 법칙을 말하기 때문이다.

그런데 『주역』은 "역에 태극이 있으며, 태극은 양의를 낳고, 양의는 사상을 낳고, 사상은 팔괘를 낳으며, 팔괘가 길흉을 정하고, 길흉이 대업을 낳는다."[140]고 한다.

여기서는 팔괘가 길흉을 정하고 길흉이 대업을 낳는다고 하여 점서와 관련된 말을 하고 있지만 역에서 나온 팔괘를 겹쳐서 64괘를 만들고 64괘의 384효가 만물에 대응하기 때문에 결국 역易이 만물을 낳는 것이다. 『주역』도 만물의 근원은 역의 태극이라고

---

137) 노자, 『도덕경』 제42장, "道生一道生一 一生二 二生三 三生萬物"
138) 『도덕경』 제1장, "無 名天地之始 有 名萬物之母"
139) 『도덕경』 제25장, 有物混成 先天地生 … 可以爲天下母"
140) 「계사전」 상11장, "易有太極 是生兩儀 兩儀生四象 四象生八卦 八卦定吉凶 吉凶生大業"

말하는 것이다.

표현은 다르지만 노자나 『주역』은 모두 만물은 하나에서 나왔다고 한다. 만물이 하나에서 나왔다는 것은 다시 말하면 만물은 하나와 같다는 말이다. 즉 만물일체萬物一體라는 것이다.

자연과 인간의 감통感通

천지자연과 인간이 한 뿌리에서 나왔다면 천지자연과 인간이 서로 감응하여 통할 수 있다는 것은 분명한 일이다. 본래 하나에서 나온 것인데 서로 감통하지 않는다는 것은 논리적으로 맞지 않는다.

『주역』은 시초를 세어서 점괘를 얻는 일은 아무런 잡념이 없고 헛된 행위를 하지 않고 고요하게 움직임이 없는 상태에서 천지자연과 감응하여 천지자연의 이치를 꿰어 통할 수 있다고 말한다.[141]

이 말은 점치는 자와 천지자연이 서로 감응하여 통한다는 것이다. 그렇기 때문에 점치는 사람의 궁금한 문제에 대해 천지자연은 괘를 통해서 그 해답을 알려주는 것이다.

『주역』은 또한 같은 것끼리는 서로 감응할 수 있는 근거를 명쾌하게 설명한다.

건乾괘「문언전」에는 "같은 소리는 서로 응하며, 같은 기운끼리는 서로 구해서 물은 젖은 곳으로 흐르고, 불은 마른 곳으로 향한다."[142]라는 설명이 있다.

그런데 이 말이 과학적 시각에서 볼 때 맞는 말인가? 결론부터 말하면 당연히 옳은 말이라고 할 수 있다.

'같은 소리는 서로 응한다'는 말은 현대과학에서는 '공명共鳴' 내지는 '공진共振'으로 표

---

141) 「계사전」 상10장, "易 无思也 无爲也 寂然不動 感而遂通天下之故"
142) 『주역』 건乾괘 「문언전」, "同聲相應 同氣相求 水流濕 火就燥".

현된다. 공명이라는 것은 예를 들어 진동소리가 같은 소리굽쇠를 접근시켜서 한쪽을 때리면 다른 쪽 소리굽쇠도 같이 울리는 것을 말한다. 즉 같은 주파수끼리는 공명한다는 이치가 공명원리인 것이다. '같은 기운끼리는 서로 구한다'는 말도 역시 과학적으로 증명되는 이치다.

각각 태극을 품고 있는 만물

태극에서 만물이 나왔으므로 만물은 각자 태극을 품고 있다는 논리도 성립하게 된다. 비유하자면 자식이 부모의 유전자를 이어받는 것과 같은 이치인 것이다.

태극 혹은 도라는 하나에서 만물이 나왔다는 것은 각각의 만물은 태극의 모든 정보를 갖고 있는 것이다.

예를 들어 사람의 압축된 정수精水 속에는 수억의 정자精子가 활동하고 있는데, 이 정자는 사실상 각각의 아주 작은 사람이라고 할 수 있는 것이다. 보다 현실적으로는 동물의 세포를 떼어서 이것으로 전체를 복원해내는 것을 예로 들 수 있다. 근래 개와 소 등의 동물의 복제가 이루어지고 있다.

이렇게 하나의 개체에서 떼어낸 세포로 전체를 복원할 수 있다는 것은 무엇을 말하는가? 바로 그 작은 세포는 자신이 속한 전체의 모든 유전자 정보를 가지고 있다는 것이다.

이런 이치를 적용한 것을 한의학에서 볼 수 있다. 예컨대 사람의 손과 발바닥이나 귀에는 인체의 모든 부위와 연계된 신경이 모여 있다고 한다. 그래서 배가 아픈 사람에게 손가락에 침을 놓아서 복통을 치료할 수 있는 것이다.

이렇게 하나의 태극에서 나온 만물이 태극의 모든 정보를 가지고 있다는 것을 달리 정리하면 '전체와 하나는 천제이면서 하나이고, 그 하나는 다시 전체를 포함한다'고 말할 수 있다.

이런 근거로 보면 삼라만상의 어떤 미물도 천지자연의 모든 법칙과 그것에 따르는 변화의 특성을 포함하고 있는 것이다.

그래서 노자는 "사람은 땅을 본받고, 땅은 하늘 본받으며, 하늘은 도를 본받고, 도는 자연을 본받는다."고 말한다.[143]

이렇게 자연의 법칙과 인간의 법칙이 하나라는 것이 분명하게 드러난다.

2. 자연법칙의 내용

『주역』이 추구하고자 하는 것은 천도天道를 미루어 인사人事를 밝히는 것이다. 천도란 자연의 운행법칙이며, 인사는 사람이 살아가는 일을 말한다. 그런데 자연과 인간이 본래 하나이기 때문에 사람은 자연의 법칙을 알아야 이를 준칙으로 하여 생활할 수 있다. 그러면 자연법칙의 내용은 무엇인가? 자연법칙은 곧 우주론이라고 할 수 있다. 우주론은 다시 우주만물이 어디서 어떻게 생겨났는가에 관한 우주생성론과 우주만물이 어떤 규율에 따라 생성 발전 변화하는가에 관한 우주변화론으로 대별해 볼 수 있다.

그런데 앞에서 만물은 하나에서 나왔다는 만물일체성은 실은 우주생성론이라고 할 수 있다.

그러므로 이하에서는 우주만물의 변화에 관한 규율을 알아보기로 한다.

우주만물은 음과 양이 대립하면서 서로 이루어주는 과정을 주기적으로 반복한다. 이것을 변증원리로 표현하면 음양의 대립통일성對立統一性, 음양의 질량호변성質量互變性, 주기순환성周期循環性이라고 할 수 있다.

---

143) 노자, 『도덕경』 제25장. "人法地 地法天 天法道 道法自然"

우주만물은 또 음양의 법칙 뿐 아니라 오행의 법칙에 따라 생장소멸의 과정을 순환한다.

음양의 원리

1. 음양의 대립통일성對立統一性

모든 만물은 대립상태로 존재한다. 노자의 말을 빌리면 유와 무는 서로 낳아주고, 어려움과 쉬움은 서로 이루어주고, 길고 짧음은 드러나게 하고, 높고 낮음은 서로 기울며, 음과 소리는 서로 조화하며, 앞과 뒤는 서로 따른다. 이것이 세상의 변함없는 모습이다.[144)

또 세상 사람이 모두 아름다움이 아름다운 것으로 알지만, 아름다움에서 추함도 생겨난다. 모두 선함을 선한 것으로 알지만, 선함에서 선하지 않음도 생겨나는 것이다.[145)

『주역』은 이렇게 만물이 대립상태로 존재하는 것을 양의 '-'효와 음의 '--'효로 상징하고 있다. 그래서 『역경』의 64괘는 모두 대립 상태를 보이고 있다. 양의 효만 6개로 이루어진 건乾괘와 반대로 음의 효 6개로 이루어진 곤坤괘는 서로 대립한다. 마찬가지로 태泰괘와 비否괘도 대립한다. 괘효사에도 대립개념이 존재한다. 예를 들면 길흉吉凶 · 유무有無 · 선후先後 · 상하上下 · 진퇴進退 · 손익損益 · 초종初終 등이 있다.

음과 양은 서로 대립 내지는 마주하면서 서로 이루도록 돕는 성질이 있다. 앞에 말한 노자의 대립개념에 대한 예를 보면 쉽게 알 수 있다. 어두움과 밝음은 서로 대립하는 개념이지만 어두움이 있기 때문에 밝음이 존재할 수 있다.

---

144) 『도덕경』 제2장, "有無相生 難易相成 長短相形 高下相傾 音聲相和 前後相隨 恒也"
145) 『도덕경』 제2장, "天下皆知美之爲美, 斯惡已 皆知善之爲善, 斯不善已"

음양은 또 대립하면서 서로 의존하는 것은 물론 강약強弱의 자리를 서로 바꾼다. 예컨대 낮이 다하면 밤이 되고 밤이 다하면 낮이 되고, 추위가 다하면 더위가 오고 더위가 다하면 다시 추위가 오는 것과 같다. 이를 전화轉化한다고 말한다.

음양이 이렇게 상호 대립하고, 의존하며, 전화하는 것을 대립통일이라고 한다.

그런데 만물은 바로 이런 대립통일성을 갖고 발전 변화한다. 이것이 자연의 변화 규율이다. 그래서 『주역』은 이것을 일러서 한 번은 음이 작용하고, 한 번은 양이 작용하는 것을 도[146] 라고 하는 것이다. 음양의 대립통일은 '하나가 둘이 되고, 둘은 하나를 이룬다(一分爲二 合二而一)'는 말로 정리할 수 있다. 「계사전」에서 "역에 태극이 있는데, 태극이 양의를 낳는다."[147] 고 하는 것은 음양이 둘로 나뉘어져서 대립 상태를 보이는 것을 말한다. 그리고 "음과 양이 그 덕을 합하여 강함과 부드러움의 체가 된다."[148] 고 하는 것은 대립하는 음과 양이 합하여 하나를 이룬다는 것이다.

음양은 이렇게 서로 마주하고(상대相對), 서로 필요로 하며(상대相待), 서로 반대하고(상반相反), 서로 이루어주면서(상성相成) 만물을 이루는 것이다. 그래서 이것을 음양의 상반상성성相反相成性이라고 한다.

그렇기 때문에 일음일양의 대립통일률로 『역경』의 모든 괘를 해석할 수 있으며, 일체의 자연·사회·인사의 발전 변화 현상을 해석할 수 있는 것이다.

2. 음양의 질량호변성質量互變性

음과 양은 서로 대립하면서 이루어주기도 하지만 힘의 강약의 자리를 바꾼다.

---

146) 「계사전」 상5장, "一陰一陽之謂道"
147) 「계사전」 상11장, "易有太極 是生兩儀"
148) 「계사전」 하6장, "陰陽合德而剛柔有體"

이것을 좀 자세히 말하면 음과 양은 한쪽의 양量이 증가하면 다른 쪽의 양量은 줄어든다는 것이다. 이렇게 하여 量이 증가하여 극에 이르면 질이 변한다.

예를 들면 해는 아침에 솟아 저녁에 지는데, 아침부터 저녁까지 해가 하늘에 떠 있는 시간이 쌓이게 되면 밤으로 전환한다. 다시 해가 지고 밤이 시작돼 밤 시간의 양이 쌓여서 극에 이르면 다시 해가 솟아 낮으로 변화한다.

양이 음이 되고, 음이 양이 되는 것은 量의 변화가 쌓여서 질質의 변화를 가져오는 것이다. 量의 변화는 사물事物이 연속적으로 점차 확연히 드러나지 않게 수량이 변화해 가는 것이다. 이에 비해 질의 변화는 사물이 근본적으로 변화하는 것이다. 질변은 일종의 비약飛躍으로서 보통 돌변突變이라고 표현한다.

양변과 질변의 관계는 다음과 같이 정리 할 수 있다.

① 양의 변화는 질의 변화를 준비하는 것이다. 즉 양의 변화가 없으면 질의 변화가 생기지 않는다.
② 양의 변화가 극에 달하면 질의 변화가 일어난다.
③ 질의 변화를 거쳐서 새로운 질의 기초로부터 새로운 양의 변화가 시작된다.
④ 이렇게 양변과 질변은 순환 왕복하면서 사물은 무한히 발전한다.

『역경』에서 질량호변을 나타내는 괘는 매우 보편적이다. 예컨대 산지박괘山地剝卦와 지뢰복괘地雷復卦 같은 경우다. 역학에서 질량호변률을 가장 잘 보여주는 것으로는 맹희의 12소식괘를 들 수 있다.

> 그림 10   12월괘와 음양소장도

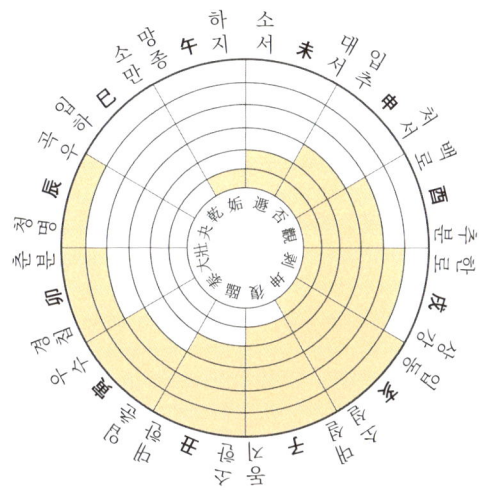

이 그림에서 보면 순양의 건乾괘는 태양이 북쪽 끝까지 올라와 양기陽氣가 절정을 이룬 때이다. 이후 태양이 남쪽을 향하여 이동하기 시작하면 건괘의 맨 아래 효부터 음의 효로 변화하기 시작하여 양의 기운이 줄어들고 음의 기운이 자라는 상황을 나타내고 있다.

이렇게 해서 음기의 양이 쌓여 극에 달하면 순음純陰의 곤坤괘가 된다. 남쪽 끝까지 내려간 태양이 다시 북쪽으로 이동을 시작하여 양기가 자라기 시작하면 곤괘의 초효부터 양효로 변화하기 시작한다.

이 그림은 추위가 가면 더위가 오고, 더위가 가면 추위가 오는 자리바꿈을 통해 한 해를 만드는 것을 잘 보여주고 있다.[149]

---

[149] 「계사전」 하5장, "寒往則暑來 暑往則寒來 寒暑相推而歲成焉"

그래서 『주역』은 "음과 양이 자리를 바꿈으로써 변화가 일어난다."[150]고 한 것이다.
『역경』에서 자주 언급되는 중정中正 · 중화中和 · 중행中行 · 중도中道의 개념은 모두 음양의 질량호변률에 근거한 말이다.

한 사물의 발전에 있어서 음과 양의 양 쪽이 서로 균형을 이루는 상태를 유지하면 질의 변화가 일어나지 않는다. 이것은 바로 정상적인 상태로 좋은 것이고 길하고 이로움이 있다고 보는 것이다. 그런데 음과 양의 어느 한 쪽이 일정 정도를 넘어서 극에 이르면 질변을 이루게 된다.

『역경』은 바로 이런 자연의 질량호변률을 괘로 상징하였기 때문에 때와 자리를 중하게 여기는 것이다.

3. 음양의 주기순환성

만물은 앞서 이야기 한 바와 같이 대립통일의 과정을 거치며 발전한다. 무엇보다 만물은 이 대립통일의 과정을 반복하여 순환한다.

만물이 각각 가지고 있는 대립통일의 한 과정에 걸리는 시간을 주기라고 한다. 그러므로 만물은 각각의 주기에 따라 반복순환하므로 이것을 주기순환성이라고 한 것이다.

『역경』의 괘상은 하나의 물상을 대표하는데, 모두 시작이 있으면 마침이 있고, 마침이 있으면 다시 시작한다. 이것은 1주기를 나타내는 것이다. 그래서 복復괘 괘사에서는 "도를 반복하여 7일 만에 와서 회복한다."[151]고 한다. 한 괘의 효가 6개이지만 6개의 효는 만물의 생성변화과정을 담고 있다. 도를 반복하여 7일 만에 회복한다는 것에서도 역시 만물의 순환성을 간파할 수 있다.

사물이 극에 이르면 반대 방향으로 변해가는 것을 도의 운동이라고 할 수 있다.

---

150) 「계사전」하1장, "剛柔相推變在其中矣"
151) 『주역』 복復괘 괘사, "反復其道 七日來復"

그런데 이렇게 반대 면으로 간 것은 반드시 다시 돌아온다는 것이다. 그래서 도는 오고 가는 것을 반복하게 마련이다. 즉 만물은 낳고 소멸하는 과정을 반복 순환하는 것이다. 이것을 '주행周行'이라고 한다.

그래서 노자는 "혼돈스럽게 뒤섞여 이루어진 물건은 순환 운행하여 낳고 낳는 것을 그치지 않는다. … 이것을 억지로 이름 붙여 도라고 한다. 억지로 이름하여 크다고 한다. 크면 가고, 가면 멀어지고, 멀어지면 돌아온다."[152]고 한다. 또 "만물이 다투어 일어나지만 그것은 결국 근본으로 돌아감을 나는 안다."[153]고도 한다.

『주역』은 "도라는 것은 자주 옮겨 다니며 변동하여 머물러 있지 않고 여섯 자리에 두루 흐른다."[154]고 한다.

노자도 만물은 대립하면서 서로 전화하며, 이런 발전과정을 반복하여 순환한다고 보는 것이다.

64괘의 차서를 나타내는 원도를 보면 건乾 · 곤坤 괘에서 시작하여 기제既濟 · 미제未濟 괘를 거쳐 다시 乾괘로 돌아와서 순환한다.

여기서 주목할 것은 태극도를 비롯해 64괘차서원도 등은 직선이 아니고 곡선의 원을 이루고 있다는 것이다. 이것은 우주의 운동이 직선이 아니라 모두 원형이라는 것을 말하는 것이다. 현대 과학에서도 우주의 궤도가 둥글며, 만물의 성장 발전도 모두 곡선을 그리고, 무수한 소원권이 대원권을 구성하며, 무수한 대원권이 초대원권을 구성한다고 본다.

---

151) 『주역』, 복復괘 괘사. "反復其道 七日來復"
152) 『도덕경』 제25장. "有物混成 … 周行而不殆 … 强字之曰道 强爲之名曰大 大曰逝 逝曰遠 遠曰反"
153) 『도덕경』 제16장. "萬物竝作 吾以觀其復"
154) 『계사전』 하8장. "爲道也屢遷 變動不居 周流六虛"

오행의 원리

1. 오행의 의미

역학에서는 우주만물을 목木 · 화火 · 토土 · 금金 · 수水 다섯 가지 유형으로 분류한다. 이 다섯 가지 유형의 목 · 화 · 토 · 금 · 수를 오행五行이라고 한다. 오행은 단순하게 만물을 분류하기 위한 것이 아니다. 만물은 오행의 작용에 의해 생성되고 소멸한다. 즉 우주변화의 순환과정이 오행의 작용으로 설명되고, 파악될 수 있다.

오행의 '行' 자는 '척彳' 자와 '촉亍' 자로 구성된 것이다. 여기서 '彳' 자는 '다리에 힘이 없어 가볍게 절며 걷는다는 의미, 즉 자촉거린다'는 뜻이고, '亍' 자는 '한 발을 들고 한 발로만 걷는다는 의미의 앙감질하다'는 뜻이다. 즉 사람이 자촉거리며 앙감질한다는 것은 평탄하지 못하고 뒤뚱거리며 일진일퇴하는 모습을 보여주는 것이다.

그러므로 '行' 자는 가고(왕往) 온다(래來)는 뜻을 담고 있다. 이런 예는 '은행銀行'이란 단어에서 쉽게 확인할 수 있다. 은행은 돈(은자銀子)이 들락날락하는 곳을 말한다. 돈이 오가는 곳이다. 우리나라에 신문물이 들어오면서 서양 물건을 들여다 판매하는 가게에 '양행洋行'이라는 이름을 붙인 경우가 많았다. 즉 양행은 수입물건을 판매하는 곳이란 뜻이다.

따라서 오행은 다섯 부류로 분류되는 우주만물이 일진일퇴 즉 왕래순환하며 변화하는 과정을 설명하는 상징적이고도 함축적 의미를 담은 말이라고 할 수 있다.

이런 오행은 사람이 창조한 것이 아니라 우주가 변화하는 모습 즉 변화의 상을 관찰하고 경험하여 얻은 결과물이기 때문에 우주 변화의 순환 이치를 담고 있는 것이다.

그렇기 때문에 오행은 만물의 형태(물상物象)를 분류하기도 하고, 물상을 성질별로 묶기도 하며, 만물을 이루는 기운의 유형을 표시하기도 한다.

오행별 특성을 살펴보자. 오행에 대한 아래 설명은 일부분일 뿐이며 그 특성은 같은 이치로 무한히 미루어 확장할 수 있다.

1) 목

목木이라고 하면 단순히 나무를 말하지만 생명이 피어나서 쭉쭉 하늘을 향해 뻗어가며 자라는 성질을 나타내기도 한다.

또 싹을 틔우고 자라나는 생명의 기운을 목의 기운이라고도 한다. 1년 중에 생명이 싹트는 계절은 봄이기 때문에 봄을 오행 중에 목으로 구분한다.

생명이 활동을 시작할 수 있으려면 따뜻한 기운이 있어야 하는데, 온기는 태양이 비춰야만 유지되므로 아침에 태양이 처음 솟아오르는 동쪽을 목의 방향으로 판단한다.

봄의 색은 푸르다. 그래서 목의 색은 청색이다.

2) 화

목의 특성과 같은 이치로 싹을 틔워 자라난 생명은 성장하게 되면 무성함을 자랑하고 꽃을 피우게 되는데, 이때는 한 여름이며 무더운 철이다. 이글거리는 태양은 불꽃과 같아 염천炎天이라고 할 정도다.

한낮의 해는 남쪽에 위치하므로 남방이 화火의 방향이 된다. 물상으로는 불을 말하지만 불의 성질과, 염천의 기운 등이 오행의 화로 분류된다. 꽃의 색이나 불은 붉다.

따라서 화의 색은 적색이 된다. 불이 타오르는 모습이나 솟구치는 열기 등에서 기운의 확산을 느낄 수 있다. 즉 화는 기운의 분산작용을 의미한다.

3) 토

토土는 흙을 말한다. 초목은 땅에 뿌리를 박고 지탱하며 자란다. 사람도 땅을 밟고 생명을 유지한다.

땅은 사시사철과 사방의 중심에서 치우침 없이 자애로움과 포용력으로 만물을 받아들이고 보호한다. 이런 물상은 물론 그 성질과 기운 모두 토에 해당한다. 땅의 색은 누르다. 즉 황색이다. 그래서 토는 중화성中和性을 갖는다.

4) 금

금金은 쇠붙이다. 차갑고 예리하여 살기가 느껴진다. 1년 가운데 이런 기운을 나타내는 때는 가을이다.

무성하게 자라서 꽃을 피운 초목은 열매를 맺어 다음 세대를 준비한다. 한 세대를 마무리를 준비하는 계절이다.

가을에는 결실의 계절이기는 하지만 점점 온기는 물러가고 한기가 닥치면서 생명이 위축된다. 해가 서쪽으로 기울고 있는 것이다. 이것을 금으로 분류한다.

쇠붙이의 색은 백색이다.

5) 수

수水는 물이다. 물은 응축하려는 성질이 있다. 물이 따뜻한 기운에서는 수증기가 된다. 그러나 기온이 낮으면 엉겨서 물이 된다. 기온이 더 떨어지면 단단한 얼음이 된다. 겨울인 것이다. 겨울엔 생명이 죽음을 맞이하고, 설사 살아 있어도 속으로 생명의 기운을 감춘 채 동면에 들어간다.

하루 중에 해가 진 다음은 밤이고, 어두움이다. 이런 유형은 수에 해당한다. 어두움은 검은 것으로 표현한다.

남쪽은 따뜻하지만 북쪽은 춥다. 그래서 수는 북쪽에 해당한다.

2. 음양과 오행의 관계

태극이 천지 음양으로 갈라지고, 다시 사시사철의 사상으로 나뉘고, 8괘로 분화돼 만물을 이룬다고 했다. 즉 만물은 태극에서 2배수로 분화되는 것으로 설명됐는데, 오행은 어떻게 나온 것인가?

태극, 양의, 사상, 팔괘의 순서로 만물의 발전을 설명하는 것은 일반적으로 드러난 현상에 대한 설명이라고 할 수 있다. 만물은 태극으로부터 이와 같은 단계를 거쳐 발전하지만, 각각의 만물은 각자 태극을 포함하고 있다. 그렇기 때문에 만물을 포함한 우주를 대우주라고 하고, 사람을 포함한 각각의 만물은 소우주라고 하는 것이다. '만물각구일태극萬物各具一太極' 내지는 '태일분수太一分殊'라는 말이 그 설명이다.

태극이 음양으로 분화하는 과정은 '태극이 양의를 낳는다'로 표현할 수 있으나 그 과정에는 태극이 개재하고 있는 것이다. 즉 무극이 태극이고, 태극이 움직여 양을 낳고, 그 움직임이 극에 이르면 고요해지며, 고요함은 음을 낳고, 고요함이 극에 이르면 다시 움직인다. '한번 움직이고 한번 고요함(일동일정一動一靜)'은 서로 그 뿌리가 된다. 음과 양이 나뉘어 양의가 선다고 주자周子[155]는 말했다. 즉 양이 되게 하고 음이 되게 하는 것은 태극이 그렇게 되도록 하는 것이다. 다시 말해 태극에서 음과 양이 나누어지지만 그렇게 되는 이면에는 태극의 이치가 작용하고 있는 것이다.

그런데 음양이 나뉘어서 나온 4상은 1년으로 보면 4시를 말하는 것이다. 4시는 봄·여름·가을·겨울을 말한다. 이 4시 가운데 봄과 여름은 양이고, 가을과 겨울은 음이다. 이 1년 4시를 주재하는 태극이 역시 존재한다. 그래서 실제로 4시가 진행되는 과정은 봄의 목, 여름의 화, 가을의 금, 겨울의 수와 양에서 음으로 바뀌는 여름과 가을 사이에 토가 중재하기 위해 끼어든다. 이렇게 해서 목, 화, 토, 금, 수의 오행이 되는 것이다. 다시 말하면 겉보기엔 1년이 4시 4철로 구분되지만 구체적으로 속까지 들여다보면 4시 4철을 주관하는 중심이 있다는 것이다. 그 중심이 토라고 하는 것이다. 즉 형식적으로는 4상으로 드러나지만(이것을 '체體'라고 함) 실제의 쓰임은 오행으로 작용하는 것이다(이것은 '용用'이라고 함).

---

155) 주자周子 : 본명은 주돈이周敦頤(1017~1073), 자는 무숙茂叔, 호는 염계濂溪. 중국 송나라 때 호남성湖南省 도영현道營縣 출생. 유학자로 도가사상의 영향을 받은 새로운 유교이론을 제시했다. 태극-음양-오행-남녀-만물의 순서로 세계가 이루어진다고 보았으며, 우주생성원리와 인간의 도덕원리가 같다는 생각 아래 도덕과 윤리를 강조했다. 『태극도설太極圖說』, 『통서通書』 등의 저서가 있음.

3. 오행의 상생相生과 상극相剋

천지자연의 가장 큰 덕德은 만물을 낳아서 기르는 일을 쉬지 않고 반복하는 것이다. 이것을 「계사전」에서는 "천지대덕왈생天地大德曰生"이라고, 또 "생생지위역生生之謂易"이라고도 말한다. 천지가 이렇게 만물을 낳아 기르는 일을 하는 과정과 이치를 압축적으로 설명하는 원리가 '오행의 상생과 상극'이다.

1) 상생相生

목은 화를 낳고(木生火), 화는 토를 낳고(火生土), 토는 금을 낳고(土生金), 금은 물을 낳고(金生水), 물은 목을 낳고(水生木), 다시 목은 불을 낳는 순서를 반복하는 것을 상생이라고 한다. 즉 겨울 다음엔 봄이 오고, 봄 다음엔 여름이 되며, 여름에서 가을로 넘어가는 단계에는 계하季夏라고 하는 토가 자리하고, 토 다음에 가을이 오고, 가을의 금 다음에 겨울의 수가 자리한다. 수는 다시 봄을 낳는 것이다.

자연은 이렇게 상생의 순환을 반복하며 이어지는 것이다.

> 그림 11   오행상생도

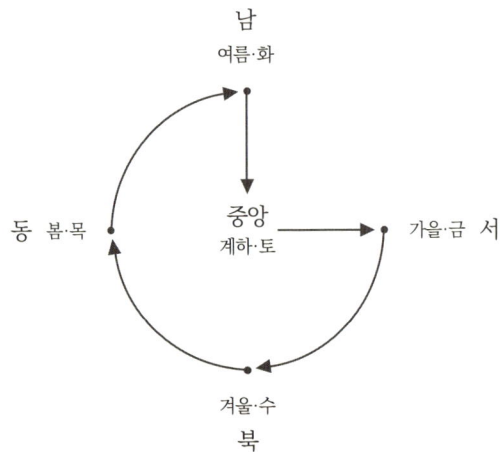

그림에서와 같이 천지자연은 계절의 순환을 따라 만물이 낳고, 자라고, 결실하고, 동면하고, 다시 태어나는 과정을 반복하는 것이다.

2) 상극相剋

계절의 순환이 이루어지기 위해서는 한 계절이 무한하게 계속되지 않고 일정한 정도에서 멈추고 다음 계절로 넘겨주는 미덕이 있어야 한다. 즉 계절의 순환을 가능하게 하는 작용을 설명하는 것이 '오행의 상극相剋'이다.

오행의 상극과정은 가을의 금金기운은 봄의 목木기운을 제지하고(金克木), 겨울의 수水기운은 여름의 화火기운을 제지하고(水剋火), 목기운은 땅의 토土기운을 제지하고(목극토木剋土), 화기운은 금기운을 제지하고(화극금火克金), 다시 금기운은 목기운을 제지한다. 예를 들어 봄의 목기운이 무성하게 자라고 뻗어나가는 과정을 멈추지 않는다면 여름은 오지 않는다. 그러므로 가을의 성장을 멈추게 하는 기운이 봄의 무한 성장을 제지함으로써 여름이 올 수 있는 것이다.

마찬가지로 여름의 무덥고 확산하는 기운이 멈추지 않으면 가을이 올 수 없다. 물의 응축하는 기운이 화기를 멈추게 해야만 가을이 올 수 있다.

그런데 여기서 여름 다음에는 토가 오고, 다음에 가을의 금이 오는 이유가 궁금할 것이다. 자연의 이치로 볼 때 여름은 불이고 가을은 금인데, 여름의 화기가 너무 치열하면 가을의 금기가 녹아버릴 수 있다. 즉 금기운의 가을이 화기의 여름을 직접 감당하기 어렵기 때문에 화기를 줄여서 안전하게 금기에게 넘겨주는 역할을 토가 담당하는 것이다. 이것을 음양론의 추상적 설명으로는 봄과 여름의 양과 가을과 겨울의 음을 경계 짓는 기준선에 토가 있게 된 것이라고 말한다. 이것이 계하라고 하는 것이다.

여기서 '삼복三伏더위'를 예로 들어보자. 1년 중에 하늘에서 양의 기운이 최고에 달하는 때는 하지다. 즉 하늘의 한여름은 하지라고 할 수 있다. 그러나 땅에서 한여름은 하지부터 한 달 뒤가 된다. 그 이유는 땅은 쉽게 데워지지 않고 서서히 달아오르기 때문에 태양이 지구의 북쪽 끝까지 올라온 다음 다시 남쪽으로 내려가기 시작한 지 한 달이 지나서야 최고로 더워진다. 그래서 절기로 하지 다음 보름 뒤에 작은 더위라는 소서小暑가 오고, 다시 보름 뒤에 큰 더위라는 대서大暑가 온다. 대서가 지나면 하늘에서는 이미 가을의 기운이 들어오기 때문에 입추立秋가 된다.

그런데 대서와 입추 사이에 1년 중 가장 덥다는 '삼복三伏더위'가 자리한다. '삼복'이란 석 삼三자와 무릎을 꿇는다는 '복伏' 자로 나타낸다. 즉 하지가 지난 다음 한 달 뒤에는 가을이 와야 하지만 여름의 더운 기운이 너무 거세어 가을 기운이 들어오려다 세 번이나 여름의 火기운에 무릎을 꿇은 다음에서야 본격적인 가을 기운이 도래한다는 의미가 있다. 초복, 중복, 말복의 삼복은 본래 24절기에는 들어있지 않지만 바로 계하를 나타내는 말이다. 또 가을의 차가운 金기운은 여름의 불기운이 아니면 녹일 수 없다. 그리고 물이 흘러가려는 성질은 흙이 아니면 막을 수 없다. 땅은 초목이 뿌리를 박고 자라지 않으면 생명을 기르는 일을 다 할 수 없다. 여기서 우리는 오행의 상생과 상극과정은 자연이 만물을 생生·장長·수收·장藏하는 일을 하기 위한 것임을 알 수 있다.

그림 12   오행상극도

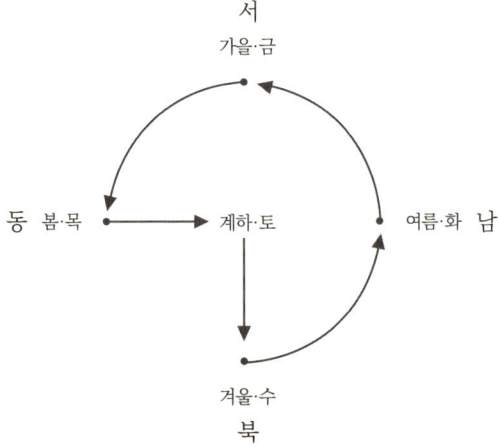

그런데 오행상극도는 오행상생도에서와 달리 오행의 작용하는 순서와 자리가 바뀐 것이 있다. 즉 여름의 화와 가을의 금이 서로 자리를 바꾼 것이다. 이것은 오행이 상생할 때는 순행하면서 양기의 확산을 위주로 하지만 상극작용을 할 때는 오행이 역행하면서 금과 화가 자리를 바꾸어 음기의 응축작용을 주로 하기 때문이다. 이것을 전문용어로는 금과 화가 자리와 역할을 서로 바꿨다는 의미의 '금화교역金火交易'이라고 표현한다.

4. 오행의 휴왕休旺

오행은 각각 기운이 왕성(왕旺)하고 쇠한(휴休) 때가 있다. 즉 오행은 각각 힘을 얻고 잃는 계절이 다르다.

그런데 오행의 휴왕은 세 가지 경우로 구분된다. 하나는 오행의 바탕이 되는 목, 화, 토, 금, 수의 경우이고, 둘은 간지에서 오행이며, 셋은 팔패의 오행이다.

여기서는 바탕 오행과 간지 오행의 휴왕을 설명한다.

1) 바탕 오행

가. 봄

봄에는 목의 기운이 왕성하다. 화는 목의 기운을 받기 때문에 봄에는 '상相'하다고 한다. '相'은 '돕는다'는 뜻이 있다. 토는 목에 죽임을 당하므로 기운을 완전히 잃게 된다. 그러므로 봄에 토는 '사死'하게 된다.

가을의 금은 봄의 목을 눌러 이기므로 봄에는 금의 힘이 빠지게 된다. 그래서 갇힌다는 의미의 '수囚' 자를 써서 '수'하다고 한다. 겨울의 물은 봄의 목을 낳아주었으므로 힘을 잃고 쉬게 된다. 그래서 '휴休'하다고 표현한다.

다시 정리하면 봄에는 목은 '왕'하고, 화는 '상'이 되며, 토는 '사'가 되고, 금은 '수'가 되며, 물(水수)은 '휴'하다고 말한다.

나. 여름
위와 같은 이치로 여름에는 화가 왕성하고, 토는 상이 되고, 금은 사가 되고, 수는 수囚하게 되고, 금은 사하게 되며, 목은 휴가 된다.

다. 계하(태음태양력으로 6월)
여름의 끝자락인 태음태양력으로 6월에는 토가 왕성하고, 금은 상이 되고, 수는 사하고, 목은 수하게 되고, 화는 휴하게 된다.

라. 가을
가을에는 금이 왕성하고, 수는 상이 되며, 목은 사하게 되고, 화는 수하고, 토는 휴하게 된다.

마. 겨울
겨울에는 수가 왕하고, 목은 상이 되며, 화는 사하고, 토는 수하고, 금은 휴하게 된다.

그림 13 바탕오행의 휴왕표

계절 \ 휴왕	旺	相	休	囚	死
봄	목	화	수	금	토
여름	화	토	목	수	금
계하	토	금	화	목	수
가을	금	수	토	화	목
겨울	수	목	금	토	화

2) 간지 오행

가. 봄
봄에는 천간天干의 갑을甲乙과 지지地支의 인묘寅卯가 왕하고, 천간의 병정丙丁과 지지의 사오巳午는 상하고, 천간의 임계壬癸와 지지의 해자亥子는 휴하고, 천간의 경신庚辛과 지지의 신유申酉는 수하며, 천간의 무기戊己와 지지의 진술축미辰戌丑未는 사하게 된다.

나. 여름
여름에는 병정·사오는 왕하고, 무기·진술축미는 상하며, 갑을·인묘는 휴하고, 임계·해자는 수하며, 경신·신유는 사하게 된다.

다. 계하
6월은 무기·진술축미는 왕하고, 경신·신유는 상하며, 병신·사오는 휴하고, 갑을·인묘는 수하고, 임계·해자는 사하게 된다.

라. 가을
가을은 경신·신유는 왕하고, 임계·해자는 상하며, 무기·진술축미는 휴하고, 병정·사오는 수하며, 갑을·인묘는 사하게 된다.

마. 겨울
겨울은 임계·해자는 왕하고, 갑을·인묘는 상하며, 경신·신유는 휴하고, 무기·진술축미는 수하며, 병정·사오는 사하게 된다.

그림 14   간지오행의 휴왕표

휴왕\간지	왕		상		휴		수		사	
	천간	지지	천간	지지	천간	지지	천간	지지	천간	지지
봄	甲乙	寅卯	丙丁	巳午	壬癸	亥子	庚辛	申酉	戊己	辰戌丑未
여름	丙丁	巳午	戊己	辰戌丑未	甲乙	寅卯	壬癸	亥子	庚辛	申酉
6월	戊己	辰戌丑未	庚辛	申酉	丙丁	巳午	甲乙	寅卯	壬癸	亥子
가을	庚辛	申酉	壬癸	亥子	戊己	辰戌丑未	丙丁	巳午	甲乙	寅卯
겨울	壬癸	亥子	甲乙	寅卯	庚辛	申酉	戊己	辰戌丑未	丙丁	巳午

5. 오행의 주기 순환성

음양과 마찬가지로 오행 또한 주기를 갖고 순환을 반복한다. 예를 들면 봄·여름·계하·가을·겨울의 오행 변화 과정이 1년을 이루며, 1년은 오행의 1주기가 된다. 오행의 주기는 1년만 있는 것이 아니다. 모든 우주만물의 시시각각의 변화는 오행의 주기를 갖고 있다. 1일 중에도 자정을 기준으로 시작하면 해자亥子시는 수, 축진미술丑辰未戌시는 토, 인묘寅卯시는 목, 사오巳午시는 화, 신유申酉시는 금이 된다. 또 날짜의 순환도 오행의 주기를 갖고 있다. 예컨대 1월 1일이 오행의 목이라면 2일은 화, 3일은 토, 4일은 금, 5일은 수가 되며, 다시 6일은 목의 순으로 반복한다. 그래서 날짜의 오행 순환주기 5일을 일후一候라고 하는 것이다. 또 1순은 2후, 1절기는 3후, 1달은 6후, 한 계절은 18후, 반년은 36후, 1년은 72후로 이루어진다.

3. 자연법칙을 읽는 도구

자연법칙을 읽을 수 있는 도구는 괘상과 역수 두 종류가 있다. 이것은 앞서 역의 예측 방법에서 나온 말이다. 여기서는 괘상과 역수로 자연법칙을 읽고 예측이 가능한 이유를 알아본다.

괘상

1. 팔괘취상八卦取象과 오행귀류五行歸類

1) 팔괘취상

우주 만물이 본래 하나에서 나왔지만 각각의 속성이 다르다. 이렇게 저마다 특성을 가지고 있는 만물의 생장소멸과정을 헤아리기는 물리적으로 어렵다.

그래서 『역경』을 지은 작자는 만물을 그 속성에 따라 8가지로 나눈 것이다. 그리고 이것을 토대로 64괘로 확장했다.

「계사전」에서는 만물은 속성이 같은 종류끼리 모여서 무리를 이룬다고 한다.[156]

이렇게 만물을 같은 종류로 나눌 수 있는 근거는 '같은 소리는 서로 감응하고, 같은 기운은 서로 통해서 물은 습한 곳으로 흐르며, 불은 마른 곳으로 나가는 속성'[157] 이 있기 때문이다.

이것을 '팔괘취상八卦取象' 또는 '취상비류取象比類'라는 말로 나타낸다.

---

156) 「계사전」 상1장, "方以類聚 物以群分"
157) 역경 건괘 「문언전」, "同聲相應 同氣相求 水流濕 火就燥"

2) 오행귀류

우주 만물의 분류방법으로는 팔괘취상과 함께 만물의 효용과 유형에 따라 오행으로 나누는 법도 있다.

이것은 만물을 오행에 귀속시켜 분류한다는 의미에서 '오행귀속五行歸屬' 혹은 '오행귀류五行歸類'라고 부른다.

오행귀류는 우주만물을 금·목·수·화·토의 오행에 나누어 배당하는 방법이다. 팔괘분류법이 만물의 모양과 마땅함을 형상화한 여덟 가지 괘로 상징하여 분류하는 데 비해 오행 분류법은 만물이 각자 가지고 있는 기운을 다섯 가지 유형으로 나누어 배당하는 방법이다.

3) 팔괘취상과 오행귀류는 같은 내용

팔괘취상과 오행귀속은 만물을 분류하는 항목 수자의 차이는 있으나 내용은 같다고 볼 수 있다. 왜냐하면 앞서 음양과 오행의 관계에서 설명한 바와 같이 우주만물이 태극에서 음과 양으로 나뉘고 다시 4상과 팔괘로 분화 발전하는 과정을 상징한 것이 팔괘취상법이라면, 오행귀속은 태극에서 음양과 4상으로 발전하는 과정에 태극이 항상 따라다니는 실제의 쓰임을 고려한 분류법이기 때문이다.

팔괘와 오행의 관계는 건괘와 태괘는 금, 이괘는 화, 손괘와 진괘는 목, 감괘는 수, 간괘와 곤괘는 토에 해당한다.

> 그림 15   팔괘와 오행 대비표

	1	2	3	4	5	6	7	8
괘명	乾	兌	離	震	巽	坎	艮	坤
상징	天	澤	火	雷	風	水	山	地
오행	金		火	木		水	土	

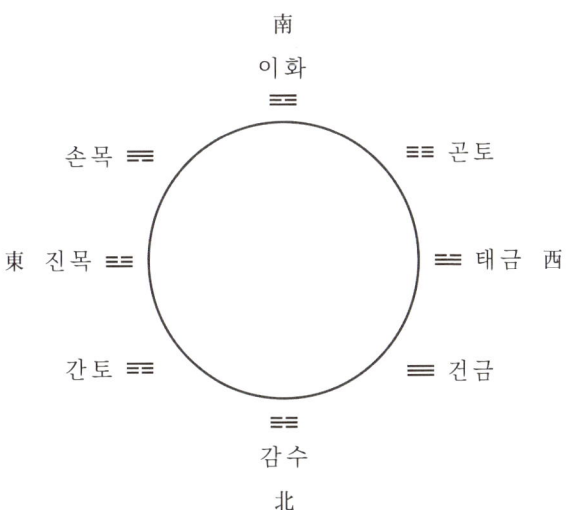

2. 유추類推

논리학 용어로 유추는 같은 종류의 사물이 공통으로 갖는 '속성'을 토대로 하여 아직 알지 못하는 같은 종류의 다른 사물을 추측하는 과정을 말한다.

그런데 앞서 말한 바와 같이 『역경』은 이미 우주 만물을 속성에 따라 8괘와 64괘로 분류했다.

그러므로 우주 만물은 같은 부류별로 공통의 속성을 가지고 있기 때문에 이 속성을 바탕으로 같은 부류의 다른 사물에 대한 예측을 할 수 있는 것이다.

특히 『역경』의 괘사와 효사는 과거의 사람들이 체험을 통해 몸소 터득한 일로서 속성이 같은 사물에 대한 유추를 가능하게 하는 경험적 도리가 담겨 있다.

무엇보다 속성이 같은 무리는 그것의 생장소멸의 과정인 순환주기가 같다. 따라서 같은 속성의 사물이 가지고 있는 순환주기의 과거의 동태를 잘 살핀다면 앞으로 일어날 상황에 대한 예측이 분명해지게 된다.

그래서 「계사전」은 "역수曆數를 치밀하게 계산하면 다가올 일을 알 수 있는데, 이것을 점占이라고 한다."고 한 것이다.[158]

역수曆數

1. 역수의 특성

1) 시공時空·음양오행陰陽五行 특성
역수는 간지와 같다는 것은 앞서 누차 이야기 했다. 또 간지가 시간성과 공간성을 가지고 있으며 음양과 오행의 성질도 있다는 것도 나온 이야기다.

2) 역수의 주기 순환성
간지는 10개의 천간과 12개의 지지로 구성된다. 그런데 10개의 천간은 양의 천간과 음의 천간이 각 5개이다. 이것은 음양과 오행의 특성을 가지고 있기 때문이다. 또 12개 지지는 음과 양의 지지가 각각 6개씩이다. 이 또한 음양의 성질로 인한 것이다.
따라서 천간지지는 최소한 한 번은 음이 되고, 한 번은 양이 되는 이치에 따라서 2의 주기가 있다. 또 오행의 성질 때문에 천간의 5주기가 있고, 지지의 6주기가 있다.
10천간은 10주기가 되고, 12지지는 12주기가 된다. 10천간과 12지지가 결합하는 60갑자는 당연히 60주기가 되고, 그 절반인 30주기도 성립한다.
60갑자가 6번 돌아서 1년을 이루는 360도 한 주기가 된다. 간지가 이렇게 다양한

---

158) 「繫辭」上 5장 極數知來之謂占

주기를 이루는 것은 우주 만물이 음양과 오행의 특성을 갖기 때문이다.

2. 역수의 용도

1) 역력曆을 기록하는 부호

간지는 연·월·일·시를 기록하는 역수曆數 부호다. 음양합력의 역법은 일년의 흐름을 나타내는 기년紀年, 달의 흐름을 표시하는 기월紀月, 날짜의 변화를 표시하는 기일紀日, 시간을 표시하는 기시紀時에 모두 간지를 사용한다. 그래서 음양합력은 간지력이라고 한다.[159]

2) 천문 방향의 표시

간지는 시간성과 공간성을 가지고 있기 때문에 간지로 역曆을 표시할 뿐 아니라 하늘과 땅의 좌표를 나타낼 수 있다. 이것이 바로 24향向이라는 것이다.

24향을 표시하는 데는 10개 천간 가운데 중앙을 표시하는 무戊와 기己를 제외한 8개 천간과, 12지지, 8괘 가운데 건乾·손巽·간艮·곤坤 4개 괘가 포함된다. 24향도二十四向圖는 지상의 방위는 물론 천상의 방위를 파악하는 중요한 방편이다.

천상의 별자리와 24향을 결합하여 보면 하늘의 다섯 방위 가운데 중앙을 제외한 동방東方의 창룡칠수蒼龍七宿는 간艮·갑甲·묘卯·을乙·진辰, 남방의 주작朱雀칠수는 손巽·사巳·병丙·오午·정丁·미未, 서방의 백호白虎칠수는 곤坤·신申·경庚·유酉·신辛·술戌, 북방의 현무玄武칠수는 건乾·해亥·자子·임壬·계癸·축丑의 방향이 해당된다.

---

159) 간지의 용도에 관해서는 졸저 『알기 쉬운 상수역학』(보고사, 2013년), 161-168쪽 참고.

또 적도를 12등분한 12차十二次 혹은 12분야十二分野는 양의 기운이 처음 발동하는 현효玄枵가 자子, 다음 성기星紀는 축丑, 석목析木은 인寅, 대화大火는 묘卯, 수성壽星은 진辰, 순미鶉尾는 사巳, 화鶉火는 오午, 순수鶉首는 미未, 실침實沈은 신申, 대량大梁은 유酉, 강루降婁는 술戌, 추자娵訾는 해亥의 방향이다.

그림 16 간지와 24절기 표시도

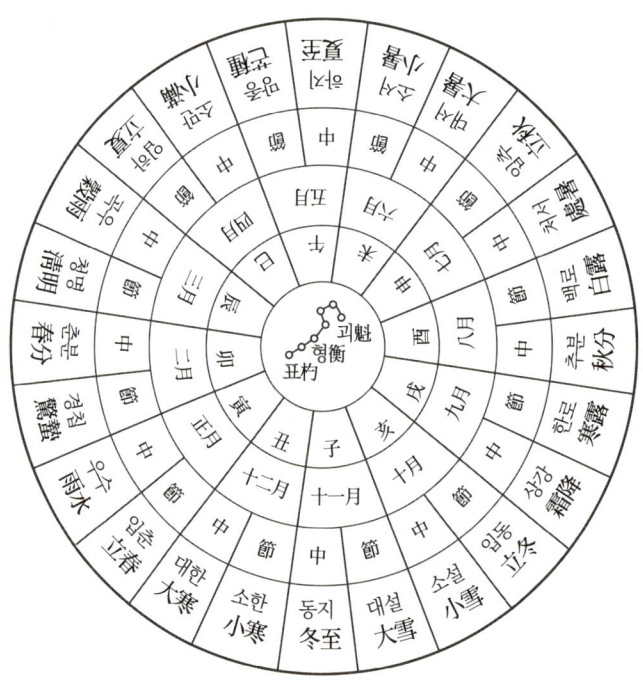

215

그림 17   간지와 24향도

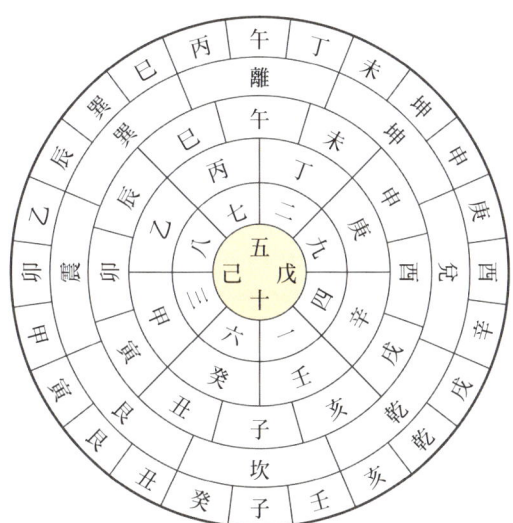

그림 18   12차·12진·28수 대응표

十二星次 12성차	壽수 星성	大대 火화	析석 木목 紀기	星성 紀기	玄현 枵효	娵추 訾자	降강 婁루	大대 梁량	實실 沈침	鶉순 首수	鶉순 火화	鶉순 尾미
二十八宿 28수	角각 亢항	氐저 房방 心심	尾미 箕기	斗두 牛우	女여 虛허	危위 室실 壁벽	奎규 婁루	胃위 昴묘	畢필 觜자 參삼	井정 鬼귀	柳류 星성 張장	翼익 軫진
地之分野 지지분야	鄭정 兗연 州주	宋송 豫예 州주	燕연 幽유 州주	吳오· 越월 楊양 州주	齊제 青청 州주	衛위 幷병 州주	魯노 徐서 州주	趙조 冀기 州주	晉진 益익 州주	秦진 雍옹 州주	周주 三삼 河하	楚초 荊형 州주
十二辰 12진	辰	卯	寅	丑	子	亥	戌	酉	申	未	午	巳

| 그림 19 | 북두성・28수와 절기 대응도

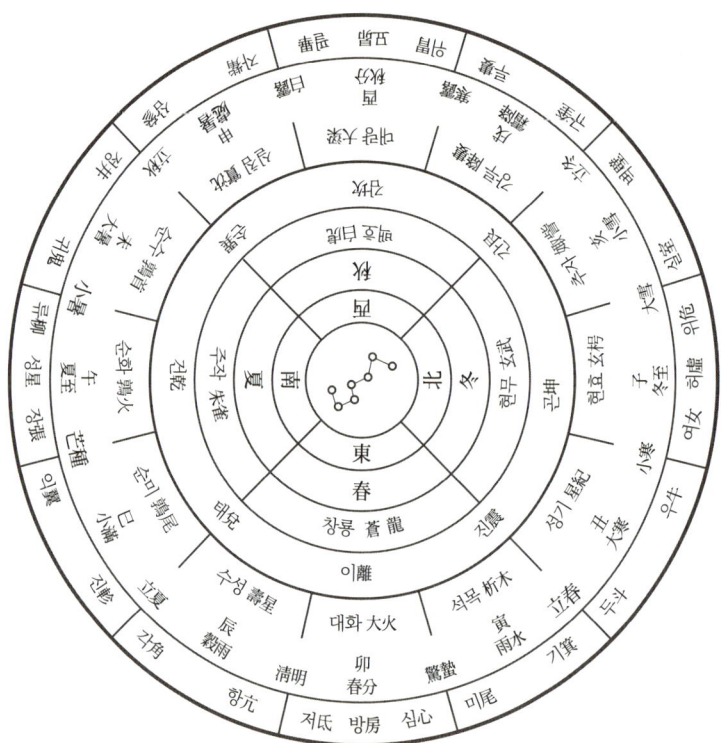

3) 기氣의 파악 수단

천간지지는 이렇게 역曆을 표시하고, 천상과 지상의 방향을 나타낼 뿐 아니라 계절별 기후를 파악하는데도 쓰인다. 예를 들어 자子월이라고 하면 동짓달, 축丑월은 섣달로 소한이 들어있다.

특히 오운육기五運六氣의 흐름을 구체적으로 계산하는 부호로 사용된다. 운기運氣는 동양의학을 구성하는 아주 중요한 부분이다. 한의학에서는 사람이 소우주로서 대우주인 천지자연의 절대적 영향아래 살아간다고 본다.

그래서 사람이 천지자연의 품에서 살아가려면 춘하추동의 사시변화규율을 파악하고, 사시의 변화규칙에 잘 적응해야 한다. 즉 기후변화와 질병발생이 밀접한 관계가 있다는 것이다. 그러므로 기후변화를 파악하는 것이 아주 중요한 것이다. 이것을 일러 운기학運氣學이라고 한다.

하늘에서 일어나는 목화토금수의 오운의 변화를 10간에 배합하고, 땅에서 진행되는 삼양삼음三陽三陰의 6기의 동태는 12지지에 배합하여 운기의 변화를 확실하게 파악할 수 있다.

3) 역수로 자연법칙을 읽을 수 있는 이유

간지가 시간과 공간을 표현한다는 것은 우주변화의 규칙을 나타낸다는 말과 같다.

간지가 이렇게 천지자연의 변화규율을 나타낼 수 있는 이유는 무엇일까? 그것은 북두성北斗星과 관계가 있다.

지구에서 천상을 관측할 경우 북두성은 하늘 중앙에서 사방을 제어하는 모습으로 나타난다. 그래서 『사기:천관서』에서 "북두성은 황제의 마차로서 중앙을 운행하며 사방을 제어한다."[160]고 말한 것이다.

북두성은 천구天球를 따라 매일 그리고 1년을 단위로 쉬지 않고 선회한다. 그런데 이렇게 선회하면서 북두성의 자루가 가리키는 사방의 방향도 달라진다.

예를 들어 하루 중 북두의 자루가 인寅방을 가리키면 인시가 된다. 축방을 가리키면 축시인 것이다. 마찬가지로 1년 가운데 북두가 인방을 가리키면 정월이 되고, 축방을 가리키면 섣달인 것이다.

---

160) 史記「天官書」, "斗爲帝車 運于中央 臨制四鄕"

즉 북두성이 하늘 가운데 자리하여 천구를 순환하며 가리키는 바에 따라 1년 12달과 24절기가 구분되고, 하루 12시진이 정해지는 것이다.

이렇게 천체의 순환으로 인해 하늘은 물론 땅에서 운기의 변화가 일어난다. 그리고 이 천상을 그대로 본떠서 우주의 시공변화를 파악할 수 있도록 하는 수단이 간지이다.

정리하면 간지는 음양오행의 성질과 시간과 공간의 특성을 가지고 있으면서 천문변화에 따른 기상과 물후物候의 변화를 동시에 파악할 수 있는 특수 만능 부호라고 할 수 있다.

하도 · 낙서의 원리

VII

하도 · 낙서의 원리

1. 하도 · 낙서의 진위 문제

하도 · 낙서에 관한 기록

선진先秦 고적인 『상서:고명편顧命篇』에는 "화산華山에서 나온 아름다운 옥과 동쪽 오랑캐의 구슬, 공 모양의 옥경玉磬, 황하에서 나온 점복占卜에 쓰는 팔괘도八卦圖는 동쪽 회랑에 놓았다."[161] 는 기록이 있다.

『논어』에는 "성왕의 징조인 봉황도 나타나지 않고, 황하에서는 등에 그림이 그려진 용마도 나타나지 않으니 나도 이제 그만인가?"[162] 하고 탄식하는 공자의 어록이 있다.

무엇보다 『주역周易』「계사전」에서 "황하에서 그림이 나오고, 낙수에서 서書가 나와서 성인이 이를 본받아서 역을 지었다."[163] 고 분명히 밝히고 있다.

이런 기록을 토대로 한 고증에 따르면 하도와 낙서는 하夏 · 상商 · 주周 삼대三代에 이미 세상에 전해졌으며, 천자와 제후는 모두 하도와 낙서를 보배로 여겨서 진귀하게

---

161) 「상서:고명편」, "大玉 夷玉 天球 河圖在東序"
162) 「논어"자한편」, "鳳鳥不至 河不出圖 吾已矣夫"
163) 「계사전」 상11장, "河出圖 洛出書 聖人則之"

잘 간직했다는 것을 알 수 있다. 당시 하도와 낙서를 중시한 정도를 알만하다. 하지만 춘추전국시대 이후 왕실에서 귀하게 보관한 내용이 보이지 않는다.

하도 · 낙서의 진위 논쟁

고대 경전인 『상서尙書』· 『논어論語』· 「계사전繫辭傳」등이 하도와 낙서에 관하여 언급하고 있으나 실제 그림은 전하지 않았다.

그러다가 중국 오대午代 말기에서 송대宋代 초기의 도교道敎 도사이자 도교학자인 진단陳摶(약 871-989)에 의해 하도와 낙서 등이 처음 세상에 나타났다. 이어서 주희朱熹(1130-1200)는 하도와 낙서를 그의 저서인 『주역본의』의 머리에 실어서 이것이 『주역』을 구성하는 주요 부분임을 강조했다.

이렇게 하도와 낙서가 세상에 모습을 드러내자 많은 역학자들이 하도와 낙서는 위조僞造된 것이라고 주장했다. 즉 그동안 없었던 하도와 낙서가 갑자기 나타난 것은 믿을 수 없는 일이라는 것이다.

이후 하도와 낙서에 대한 진위논쟁은 1977년 중국 안휘성安徽省 부양현阜陽縣 쌍고퇴雙古堆에서 발굴된 서한西漢의 여음후묘女陰侯墓에서 '태을구궁점반太乙九宮占盤'이 나옴으로써 종지부를 찍었다.

서한西漢의 태을구궁점반과 낙서의 일치

여음후묘에서 출토된 태을구궁점반은 『황제내경』의 영추구궁팔편과 완전히 일치한다.

그림 20   구궁팔풍도

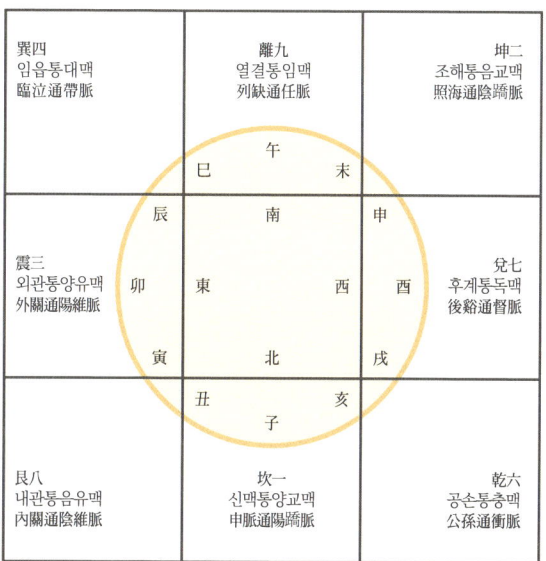

그림 21   태을구궁점반도

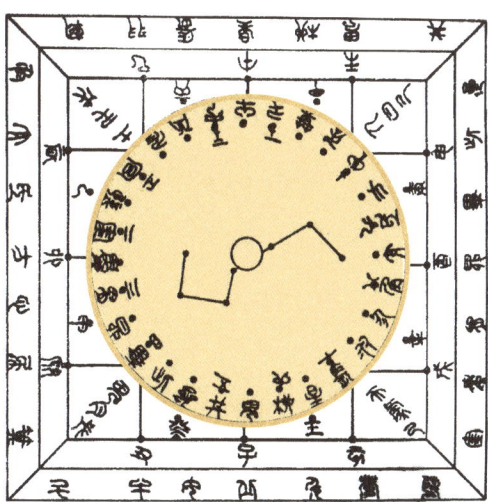

위의 두 그림과 낙서를 대비해보면 아래 1과 위의 9가 서로 마주하고, 위의 오른쪽 2와 아래 왼쪽 8과 마주하며, 위의 왼쪽 4와 아래 오른쪽 6이 마주하고, 중간 왼쪽 3은 중간 오른쪽 7과 서로 마주한다.

그림 22 낙서

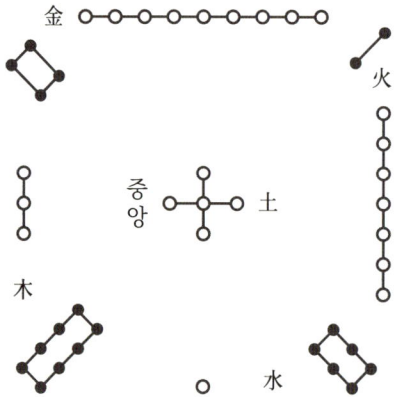

이렇게 태을구궁점반과 낙서를 대조해보면 서로 완전히 일치함을 알 수 있다. 이것은 곧 서한西漢 초기까지는 분명히 낙서가 있었다는 것을 증명하는 것이다. 그리고 낙서는 하도와 서로 체와 용의 관계를 이루고 있기 때문에 하도도 분명히 함께 존재했다는 것을 알 수 있다.

2. 하도의 연원

고대 10월력十月曆과의 관계
고대에는 10월력법이 있었다. 10월력법은 1년을 10개월로 하고, 매달은 36일이 되며,

1년은 360일이 된다. 그리고 한 달에 3개 절기씩 나누어서 1년에 30개 절기를 두었다. 즉 한 절기는 12일이 되는 것이다. 이것은 북두칠성의 자루가 가리키는 방향에 따라 절기를 나누어서 역법을 만든 것이다. 구체적으로 말하면 황혼무렵에 북두칠성의 자루가 동쪽을 가리키면 봄이 되고, 8개 절기 96일이다.

또 북두칠성의 자루가 황혼무렵에 남쪽을 가리키면 여름으로 7개 절기 84일이 된다. 역시 황혼에 북두칠성의 자루가 서쪽을 가리키면 가을로 9개 절기 108일이 되고, 북쪽을 가리키면 겨울로 6개 절기 72일이 된다.

즉 북두칠성이 구궁九宮을 따라서 한 바퀴 돌면 360일 1년을 이루는 것이다.

오성五星과의 관계

지구가 속한 태양계에는 태양을 중심으로 수성水星인 진성辰星 · 금성金星인 태백성太白星 · 지구地球 · 화성火星인 형혹성熒惑星 · 목성木星인 세성歲星 · 토성土星 · 천왕성天王星 · 해왕성海王星 · 명왕성冥王星 등의 별이 돌고 있다.

이들 별 가운데 지구를 중심으로 수성 · 금성 · 화성 · 목성 · 토성을 오성五星이라고 한다.

오성은 지구에서 보면 동쪽에서 나와 서쪽으로 진다. 그리고 목 · 화 · 토 · 금 · 수의 순서로 계절에 따라 북쪽 하늘에 출현하며, 그 궤도에 따라 태양이 접근하므로 옛 사람들은 오성으로 날짜를 계산하는 데 이용했다. 따라서 오성은 1년 중에 각각 72일씩을 차지하므로 오성이 하늘을 한 바퀴 도는 날짜 72일을 더하면 모두 360일이 된다.

그런데 이들 오성이 나타나는 규율을 보면 하도와 똑같다.

즉 수성은 매일 자子시와 사巳시에 북쪽하늘에서 볼 수 있다. 또 매달 1일과 6일 · 11일과 16일 · 21일과 26일에는 북쪽 하늘에서 해와 달이 수성과 만난다. 그리고 매년 1월과 6월 저녁에 북쪽 하늘에서 수성을 볼 수 있다. 이것은 하늘의 수數

1이 수水를 낳고, 땅의 수數 6이 이루어주어 1과 6이 수水가 되는 하도의 원리와 닮은 것이다.

화성은 매일 축丑시와 오午시에 남쪽 하늘에서 볼 수 있다. 그리고 매달 2일과 7일 · 12일과 17일 · 22일과 27일에 해와 달이 남쪽 하늘에서 만난다. 화성은 또 1년 중에 2월과 7월 저녁에 남쪽 하늘에 나타난다. 그래서 땅의 수數 2와 하늘의 수數 7이 화火가 되는 것이다.

목성은 매일 인寅시와 미未시에 동쪽에서 볼 수 있다. 또 매달 3일과 8일 · 13일과 18일 · 23일과 28일에는 해와 달이 동쪽에서 목성과 만난다. 목성은 매년 3월과 8월 저녁에 동쪽 하늘에 나타난다. 따라서 하늘의 수 3과 땅의 수 8이 목木의 수數와 같은 것이다.

금성은 매일 묘卯시와 신申시에 서쪽에서 볼 수 있으며, 매월 4일과 9일 · 14일과 19일 · 24일과 29일 해와 달이 서쪽에서 금성과 만난다. 또 1년 중 4월과 9월 저녁에 금성이 서쪽에 출현한다. 그러므로 땅의 수 4와 하늘의 수 9가 금金을 이루는 것이다.

토성은 매일 진辰시와 유酉시에 하늘의 중앙에서 볼 수 있으며, 매달 5일과 10일 · 15일과 20일 · 25일과 30일에 해와 달이 하늘 중앙에서 토성과 만난다. 그리고 1년 중 5월과 10월 저녁에 하늘 중앙에서 토성을 볼 수 있다. 이 때문에 하늘의 수 5와 땅의 10은 토의 수가 된다.

달과의 관계

달은 지구 주위를 도는 지구의 위성이다. 그래서 달이 지구를 한 바퀴 도는 1주기를 1달이라고 한다.

그런데 지구는 태양을 도는 태양의 위성이므로 달은 지구를 돌면서 동시에 지구를 따라서 태양의 주위도 돌게 된다. 이 때문에 지구에서 볼 때 달의 모습은 1달에 4개의 모습으로 나타난다. 즉 그믐달·상현달·보름달·하현달이 그것이다.

이렇게 달이 지구를 돌면서 보여주는 달의 모습을 월상月相이라고 한다. 따라서 각기 다른 4개의 달의 모습은 달의 사상四象이 된다.

여기서 우리가 알 수 있는 것은 달이 보여주는 월상의 변화를 통해 지구와 태양과 그리고 지구에 영향을 미치는 주요 별들의 운행법칙과 영향력을 읽어낼 수 있다는 것이다.

이 때문에 고대로부터 우주의 운행법칙을 담은 역학易學의 원리가 달의 관측에서 나왔다고 보는 주장이 설득력을 얻고 있는 것이다.

따라서 여기서는 먼저 월체납갑月體納甲을 간략하게 정리한 다음 이를 토대로 하도와 낙서가 월상과 관련이 있다는 것에 대해 소개한다.

1. 월체납갑

먼저 납갑納甲이란 용어부터 알아본다. 납갑은 8괘에 10개 천간天干을 배합하는 것을 말한다.

즉 건乾괘에는 천간의 갑甲과 임壬을 붙이고, 곤坤괘에는 을乙과 계癸를 붙이며, 진震괘에는 경庚, 손巽괘에는 신辛, 감坎괘에는 무戊, 이離괘에는 기己, 간艮괘에는 병丙, 태兌괘에는 정丁을 배합하는 것이다.

이렇게 8괘에 10천간을 붙이는 근거는 달의 모습과 관계가 있다는 것이다. 다시 말해 달이 보여주는 보습을 관찰하면 바로 괘의 모양과 같다는 것이다. 그래서 8괘와 같은 월상이 나타나는 방향의 간지를 해당되는 8괘와 배합하는 것이다.

동한東漢 말의 학자 우번虞翻(164-233)은 "해와 달이 하늘에서 8괘를 이루므로 진震괘의 상은 경庚에서 나타나며, 태兌괘의 상은 정丁에서 나타난다. 건乾괘의 상은 갑甲에서 가득차고, 손巽괘의 상은 신辛에서 엎드리고, 간艮괘의 상은 병丙에서 소멸되고, 곤坤괘의 상은 을乙에서 잃는다. 감坎괘의 상은 무戊로 흐르고, 이離괘의 상은 기己로 나간다."164) 라고 한다.

그림 23   월체납갑도

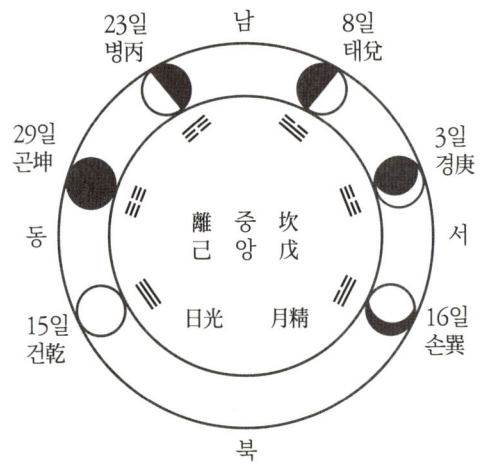

이것은 우번의 월체납갑설月體納甲說의 요지다.

우번이 말하는 진상震象이나 태상兌象 등은 달의 모습인 월상月相을 가리키는 것이다. 즉 달의 모습을 8괘의 상으로 표시한 것이다. 예컨대 진상은 달의 모습이 진괘와 닮았다는 것이다. 진괘☳는 맨 아래 효가 양으로 강함을 나타내며, 중효와 상효는 음효로 유함을 나타낸다. 양효는 밝음을 표시하고, 음효는 어두움을 나타내므로 진괘의 상은 달의 밝은 부분이 눈썹모양으로 시작된 초승달의 모습과 일치한다고 보는 것이다. 그리고 초승달은 매달 초 3일 황혼 무렵 서쪽 하늘 가장자리에서 볼 수 있다. 이때의 방향은 10천간의 경庚의 위치가 된다. 그렇기 때문에 '진의 상은 경의 방향에서 나온다'고

---

164) 주역집해, "謂日月在天成八卦 震象出庚 兌象見丁 乾象盈甲 巽象伏辛 艮象消丙 坤象喪乙 坎象流戊 離象就己"

한 것이다. 태괘☱는 아래와 가운데 효가 양효이고, 맨 위의 효가 음효다. 상현달의 모습과 비슷하다. 상현달은 매달 초 8일경 황혼 무렵 남쪽 정丁의 방향에서 볼 수 있다. 그래서 '태의 상은 정에서 나타난다'고 했다.

상현달 다음에는 보름달이다. 보름달은 완전히 둥글고 밝은 모습이다. 따라서 3개 효가 모두 양효인 건乾괘☰로 표시한다. 그래서 보름달인 만월은 괘상으로 건의 상이 된다. 만월은 태양이 서쪽에서 지면 동시에 동쪽에서 지평선 위로 떠오른다. 만월이 떠오르는 방향은 갑甲의 방향이다. 그래서 '건의 상은 갑에서 가득찬다'고 한 것이다.

보름달 다음에는 달의 아랫면이 어둡게 변하기 시작한다. 이때의 달은 '기망旣望'이라고 한다. 기망의 모습은 손巽괘☴의 상과 닮았다. 손괘는 맨 아래가 음효이고, 중간과 맨 위의 효는 양효다. 기망의 달은 해뜨기 전 서쪽 신辛의 방향에서 볼 수 있다. 역법에서는 기망은 대략 17이나 18일이 된다. 따라서 '손의 상은 신에 엎드린다'고 한다.

기망 뒤에는 하현달이 온다. 하현달에서는 간괘☶의 상을 볼 수 있다. 간괘의 아래 2개 효는 모두 음이고, 맨 위의 효만 양으로 밝음을 표시한다. 즉 달의 절반이 어두어지고 나머지 반만 밝은 모습을 나타낸다. 하현달은 밝은 새벽 태양이 지평선으로 떠오르기 전에 남쪽 하늘에서 볼 수 있다. 이때의 방향이 병丙의 위치가 된다. 그래서 '간의 상은 병에서 소멸한다'고 한 것이다.

달의 바탕이 어두운 날 달은 방위상 태양과 아주 가깝게 접근한다. 이 때문에 달을 볼 수 없다. 이때가 그믐이다. 그믐달은 달의 바탕이 어둡다. 그래서 순음괘인 곤坤괘☷로 표시한다. 그믐달은 해가 뜨기 전에 동쪽의 을乙 방향에서 볼 수 있다. 그러므로 곤의 상은 을에서 잃는 것이다. 그리고 감坎☵과 이離☲의 월상이 있다. 감의 상은 밤중에 달을 볼 수 없는 것을 말한다. 이때는 그믐인 회晦일과 초하루인 삭朔일이다. 감괘는 맨 아래와 맨 위는 음효이고, 중간 효만 양의 효다. 즉 양의 기운이 어둠 속에 숨은 모습이다. 이것은 밤을 상징한다고 할 수 있다. 그래서 우번은 그믐날 밤과 삭일의 아침달은 감의 상이고 무戊로 흐른다고 한 것이다.

이괘의 상은 낮에 달을 볼 수 없는 것을 말한다. 이괘는 맨 아래와 맨 위의 효가 양효이고, 가운데 효는 음효다. 태양이 빛나고 어둠이 숨은 모습이다. 낮에는 달이 있어도 태양으로 인해서 볼 수 없는 것이다. 그래서 이괘의 상은 기己로 나간다고 한 것이다. 戊와 己는 방위로 중앙이다. 무와 기는 토의 위치다. 월상은 가운데서 확인할 수 있다. 그러므로 해와 달은 서로 미루어서 밝음이 생긴다고 한 것이다.

여기서 주의할 부분은 8괘와 10천간의 관계에서 건괘는 갑, 곤괘는 을, 진괘는 경, 손괘는 신, 감괘는 무, 이괘는 기, 간괘는 병, 태괘는 정과 각각 결합한다. 그런데 천간의 임壬과 계癸는 월상의 모습과 연계가 되지 않는다. 하지만 경방은 건괘에 갑 외에 임을 더하고, 곤괘에 을 외에 계를 더한다. 곧 8괘의 건괘의 내괘에는 갑, 외괘에는 을을 더하고, 곤괘의 내괘에는 을, 외괘에는 계를 붙인다.

이렇게 건괘와 곤괘에 달의 상과 무관하게 임과 계를 더하는 데는 그럴만한 이유가 있다.『주역』에서 해는 태양太陽으로 이離괘, 달은 태음太陰으로 감坎괘로 표현한다. 그리고 이괘는 불, 감괘는 물의 상을 취한다. 또 10천간에서 양은 갑 1에서 시작해 병 3·무 5·경 7·임 9로 마치고, 음은 을 2에서 시작해 정 4·기 6·신 8·계 10으로 마친다. 그러므로 갑과 임은 양수陽數의 시작과 마침이 되고, 을과 계는 음수陰數의 시작과 마침이 된다. 또 건과 곤은 양과 음을 상징한다.

이런 이유로 양의 상징인 건에는 시작인 갑과 마침인 임을 더하고, 음의 상징인 곤에는 시작인 을과 마침인 계를 붙이는 것이다.

정리하면 8괘에 10천간을 붙이는 납갑은 지구를 중심으로 하여 해와 달의 운행을 관찰하여 달의 차고 이지러짐의 주기를 파악하기 위한 수단이라고 할 수 있다. 즉 8괘는 달의 변화하는 모습인 월상에서 취한 것이며, 월체납갑법은 월상이 변화하는 시점의 방향을 나타내는 천간과 8괘를 배합하여 해와 달과 지구의 운행규율을 파악하는 수단이다.

2. 하도와 월상月相

「계사전」에서 성인은 하도와 낙서를 보고 8괘를 그렸다고 했다. 「계사전」에서는 또 하늘이 상을 드리워서 길흉을 나타내므로 성인이 이를 본받아서 팔괘를 지었다고도 한다.[165]

여기서 하늘이 상을 드리워서 길흉을 드러냈다는 말은 하늘의 변화에 따라 땅에서 길흉이 나타난다는 말이다. 그리고 하늘의 변화는 해와 달의 운행상태에 따라 나타나는 것이다. 그렇기 때문에 해와 달의 운행법칙을 파악하여 상징부호로 표시한 것이 8괘가 되는 것이다.

이상을 종합하여 분석하면 하늘의 운행규율을 파악하는 부호인 팔괘는 하도와 낙서와 같으며, 또 해와 달의 운행규율이기도 하다는 말이다. 그런데 해와 달의 운행규율을 가장 잘 파악할 수 있는 방법은 월상의 변화를 살피는 것이라고 할 수 있다. 즉 하도·낙서와 월상의 변화법칙은 동일하다는 추론이 가능한 것이다.

따라서 여기서는 월상의 변화규율과 하도가 실제로 부합하는 지에 대해 알아본다.

앞에서 알아본 월체납갑도에서 보면 회삭월·상현월·망월·하현월의 4상에서 진震의 방향은 초승달을 볼 수 있는 초저녁이고, 손巽의 방향은 기망월旣望月을 볼 수 있는 새벽녘이 된다. 즉 진방은 밤의 시작이고, 손방은 낮의 시작이 된다.

그런데 달이 4상을 보여주는 것은 지구가 태양의 주위를 돌고, 달이 지구의 주위를 도는 운행 결과에 의한 것이다. 다시 말해 태양이 달에 빛을 비출 때 지구가 중간에 개입하게 되므로 달의 모습이 변화를 보이는 것이다.

지구에서 달의 변화하는 모습이 언제 어느 방향에서 어떻게 나타나는 가를 파악하는 것이 간지다. 그리고 간지의 순서는 지구가 하늘을 시계방향으로 도는 것으로 보고 붙

---

165) 「계사전」 상11장, "天垂象 見吉凶 聖人象之"

인 것이다. 이것은 지구는 시계방향으로 돌고, 하늘은 반대로 도는 것을 기준으로 한 것이다.

그래서 만약에 회삭월을 기점으로 하여 지구는 시계방향으로 좌회전하고, 하늘은 시계반대방향인 좌회전하는 것을 기준으로 월상의 변화하는 순서를 정하면 기점월인 1번의 회삭월 다음에는 망월이 2번이 되고, 망월 뒤에는 3번인 상현월이고, 그 다음에는 4번인 하현월이 된다. 그리고 이것을 간지의 차례와 연계해보면 1번인 회삭월은 乙방향, 2번인 망월은 甲방향, 3번인 상현월은 丁방향, 4번인 하현월은 丙방향이 된다. 이것을 월체납갑도를 참고하여 그림으로 나타내면 다음과 같이 그릴 수 있다.

그림 24 월상출현도 (1)

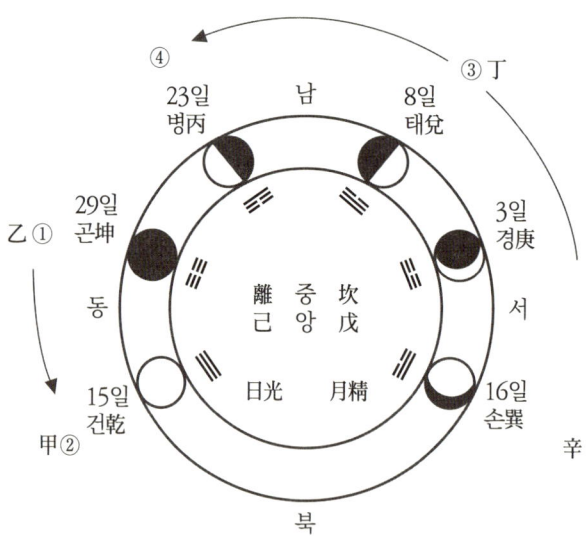

* 지구가 시계방향으로 회전하고 하늘이 우선할 때 월상의 모습은 ①회삭 · ②보름 · ③상현 · ④하현의 순으로 나타남.

다시 이것을 회삭월은 북쪽, 망월을 남쪽, 상현월은 동쪽, 하현월은 서쪽에 배치하여 그림으로 표현하면 아래와 같다.

그림 25   월상위치도

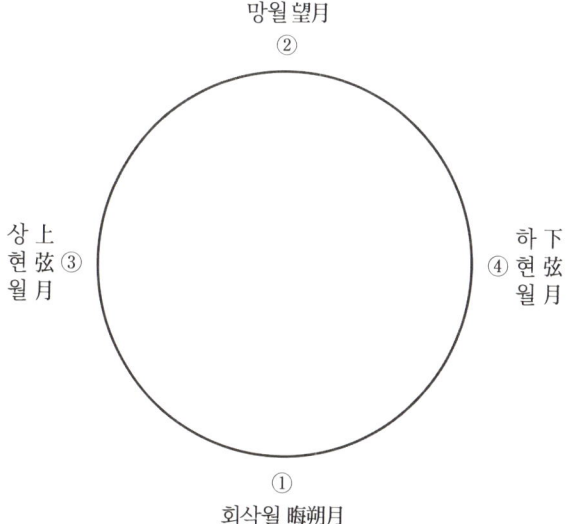

그런데 달이 지구를 도는 1개 삭망월의 주기는 29.53일이다. 그래서 달은 태양력으로 1년 365.25일에 12.369개 있게 된다. 그리고 매달 4개의 위상位相이 있으므로 12.369 × 4 = 49.48개의 위상이 된다. 이것을 반올림하면 50개가 되고, 실수는 49개가 된다. 여기서 50은 『주역』의 대연수가 되고, 49는 용수가 되는 것이다.[166]
여기서 잠시 순태양력과 순태음력을 함께 고려하여 제정한 태양태음력에 대한 설

---

[166] 『주역』의 대연수와 용수의 근원에 관한 내용은 졸고 『알기 쉬운 상수역학』 191-200쪽의 '대연수의 역법적 해석'을 참고 바람.

명이 필요하다. 태양태음력은 음양합력으로서 우리가 일반적으로 말하는 음력陰曆 내지는 농력農曆 혹은 간지력干支曆을 말한다.

음양합력은 태양의 1년 순환주기 12달을 삭망월 12달로 채운다. 그런데 이렇게 하면 태양의 1년 순환주기 365.25일과 12개 삭망월인 태음력 1년의 354.36일이 서로 일치하지 않는다. 태양력 1년과 삭망월 12달 사이에는 10.89일의 차이가 발생한다.

음양합력은 이런 차이를 해결하기 위해 윤달을 둔다. 즉 1년을 삭망월 12달로 하고, 태양력의 날 수에 매년 모자라는 10.89일을 모아서 3년에 윤달을 하나 더 두어서 1년을 13달로 만드는 것이다. 그래도 2.67일이 남는 데다 매년 11일에 가까운 날 수가 쌓이므로 2년 뒤에 윤달을 또 둔다. 곧 5년에 윤달을 2번 두는 것이다. 그래서 이것을 「계사전」에서는 '오세재윤五歲再閏'이라고 한 것이다.

이렇게 되면 19년에 7개의 윤달이 있게 된다. 이것을 역법에서는 '19년 7윤법'이라고 한다. 태양력으로 19년에 있는 날 수를 계산하면 365.25 × 19 =6939.75일이 되고, 19년에 모두 235개 삭망월이 있어서 삭망월의 날 수는 29.530851 × 235 = 6939.75가 된다. 즉 235개 삭망월을 거쳐야 달과 지구가 처음 운행을 시작했던 상황으로 돌아오게 된다. 그런데 음양합력에서는 일반적인 자연수로 역법을 기록하지 않고 60갑자로 기록한다. 왜냐하면 태양력의 1년 366일과 태음력의 1년 354일을 조율하여 공통으로 해와 달의 운행규율을 파악하기 위한 것이다.

간지로 360일은 실제 태양년의 1년 날 수와 삭망년의 날 수를 말하는 것이 아니라 이들을 통합하여 파악할 수 있는 공도수公度數를 말하는 것이다.

이렇게 1년을 360일이라는 공도수를 기준으로 하면 달은 1년에 회삭·망·상현·하현의 한 사이클을 12회 돌고 1/4 사이클이 남게 된다. 즉 공도원公度圓 360도의 1/4인 90도가 남는 것이다. 그리고 이렇게 1공도년에 남는 90도를 4번 축적하면, 즉 4년 축적하면 5년째 다시 1개 삭망월을 만들 수 있다.

여기서 설명의 편의상 4년에 1개의 윤달을 만드는 것은 '윤달의 성립주기'라고 하고,

5년만에 다시 윤달이 시작되는 주기는 윤달의 순환주기라고 하자. 그러면 5라는 수는 월상이 다시 처음 시작되는 상황으로 돌아오는 시작점이 되는 것이다. 즉 5는 원점으로 회귀하는 상수常數가 되며, 오운주기수五運周期數가 된다. 이 회귀상수이자 오운주기수인 5를 위의 월상의 위치도 중간에 놓고 다시 그림을 그리면 아래와 같다.

그림 26   월상오운회복 원점도

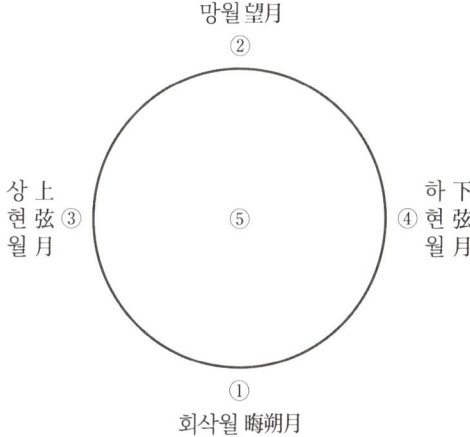

그림 27   하도

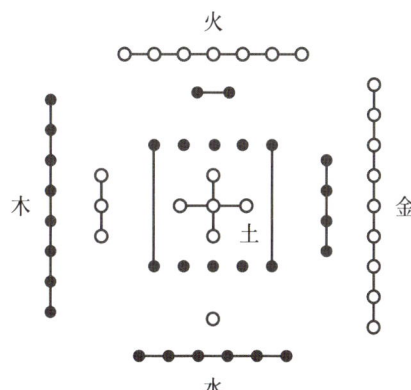

이 그림을 보면 1·2·3·4의 수는 하도에서 안쪽에 위치한 수와 똑같다는 사실을 알게 된다.

그런데 달이 차고 이지러지는 시간을 관찰해보면 그믐에서 상현까지는 8일, 상현에서 보름까지는 7일이 걸린다. 즉 그믐에서 보름까지 걸리는 시간은 15일이 된다.

한 달은 29.53일이지만 이것을 반올림하여 통상 30일로 보면 보름에서 그믐까지는 다시 15일이 걸린다. 그런데 보름에서 하현까지는 9일이 걸리고, 하현에서 그믐까지는 6일이 필요하다.

여기서 앞의 그림 25-월상위치도에 그믐에서 상현까지 걸리는 날 수 8과 상현에서 보름까지의 날 수 7, 보름에서 하현까지의 날 수 9, 하현에서 그믐까지의 날 수 6을 대입하면 삭월의 수인 1과 6이 대응하고, 상현인 3과 8일 대응하며, 보름인 2와 7이 대응하고, 하현의 4와 9가 대응하는 것을 알 수 있다. 그리고 10은 윤달의 회귀주기 즉 원점회귀주기 5의 배수가 되어 5와 대응한다.

이것을 그림으로 그리면 다음과 같다.

> **그림 28** 월상위치별날수 대입도

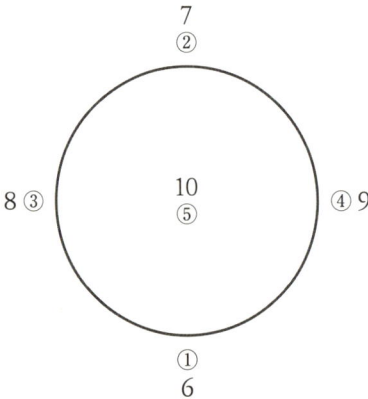

위의 그림을 달의 삭망·상현·보름·하현의 4개 위상으로 나타나는 달의 위상 변화 모습이 곧 하도와 일치하는 것을 확인할 수 있다.

그런데 위의 하도 안쪽에 위치한 백색원의 수 1·2·3·4는 한 달에 달이 보여주는 4개의 상, 즉 사상四象이 생겨나는 수가 된다. 그리고 7·8·9·6은 이들 4개 월상이 모습을 갖추는 데 걸리는 시간의 양量이다. 다시 말해 안쪽의 1·2·3·4는 생수生數가 되고, 밖의 6·7·8·9는 성수成數가 된다.

하도는 4년에 1개의 윤달을 형성하는 주기와 윤달이 5년 주기로 운행하는 규율을 정확하게 반영하고 있는 것이다.

또 달의 사상은 수數와 연계돼 있다는 사실에서 상象이 있으면 수數가 있고, 수가 있으면 상이 있다는 것도 알 수 있다. 즉 역의 원리는 상수象數를 통해 이해할 수 있다는 것이다.

3. 하도와 역의 원리

하도와 선천팔괘

앞서 월체납갑과 하도의 연원을 살펴볼 때 8괘가 월상의 변화에서 본뜬 것임을 설명했다. 즉 건괘는 망월, 곤괘는 삭망월, 진괘는 초승달, 손괘는 기망월, 태괘는 상현월, 간괘는 하현월, 감괘는 밤에 달을 볼 수 없는 상, 이괘는 낮에 달을 볼 수 없는 상이다.

그런데 이것을 하도와 비교해서 그림을 그려보면 맨 아래는 삭망월, 맨 위는 망월, 삭망월에서 왼쪽 처음은 초승달, 망월의 왼쪽은 상현월, 망월의 오른쪽은 기망월, 삭망월의 왼쪽은 하현월이 위치한다. 그리고 달의 모습을 볼 수 없는 밤과 낮 중에서 낮은 초승월월과 상현월의 사이에 위치하고, 밤은 기망월과 하현월 사이에 위치하게 된다. 그러므로 달의 모습과 8괘의 상을 대입하여 그림을 그려보면 선천팔괘도와 일치하는 것을 알 수 있다.

그림 29   월상과 선천팔괘도

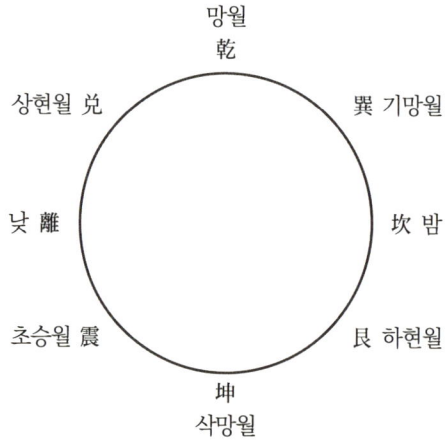

하도와 오행 상생

역학에서는 하도의 3과 8을 동방의 목木, 2와 7은 남방의 화火, 4와 9는 서방의 금金, 1과 6은 북방의 수水, 중앙의 5와 10은 토土로 부른다. 그러므로 하도의 수는 오행의 수가 되는 것이다.

그런데 오행은 목·화·토·금·수는 순서대로 다음 오행의 기운을 낳는다. 즉 목은 화를 생하고, 화는 토를 생하며, 토는 금을 생하고, 금은 수를 생하며, 수는 다시 목을 생하면서 천지만물을 낳는 역할을 반복하여 쉬지 않고 수행하는 것이다.

이것을 오행의 상생작용이라고 한다.

그림 30   하도와 오행상생도

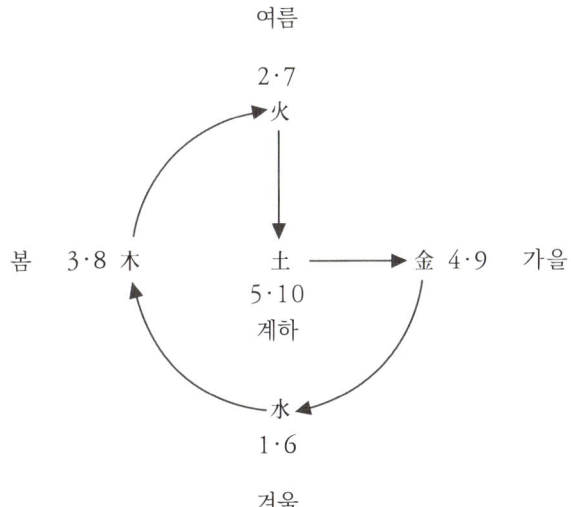

위의 그림에서 보는 바와 같이 하도와 오행 상생도는 똑같다. 하도에는 오행의 상생원리가 담겨있는 것이다.

4. 낙서의 연원

낙서와 천문

고대에는 하늘의 상을 관측할 때 북극北極을 중심으로 하여 북두칠성의 자루가 가리키는 곳으로써 팔방八方을 정했다. 이렇게 하여 하늘의 9개 방위에서 가장 밝은 별을 찾아서 표지로 삼고, 구성九星의 방위와 수數를 발견했다. 곧 이것이 낙서의 방위와 낙서의 수가 된다.

하늘의 중궁中宮에 자리한 오성五星을 오제좌五帝座라고 하며, 이것이 북극성의 자리가 된다.

오제좌의 아래에 있는 북극 1성은 항상 북쪽에 머물기 때문에 이것으로 위치를 정하는 것이다. 오제좌의 남쪽에는 천기구성天紀九星이다.

오제좌의 동쪽은 하북삼성河北三星이고, 서쪽은 칠공칠성七公七星이다. 그리고 천기의 왼쪽은 사보사성四輔四星이 되고, 천기의 오른쪽은 호분이성虎賁二星이 된다.

또 북극의 왼쪽은 화개팔성華蓋八星이며, 화개의 오른쪽은 천주육성天廚六星이다. 오제좌는 태미원太微垣에 속한 별로 중앙에 황제의 별을 중심으로 주위에 창제蒼帝·적제赤帝·백제白帝·흑제黑帝의 별이 위치한다.

북극성은 북신北辰이라고도 하며, 북신의 주성主星인 천추天樞는 하늘의 지도리 역할을 한다.

천기구성天紀九星은 천시원天市垣에 속한 별로서 구경九卿에 해당한다. 만 가지 일의 기강을 맡아서 원통한 송사가 없도록 다스리는 역할을 한다고 한다.

하북삼성은 자미원紫微垣에 속한 별로서 북두칠성 자루의 왼쪽에 자리한 별을 말한다. 천궁天宮에서 임금의 덕을 널리 베풀고 칠정七政을 조화롭게 하며, 음양을 조화롭게 하는 관직을 맡는다고 한다.

칠공칠성은 천시원에 속한 별로서 천궁의 재상에 해당하며 칠정七政을 다스린다.

사보는 자미원에 딸린 별로 북극성을 보좌하여 법도를 만들고 정령을 낸다.

호분은 태미원에 속한 별로 무신武臣의 일을 주관한다. 자미원에 속한 화개는 문성文星이라고도 하며, 문운文運을 담당한다.

역시 자미원의 천주는 천자와 백관百官의 주방을 맡아서 음식을 주관한다고 한다.

그림 31   낙서천문도

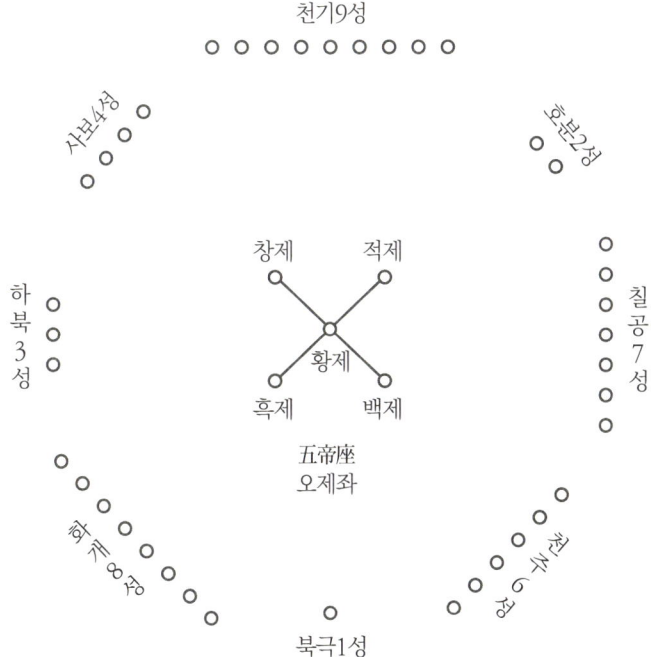

달의 운행과 낙서

앞서 설명한 하도의 연원에서는 월체납갑도의 월상이 보여주는 4개 특징점(사상四象)을 지구가 태양을 중심으로 시계방향으로 돌 때 하늘은 그 반대로 도는 것을 기준으로 한 것이다. 그런데 이제 지구는 시계방향으로 좌선하고, 달은 지구를 우선하는 것을 기준으로 하여 낙서의 연원을 밝히려는 것이다. 이렇게 지구는 좌선하고 달은 지구를 시계 반대방향인 우선할 때 월체납갑도에서 삭망월을 기점으로 하면 첫 번째로 하현월, 다음은 상현월, 그리고 망월이 차례로 돌아오게 된다. 이것을 차례대로 번호를 붙이면 삭망월은 1, 하현월은 2, 상현월은 3, 망월은 4가 된다.

| 그림 32 | 월상출현도 (2)

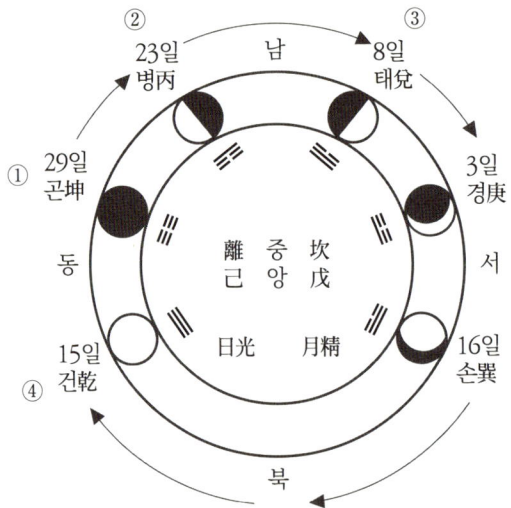

* 지구가 시계방향으로 돌고 달이 시계반대방향으로 돌때 달은 ①회삭월 · ②하현월 · ③상현월 · ④망월의 순으로 나타남.

이제 이것을 시간의 진행 순서에 따라 배열하여 달의 사상이 위치하는 그림을 그리면 아래와 같이 된다.

| 그림 33 | 지구중심의 월상사상도

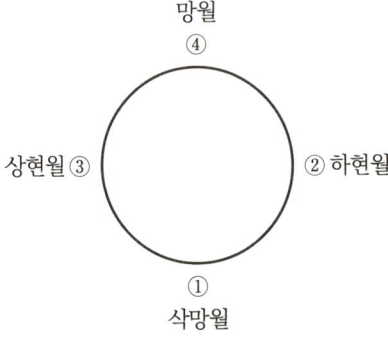

이어서 달이 4년만에 1개의 윤달을 만들고, 5년째 윤달이 돌아오는 윤달의 회귀주기 수 5를 중앙에 배치하여 그림을 그리면 아래와 같다.

그림 34   지구중심의 월상운행주기생성도

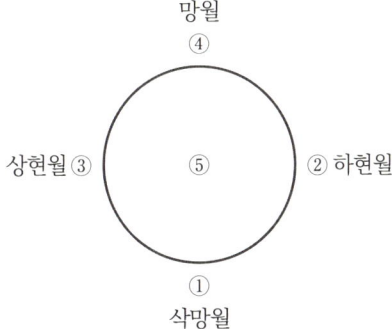

위의 두 그림을 보면 4정방정방과 중앙의 수가 낙서의 생수와 똑같다는 것을 알 수 있다. 여기에다 다시 성수成數 6 · 7 · 8 · 9를 배합하면 낙서의 생수와 성수의 수와 완전히 일치한다.

그림 35   지구중심의 월상운행완성도

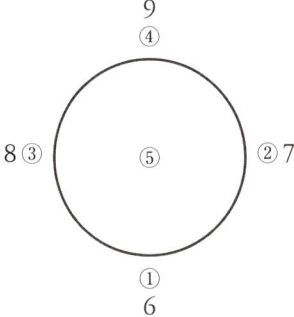

| 그림 36 | 낙서와 월상운행도

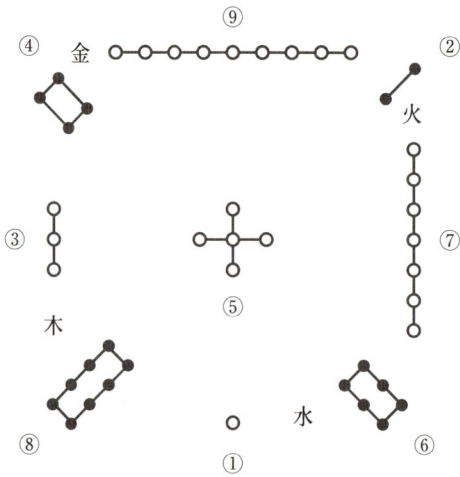

위의 그림 35와 36을 비교해보면 지구를 중심으로 달이 우선하며 보여주는 그림과 낙서가 완전히 똑같다.

5. 낙서와 역의 원리

낙서와 후천팔괘

앞서 말한 바와 같이 하도는 지구가 태양을 시계방향으로 돌 때 달이 보여주는 모습을 본뜬 것인데 비해 낙서는 지구가 시계방향으로 돌 때 달이 지구를 우선하는 때의 사상을 본뜬 것이다.

이것은 하도가 하늘을 중심으로 한 천체의 운행상황을 묘사한 것이라면 낙서는 지구를 중심으로 실제 나타나는 기의 변화상을 묘사한 것이라는 말이 된다.

그런데 지구에서 기의 움직임은 양陽에서 일어나 음陰으로 들어간다. 즉 양의 기운이 일어나는 곳은 자子가 되고, 양의 기운이 성장하여 소멸하는 곳은 오午가 되며, 오에서 다시 음의 기가 시작돼 성장을 거쳐 극에 달하는 곳이 자가 된다.

여기서 양의 기가 시작되는 곳인 자는 괘로는 감坎괘이고, 소멸하는 곳은 오인 이離괘가 된다.

그런데 낙서에서 감괘의 수는 1이다. 1은 2·3·4·5·6·7·8을 거쳐 9의 이離괘로 들어간다. 곧 양의 기가 1에서 시작돼 9에서 마감하고 다시 순환을 시작하는 것이다. 이것을 낙서에 대입하여 그림을 그리면 아래와 같다.

그림 37 낙서수의 순환순서

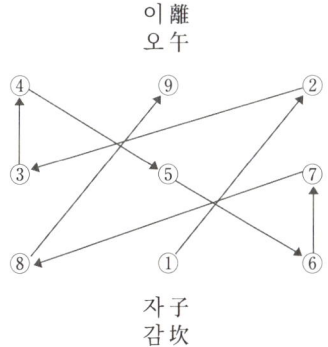

위의 그림에서 맨 아래 1은 감괘, 맨위의 9는 이괘, 왼쪽 중간의 3은 진괘, 진괘 위쪽의 4는 손괘, 오른 쪽의 맨 아래 6은 건괘, 오른쪽 중간의 7은 태괘, 오른 쪽 맨 위 2는 곤괘, 왼쪽 맨 아래 8은 간괘가 된다. 이것을 그림으로 보면 아래와 같다.

> **그림 38**   후천팔괘와 낙서의 수

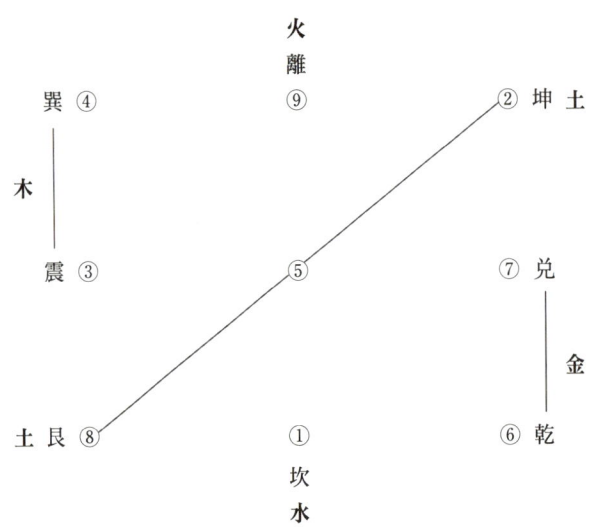

그런데 경방의 납갑오행을 보면 건乾괘와 태兌괘는 오행으로 금金, 진震괘와 손巽괘는 목木, 감坎괘는 수水, 이離괘는 화火, 곤坤괘와 간艮괘는 토土가 된다.

경방의 납갑오행과 위의 그림을 대조하여 보면 오행상 토인 곤과 간을 잇는 직선을 중심으로 오른쪽은 양의 기가 성한 봄과 여름이고, 왼쪽은 음의 기가 성한 가을과 겨울이 된다.

이것은 낙서가 지구에서 실제로 발생하는 기의 운행규율을 담고 있다는 것을 말하는 것이다.

정리하면 하도와 선천팔괘는 하늘에서 드러나는 객관적 모습이라면 낙서와 후천팔괘는 땅에서 실제로 일어나는 기의 변화 즉 계절의 변화를 나타내는 것이다.

낙서의 오행 상극

오행의 운행 이치는 서로 낳아주기도 하지만, 서로 억제하여 지나침이 없이 중도를 이루도록 하는 것이다. 그래서 오행 상생은 시계방향으로 좌선하면서 수는 목을 생하고, 목은 화를 생하며, 화는 토를 생하고, 토는 금을 생하고, 금은 수를 생하고, 수는 다시 목을 생한다.

그런데 오행 상극은 수는 화를 극제하고, 화는 금을 극제하며, 금은 목을 극제하고, 목은 토를 극제하고, 토는 수를 극제하며, 수는 다시 화를 극제하며 순환한다. 오행 상극도와 오행 상생도를 대조하여 보면 화火와 금金의 자리가 서로 바뀐 것을 알 수 있다. 그런데 낙서와 오행 상극도를 대비하여 살펴보면 둘이 똑 같은 사실을 확인할 수 있다.

그림 39   낙서와 오행상극도

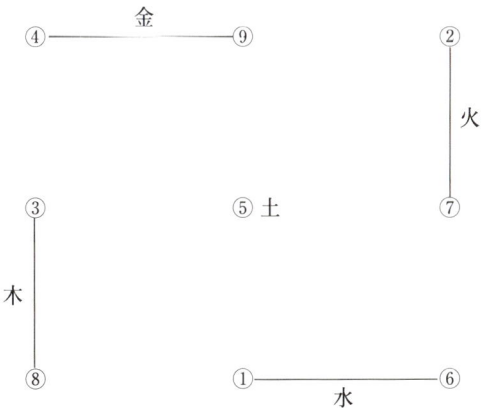

위의 그림을 보면 맨 아래 1과 6은 수, 오른쪽으로 2와 7은 화, 맨 위쪽의 4와 9는 금, 왼쪽의 3과 8은 목이다. 곧 낙서는 오행이 서로 극제하는 순서로 배치돼 있다.

6. 하도와 낙서는 체용體用 관계

하도와 낙서를 대조해보면 분명하게 드러나는 차이점이 몇 가지 있다.
첫째 하도의 수와 낙서의 수가 다르다는 것이다. 하도의 수는 1부터 10까지로 모두 합하면 55가 되고, 낙서의 수는 1부터 9까지로 모두 합하면 45가 된다는 것이다.
둘째 하도와 낙서의 수의 배열이 다르다는 점이다.
셋째 하도는 시계 방향으로 좌선하면서 오행의 상생 관계를 나타내는데, 낙서는 시계 반대방향으로 우선하면서 상극의 관계를 보여주고 있다.
여기서는 이들 차이점을 중심으로 설명한다.

하도의 수와 낙서의 수가 다른 이유

「계사전」에서는 성인이 하도와 낙서를 본떠서 팔괘를 그렸다고 하면서 "하늘은 1이고 땅은 2이며, 하늘이 3이고 땅이 4이며, 하늘이 5이고 땅이 6이며, 하늘이 7이고 땅이 8이며, 하늘이 9이고 땅이 10이다. 하늘의 수는 1·3·5·7·9의 5가 되고, 땅의 수는 2·4·6·8·10의 5가 되어 서로 짝이 맞고, 또 각각 합하면 천수는 25가 되고, 땅의 수는 30이 된다. 그래서 하늘의 수와 땅의 수를 합하면 55가 되는데, 이것이 변화를 이루고 귀신을 부리는 것이다."[167] 라고 한다.
「계사전」에서 말하는 55의 수가 이른바 천지의 수라고 하는 것이다.
그런데 하도를 보면 5개 조의 흰색 원의 수는 모두 25가 된다. 또 5개 조의 검은 색 원의 수는 모두 30이다. 백색 원과 흑색 원의 총수는 55다.

---

167) 「계사전」 상9장. "天一地二天三地四天五地六天七地八天九地十 天數五 地數五 五位相得而各有合 天數二十有五 地數三十 凡天地之數五十有五 此所以成變化而行鬼神也"

하도의 검은 원은 음陰을 상징하고, 또 땅의 수를 나타낸다. 흰색 원은 양陽을 나타내며, 하늘의 수를 표현한다.

그러므로 「계사전」의 천지의 수와 하도의 수가 동일한 것을 알 수 있다. 즉 성인이 하도를 보고 팔괘를 지었다는 말을 뒷받침하는 것이다.

이와는 달리 낙서의 수는 45가 된다. 「계사전」은 천지의 수 55만 말하고 낙서의 수가 45인 이유에 대해서는 설명이 없다.

하지만 하도와 낙서를 모방한 팔괘가 우주변화의 규율을 담고 있다고 했는데, 두 그림에서 나타나는 수는 현격한 차이를 보이는 것은 의문이 아닐 수 없다.

주자는 『역학계몽』에서 하도와 낙서의 수가 다른 이유에 대해서 "하도의 수가 많고 낙서의 수가 적은 차이는 무엇 때문인가? 하도는 완전한 수를 주도한다. 그래서 10에서 다하고, 홀수와 짝수의 자리가 균일하다. 하지만 홀수와 짝수를 더해보면 홀수의 합은 적고, 짝수의 합은 많음을 알 수 있다. 낙서는 변화를 주도하므로 9에서 다하며, 자리와 수는 모두 홀수는 많고 짝수는 모자란다. 반드시 두 그림 모두 가운데 수를 사용하지 않은 뒤에서야 홀수와 짝수의 수가 균일하게 20이 되어서 치우침이 없다."[168]고 설명한다.

주자의 이 말을 요약하면 하나는 하도는 완전함을 주도하고, 낙서는 변화를 주도한다는 것이다. 둘은 하도의 중앙에 있는 수 15와 낙서의 중앙에 있는 수 5를 제외하면 두 그림 모두 홀수와 짝수가 20씩으로 더하면 각각 40이 된다는 것이다.

그렇다면 완전함을 주장하는 것과 변화를 주장한다는 것은 무슨 말인가?

우리는 앞서 하도가 달의 변화 모습에서 나왔다는 것을 알아봤다. 즉 하도에서 1·2·3·4는 달이 매달 보여주는 삭망·상현·하현·망의 4개 특징점이 생기는 수를 말하고, 5는 5년마다 윤달을 더하는 수라는 것이다. 다시 말해 하도의 안쪽에 위치한 1·2·3

---

168) 『역학계몽』, "其多寡之不同何也 曰 河圖主全 故極於十 而奇耦之位均 論其積實 然後見其耦而奇之也 洛書主變 故極於九 而其位與實 皆奇贏而耦乏也 必皆虛其中也 然後陰陽之數 均於二十而無偏耳"

·4·5는 달의 4개 특징점이 생기는 생수라는 것이다. 그리고 삭망에서 상현까지 실제로 걸리는 시간은 8일, 상현에서 망월까지 걸리는 시간은 7일, 망월에서 하현까지 걸리는 시간은 9일, 하현에서 삭망까지는 6일이 걸리므로 상현의 3과 8, 망월의 2와 7, 하현의 4와 9, 삭망의 1과 6을 짝지우면 하도의 오행 수인 1·6수, 2·7화, 3·8목, 4·9, 중앙의 5와 10이 되었다.

그런데 이것은 지구가 태양 주위를 좌선할 때 달의 모습을 관찰하여 얻은 수라고 했다. 즉 하도는 해와 지구와 달이 운행하는 데 있어서 태양을 중심으로 나타나는 운행 규율을 완전하게 본뜬 모형의 상象이자 수數라는 것이다.

이와는 달리 낙서는 지구가 좌선할 때 달이 지구를 우선하는 상황에서 나타나는 월상의 변화 모습을 본 딴 것이라고 했다. 그런데 이때의 상과 수는 하도와 달라진 것을 알 수 있다. 즉 2와 7의 화와 4와 9의 금의 자리가 바뀌었을 뿐 아니라 중앙의 수가 5만 남고 10은 없어졌다는 점이다.

낙서가 이렇게 되는 것은 사람이 인위적으로 안배한 것이 아니고 태양과 지구와 달이 운행하는 규율을 지구를 중심으로 관찰하여 얻은 실제의 천체 운행규율인 것이다. 다시 말해 낙서는 해와 달과 지구의 운행 규율을 지구를 중심하여 나타나는 달의 실제 변화상황을 표현한 것이다. 즉 하도가 본래의 모습인 체體이고, 낙서는 실제 운행 현실인 용用이라는 것이다.

이렇게 해와 달과 지구의 운행규율을 관찰하여 얻은 상과 수는 사람이 인위적으로 안배한 것이 아니고 실제 천체가 운행하는 규율이라는 것이다. 그렇기 때문에 하도는 생성하는 수와 이루는 수가 서로 짝을 이루게 되고, 홀수와 짝수의 수를 합하면 55가 된다는 것이다.

낙서는 양이 시작되는 1에서 시작하여 한번은 양, 한번은 음의 과정을 거치는 변화가 9에서 마치고 다시 1서부터 변화를 이어가므로 그 수의 합은 45가 된다.

하도와 낙서의 수의 배열이 다른 이유

하도에서는 맨 아래 1·6으로부터 오른쪽으로 3·8, 맨 위의 2·7, 오른쪽의 4·9로 배열되지만 낙서는 2·7과 4·9가 서로 자리를 바꾸어서 배열돼 있다.

주자는 하도와 낙서의 수의 배열이 다른 이유에 대하여 "하도는 생겨나오는 순서로 말하면 아래에서 시작하여 위로, 그 다음 왼쪽에서 오른쪽으로, 그 다음에 중앙으로 돌아가서 다시 아래로부터 시작한다. 운행의 순서로 말하면 동쪽에서 시작하여 남쪽과 가운데를 거쳐 그 다음은 서쪽, 다음은 북쪽으로 가므로 왼쪽으로 한 바퀴 돌아서 다시 동쪽에서 시작한다."[169]고 말한다.

여기서 생겨나오는 순서가 아래에서 위로, 왼쪽에서 오른쪽으로, 그리고 중앙으로 돌아가서 다시 아래에서 시작한다는 말은 앞서 설명한 달의 사상四象인 4개 특징점이 생기는 순서와 같다. 또 운행순서가 동에서 남, 남에서 중앙, 중앙에서 서, 서에서 북으로 가서 다시 동에서 시작한다는 말은 지구가 태양의 주위를 좌선할 때 나타나는 춘·하·추·동의 4계절 변화의 모습과 같다. 즉 주자의 말은 하도의 수는 월상의 사상이 생겨나는 순서와 1년 중 4계절의 순환 순서와 같다는 것이다.

주자는 또 낙서의 수 배열 순서에 대해 "양수陽數는 먼저 북쪽에서 시작하여 동쪽, 중앙, 서쪽, 남쪽으로 진행하고, 음수陰數는 먼저 서남쪽에서 시작하여 동남, 서북, 동북으로 진행한다. 이를 합하여 말하면 먼저 북, 서남, 동, 동남, 중, 서북, 서, 동북을 거쳐 남쪽에서 끝난다."[170]고 설명한다.

이 말은 지구에서 기의 운행은 양陽에서 일어나 음陰으로 들어가기 때문에 양의 기운이 일어나는 곳은 북쪽의 자子가 되고, 양의 기운이 성장하여 소멸하는 곳은 남쪽의

---

169) 주자, 「역학계몽」, "河圖以生出之次言之 則始下次上 次左次右 以復於中 而又始於下也 以運行之次言之 則始東次南 次中 次西 次北 左旋一周 而又始於東也"

170) 주자, 「역학계몽」, "洛書之次 其陽數 則首北 次東 次中 次西 次南 其陰數 則首西南 次東南 次西北 次東北也 合而言之 則首北 次西南 次東 次東南 次中 次西北 次西 次東北 而窮於南也"

오후가 되며, 오에서 다시 음의 기가 시작돼 성장을 거쳐 극에 달하는 곳이 자가 된다는 것이다. 이것은 낙서의 수인 1·2·3·4·5·6·7·8·9의 순서를 따라 지구의 기가 진행하는 과정을 말하는 것이다.

그런데 앞서 알아본 바와 같이 해와 달과 지구의 관계에서 지구를 중심으로 달이 우선할 때 나타나는 달의 4개 특징점의 모습과 수를 모사한 낙서와 같은 것이다.

다시 말해 낙서의 수의 배열 또한 사람이 인위적으로 배열한 것이 아니고 해와 달이 운행하면서 지구에서 일어나는 순환변화의 실상을 나타내는 것이다.

즉 하도의 수가 태양을 중심으로 지구가 시계방향으로 돌면서 순행順行할 때의 것이라면 낙서는 달이 지구를 시계반대방향으로 역행逆行하면서 보여주는 수의 진행 순서인 것이다. 이것 또한 하도가 체이고 낙서는 실제 쓰임인 용이 된다는 것을 말하는 것이다.

하도의 상생과 낙서의 상극

앞에서 하도와 오행의 상생이 같은 이치로 이루어진다는 것을 알아봤다. 마찬가지로 낙서와 오행 상극의 원리가 같다는 사실도 확인했다.

그런데 하도와 낙서는 그 수의 배열이 서로 다르다는 것이다. 즉 하도의 2·7 화火와 4·9 금金의 배열 순서가 낙서에서는 서로 자리를 바꿔서 4·9 금은 동남과 남쪽으로 가고, 2·7 화는 서남과 서쪽으로 가서 자리가 바뀐 것이다.

주자는 하도와 낙서의 수 배열의 자리가 바뀐 것은 오행 상극의 운행이 수는 화를 이기고, 화는 금을 이기고, 금은 목을 이기고, 목은 토를 이기며, 오른 쪽으로 한 바퀴 돌아서 토가 다시 수를 이기기 때문으로 설명한다.[171]

주자의 이와 같은 설명으로는 하도와 낙서의 수 배열이 바뀐 이유, 즉 오행의 상생과

---

171) 주자, 『역학계몽』, "其運行則水克火 火克金 金克木 木克土 右旋一周 而土復克水也"

상극의 운행 순서가 달라진 원인을 이해하기 쉽지 않다.

여기서 지구에서 실제로 4계절이 운행하는 현상을 바탕으로 생각해보자. 지구가 태양의 영향을 받았을 때 보이는 반응을 생각해보자. 지구는 물과 공기와 흙으로 구성돼 있어서 태양의 빛을 받아도 그 반응하는 결과가 직각적으로 나타나지 않는다. 예컨대 동지에는 해가 남쪽 끝까지 내려가서 지구가 받는 태양 빛의 양이 가장 적다. 이론상으로는 이때 지구의 기온이 가장 낮아야 하지만 그렇지 않다. 지구에서 가장 온도가 떨어지는 것은 동지로부터 1달 뒤부터 시작해 1달 정도가 가장 춥다. 그 이유는 여름부터 달궈진 지구의 온도가 식는 데 걸리는 시간이 필요하기 때문이다.

마찬가지로 하지 때 태양이 북쪽 끝까지 올라와서 지구에서 받는 태양빛의 양이 가장 많지만 지구의 온도가 가장 높게 올라가는 것은 하지로부터 1개월 뒤에 시작해 1달 정도가 된다. 이런 이유는 동지가 지난 1개월 뒤에 최저기온이 나타나는 현상과 같은 이치다.

그런데 불이 쇠를 이기는 오행 상극관계는 지구에서 4계절이 운행하는 데 있어서는 특수한 면이 있는 것과 관계가 있다.

자연의 현실적 운행 이치로 볼 때 여름은 불이고 가을은 금인데, 여름의 화기가 너무 치열하면 가을의 금기가 녹아버릴 수 있다.

여기서 오행의 상생과 상극관계에서 특수한 상황을 보충 설명할 필요가 있다. 4계절의 운행에서 봄과 여름은 생명이 태어나서 무성하게 자라는 계절이다. 역에서 생명이 생장生長할 수 있는 기운을 양陽이라고 한다. 이에 비해 가을과 겨울은 생명의 기운이 쇠약해져서 죽음에 이르는 계절이다. 실은 죽는다는 표현은 적절하지 않으며 생명의 기운이 가을부터 응축을 시작해 겨울 동안 잠장潛藏하여 있는 것이다. 이렇게 생기가 응축하여 잠장하는 것을 음陰이라고 한다. 이것을 다시 말하면 음기는 양의 기운을 속에 가두고 있는 것이고, 양기는 음기를 속으로 품고 있는 것이다.

그러므로 여름의 화기가 겨울의 음기 속에 잠장하려면 가을의 금기에 의해 다치지 않게 포장돼야 잠장이 될 수 있는 것이다. 하지만 화기가 너무 강해서 화기를 담아둘 금기를 녹여버린다면 화기를 포장할 방법이 없는 것이다. 쉽게 말해 화로가 있어야 불씨를 담았다가 봄에 다시 불을 피울 수 있는 것인데, 화로가 없다면 자연의 순환은 있을 수 없게 되는 것이다.

이런 이치를 가지고 낙서와 오행 상극도의 그림을 보면 낙서의 수 배열이 바뀌고, 오행 상극도의 순서가 상생도와 달라진 것을 이해할 수 있을 것이다. 즉 상생의 순서에서 화 다음에 금이었던 것이 상극의 순서에서는 금 다음에 화가 오는 이유는 이런 이치 때문이라고 할 수 있다.

'삼복三伏더위'를 예로 들어보자. 1년 중에 하늘에서 양의 기운이 최고에 달하는 때는 하지다. 즉 하늘의 한여름은 하지라고 할 수 있다. 그러나 땅에서 한여름은 하지부터 한 달 뒤가 된다. 그 이유는 땅은 쉽게 데워지지 않고 서서히 달아오르기 때문에 태양이 지구의 북쪽 끝까지 올라온 다음 다시 남쪽으로 내려가기 시작한 지 한 달이 지나서야 최고로 더워진다. 그래서 절기로 하지 다음 보름 뒤에 작은 더위라는 소서小暑가 오고, 다시 보름 뒤에 큰 더위라는 대서大暑가 온다. 대서가 지나면 하늘에서는 이미 가을의 기운이 들어오기 때문에 입추立秋가 된다. 그런데 대서와 입추 사이에 1년 중 가장 덥다는 '삼복三伏더위'가 자리한다. '삼복'이란 석 삼三자와 무릎을 꿇는다는 '복伏' 자로 나타낸다. 즉 하지가 지난 다음 한 달 뒤에는 가을이 와야 하지만 여름의 더운 기운이 너무 거세어 가을 기운이 들어오려다 세 번이나 여름의 화기운에 무릎을 꿇은 다음에서야 본격적인 가을 기운이 도래한다는 의미가 있다. 초복, 중복, 말복의 삼복은 본래 24절기에는 들어있지 않지만 바로 계하季夏를 나타내는 말이다.

이렇게 보면 오행의 상생과 상극은 만물의 생장수장의 과정을 순환 반복하도록 하기 위한 자연의 이치에 따른 것임을 알 수 있다. 오행이 상생만 한다면 생장수장의 과정은 이루어질 수 없고, 따라서 천지자연이 반복 순환할 수도 없.

가을의 금金기운이 봄의 목木기운을 제지하지 않는다면 여름은 오지 않을 것이고,

겨울의 수水기운이 여름의 화火기운을 제지하지 않으면 가을 또한 도래하지 않을 것이다. 마찬가지로 목의 기운이 땅의 토土기운을 제지하지 않으면 천지는 돌이나 쇠처럼 굳어서 만물을 포용할 수 없을 것이고, 화기운이 금기운을 제지하지 않으면 숙살肅殺의 기가 넘쳐 만물이 소멸할 것이다. 또 토의 기가 물을 제지 하지 않으면 물이 만물을 삼켜버릴 것이다.

정리하면 하도는 오행이 상생하는 원리를 나타내고, 낙서는 오행이 상극하는 이치를 담고 있다. 그리고 상생과 상극은 만물의 생장렴장의 과정을 순환반복하도록 하기 위한 자연의 운행이치라는 것이다.

참 고 문 헌

『列子』

『尙書』

『詩經』

『史記』

『新唐書』

『舊唐書』

『漢書』

『後漢書』

『晉書』

『隋書』

『周禮』

『禮記』

『國語』

『朱子語類』

『性理大全』

『白虎通義』

江曉原 저,『天學眞原』, 중국 遼寧敎育出版社, 2004.

高正 저, 『諸子百家硏究』, 中國社會科學出版社, 2011.

高懷民 저, 『先秦易學史』, 廣西師範大學, 2008.

郭彧 저, 『京氏易傳導讀』, 중국 齊魯書社, 2003.

管東貴 저, 『宗法封建制到皇帝郡縣制的演變』, 中華書局, 2010.

瞿縣悉達 저, 『開元占經』, 중국 九州出版社, 2012.

權依經 등 편저, 『五運六氣詳解與應用』, 중국 甘肅科學技術出版社, 2008.

盧央 저, 『中國古代占星學』, 中國科學技術出版社, 2007.

廖中 저, 『五行精紀』, 중국 華齡出版社, 2010.

盧央 저, 『易學與天文學』, 中國書店, 2003.

鄧球柏 저, 『帛書周易校釋』, 중국 湖南人民出版社, 2002.

來知德 찬, 『周易集注』, 중국 九州出版社, 2004.

路日亮 저, 『天人和諧論』, 中國商業出版社, 2010.

聞晨植 저, 『五行結構論』, 중국 學林出版社, 2012.

潘雨廷 저, 『易與佛敎 易與老莊』, 上海古籍出版社, 2005.

尙宏觀 저, 『周易自然觀』, 중국 山西出版集團, 2008.

常秉義 등 저, 『六十四卦與歷史』, 중국 中央編譯出版社, 2010.

常秉義 저, 『周易與曆法』, 중국 中央編譯出版社, 2009.

徐志鈞 저, 『老子帛書校注』, 學林, 2002.

邵雍 저, 『常秉義 注釋』, 皇極經世導讀, 中央編譯出版社, 2011.

邵雍 저, 『邵雍集』, 中華書局, 2010.

宋錫同 저, 『邵雍易學與新儒學思想硏究』, 중국 華東師範大學出版社, 2011.

楊中有 저, 『道德經-宇宙的大道』, 中國 安徽人民出版社, 2010.

揚雄 찬, 司馬光 집주, 『太玄集注』, 中華書局, 2006.

梁韋弦 저, 『漢易卦氣學硏究』, 중국 齊魯書社, 2007.

呂不韋 門客 저, 關賢柱 등 역주,『呂氏春秋全譯』, 중국 貴州人民出版社, 1997.

鳴克峰 저,『易學邏輯』, 中國 人民出版社, 2005.

王弼 韓康伯 주, 孔穎達 소,『周易正義』, 중국 九州出版社, 2004.

王弼 저, 樓宇烈 교석,『王弼集校釋』, 中華書局, 2009.

王弼 저,『老子道德經注校釋』, 中華書局, 2002.

嚴遵 저,『老子指歸』, 中華書局, 1994.

牛兵占 肖正權 주편,『黃帝內經素問譯注』, 중국 中醫古籍出版社, 2009.

劉固盛 저,『老莊學文獻及其思想硏究』, 2009.

劉大鈞 등 저,『象數精解』, 중국 四川出版集團, 2004.

劉安 찬, 鳴廣平・劉文生 역,『白話淮南子』, 中國 岳麓書社, 1998.

劉學 저,『先秦諸子思維硏究』, 中國 湖南人民出版社, 2009.

李尙信 등 정리,『周易圖釋精典』, 중국 四川出版集團, 2004.

李鼎祚 찬,『周易集解』, 중국 九州出版社, 2003.

任俊華 저,『易學與儒學』, 中國書店, 2001.

林忠軍 저,『易緯導讀』, 齊魯書社, 2003.

張其成 주편,『易學大辭典』, 중국 華夏出版社, 1995.

張其成 저,『象數易學』, 中國書店, 2003

張景岳 저,『類經圖翼』, 중국 四川出版集團, 2013.

張隱庵 저,『黃帝內經靈樞集注』, 山西科學技術出版社, 2012.

張載 찬,『張載集』, 中華書局, 2006.

章楚藩 저,『儒道墨法與易學辨證法』, 浙江大學出版社, 2013.

左丘明 저,『春秋左傳全譯』, 중국 貴州人民出版社, 1996.

翟奎鳳 저,『以易測天』, 中國社會科學出版社, 2012.

田合祿 田峰 저,『周易眞原』, 山西科學出版社, 2006.

程顥 程頤 찬,『二程集』, 中華書局, 2006.

周敦頤 저,『周敦頤集』, 중국 岳麓書社, 2002.

朱伯崑 저,『易學哲學史』, 昆侖出版社, 2005.

朱伯崑 주편,『易學基礎敎程』, 중국 九州出版社, 2011.

朱震 찬,『漢上易傳』, 중국 九州出版社, 2012.

池田知久 저, 王啓發·曹峰 역,『道家思想的新硏究』, 中國 中州古籍出版社, 2009.

陳鼓應 저,『老子今注今譯』, 中國 商務印書館, 2009.

陳鼓應 저,『易傳與道家思想』, 中國 商務印書館, 2007.

陳鼓應 저,『道家易學建構』, 中國 商務印書館, 2010.

陳來 저,『竹簡 五行篇講稿』, 중국 三聯書店, 2012.

陳遵嬀저,『中國天文學史』, 대만 明文書局, 민국 74.

焦延壽 저, 尙秉和주,『焦氏易林注』, 중국 光明日報出版社, 2005.

焦延壽 저, 尙秉和주,『焦氏易詁』, 중국 光明日報出版社, 2005.

焦延壽 저, 尙秉和주,『周易尙氏學』, 중국 光明日報出版社, 2005.

鄒學熹 저,『易經易學敎材6種』, 중국 中醫古籍出版社, 2006.

黃道周 찬,『易象正』, 중국 中華書局, 2011.

黃朴民 저,『天人合一』, 중국 岳麓書社, 1999.

黃宗羲 찬,『易學象數論』, 중국 九州出版社, 2007.

河上公 저,『老子道德經河上公章句』, 中華書局, 2006.

許愼,『說文解字』, 中華書局, 2009.

胡渭 찬,『易圖明辨』, 中華書局, 2008.

侯敏 저,『易象論』, 北京大學出版社, 2006.

고회민 저, 신하령 등 역,『상수역학』, 신지서원, 1994.

고회민 저, 숭실대동양철학연구실 역,『중국고대역학사』, 숭실대학교출판부, 1994.

곽신환 저,『주역의 이해』, 서광사, 2003.

김수길 윤상철 공역,『주역입문2』, 대유학당, 2007.

김진희 저,『주역 읽기 첫걸음』, 보고사, 2012.

김진희 저,『주역의 근원적 이해』, 보고사, 2010.

김진희 저,『알기 쉬운 상수역학』, 보고사, 2013.

老子 저, 최진석 역,『노자의 목소리로 듣는 도덕경』, 소나무, 2014.

료명춘 등 저, 심경호 역,『주역철학사』, 예문서원, 2004.

소길 저, 김수길 윤상철 공역,『오행대의』, 대유학당, 2008.

소옹 저, 노양규 역,『황극경세서』, 대원출판사, 2002.

이문규 저,『고대 중국인이 바라본 하늘의 세계』, 문학과지성사, 2000.

이순지 저, 김수길 윤상철 공역,『천문유초』, 대유학당, 2001.

이은성 저,『역법의 원리분석』, 정음사, 1985.

林麗眞 저, 김백희 옮김,『왕필의 철학』, 청계, 1999.

좌구명 저,『국어』, 인산사랑, 2005.

주백곤 저, 김학권 역,『주역산책』, 예문서원, 2000.

주춘재 저, 김남일 강태의 역,『의역동원 역경』, 청홍, 2003.

주희 저, 김상섭 해설『역학계몽』, 예문서원, 1999.

陳鼓應 저, 최진석 역,『노장신론』, 소나무, 2013.

채원정 저, 이후영 역주,『율려신서』, 문진, 2011.

한동석 저,『우주변화의 원리』, 행림출판사, 1993.

김진희 박사학위논문,『문왕서법과 경방서법의 비교연구』, 공주대학교대학원, 2008.

김박사주역

초판   2016년 3월 1일

지은이 김진희
펴낸이 류래웅
펴낸곳 도서출판 太乙
           경기도 성남시 수정구 산성대로 331 한신프라자 1517호
대표전화 (031)730-2490. 730-1255 / **팩스** (031)730-2470
출판등록 2002년 9월 5일 / **등록번호** 129-91-16233
ISBN   978-89-955565-4-2

정가 30,000원